A SYSTEMATIC APPROACH TO ENGLISH WORDS FOR THE TOEIC® TEST

by

YASUSHI SHIMO

TOEIC is a registered trademark of Educational Testing Service(ETS).
This publication is not endorsed or approved by ETS.

SUNDAI BUNKO

『システム英単語 TOEIC® テスト』 はしがき

1 本書の特長

1）信頼のデータベース

　本書の作成にあたっては，『TOEIC テスト公式問題集　新形式問題対応編』，『TOEIC テスト新公式問題集』vol. 1 ～ 6，『TOEIC テスト公式プラクティス　リスニング編』，『TOEIC テスト公式プラクティス　リーディング編』など，入手可能なすべての公式の公開資料はもちろん，アメリカ，日本，韓国でベストセラーとなっている TOEIC テスト対策本などからデータを抽出しました。さらに，『TIME』，『National Geographic』などの雑誌，映画のスクリプト，小説，評論，演説など1億語を超える独自のデータベースと照合し，TOEIC テストに出題される語彙の傾向を分析しました。その分析をもとに本書の単語は頻度順に配列され，それぞれの単語の意味まで頻度順になっていますから，TOEIC テスト対策に最適な教材です。

2）TOEIC テストに出る単語・出ない単語　～差がつく単語はこれだ！～

　大学入試や実用英語では頻出の単語でも，TOEIC テストではめったに出現しない英単語があります。たとえば，下の単語は TOEIC テストの公式問題集や公式プラクティスに1度も出現していない単語です。

---

ape「類人猿」, bribe「賄賂」, condemn「非難する」, desperate「必死の」, destiny「運命」, dismiss「解雇する」, epidemic「伝染病」, famine「飢饉」, hemisphere「半球」, heredity「遺伝」, invade「侵略する」, molecule「分子」, Muslim「イスラム教の」, persecution「迫害」, pneumonia「肺炎」, priest「司祭，僧侶」, virtue「美徳」

　これらの宗教，歴史，政治，思想，科学の文章に頻出する単語は受験英語では必須ですが，TOEIC テストには出現しません。それは TOEIC テストでは宗教や政治を論じる文章も，科学的なレポートも出題されないからです。TOEIC で出題されるのは，オフィスや家庭や学校における日常生活で必要とされる実用英語です。

brochure「パンフレット」→ p.64	complimentary「無料の」→ p.110
incur「〈経費など〉がかかる，被る」→ p.254	itinerary「旅程(表)」→ p.157
mentor「指導者」→ p.96	reimburse「〈経費など〉を返済する」→ p.82
tentative「仮の」→ p.212	turnover「離職(率)」→ p.310

　これらは受験英語ではめったに出題されませんが，TOEIC テストでは頻出する英単語です。本書ではこういう要注意単語に▇のマークを付けていますから，特に注意をして学習してください。受験英語に自信のある方や TOEIC 対策に多くの時間を割けない方は，この▇の付いている単語・熟語を重点的に確認しましょう。

3) TOEIC テストに出る意味・出ない意味　～TOEIC テスト≠英語一般！～

　TOEIC テストでは，必ずしも実用英語で頻度の高い意味・用法が出題されるとは限りません。たとえば，bill という単語は，TIME 誌や大学入試では「法案」の意味が最も多く，「紙幣」の意味も数多く出現します。ところが，TOEIC テストの bill はほとんどが「請求(書)」の意味です。同様に，account という単語は，account for A「Aを占める；Aを説明する」，take A into account「Aを考慮に入れる」などさまざまな意味・用例がありますが，TOEIC テストでの account は「(銀行などの) 口座」が 90% 以上です。さらにもう一つ例を挙げると，outstanding という単語はふつう「目立った，顕著な」という意味で使われますが，TOEIC テストでは次のような用例も覚えておくべきです。

▇ **pay an outstanding bill**　　　　　　　　未払いの勘定を支払う

　同様に，balance は「バランス，均衡」ばかりでなく，「差額，残高」の意味でも出現します。

▇ **balance due upon completion**　　　　完成時に支払う差額

　TOEIC テストで頻出するこうした身近な商業活動で使われる語彙に，本書は焦点を当てています。

4）TOEIC テスト対策に合わせた〈KEY PHRASES〉

　本書の〈KEY PHRASES〉は TOEIC テストで最もよく出現する意味・用法を凝縮したものです。たとえば次のフレーズを見てください。

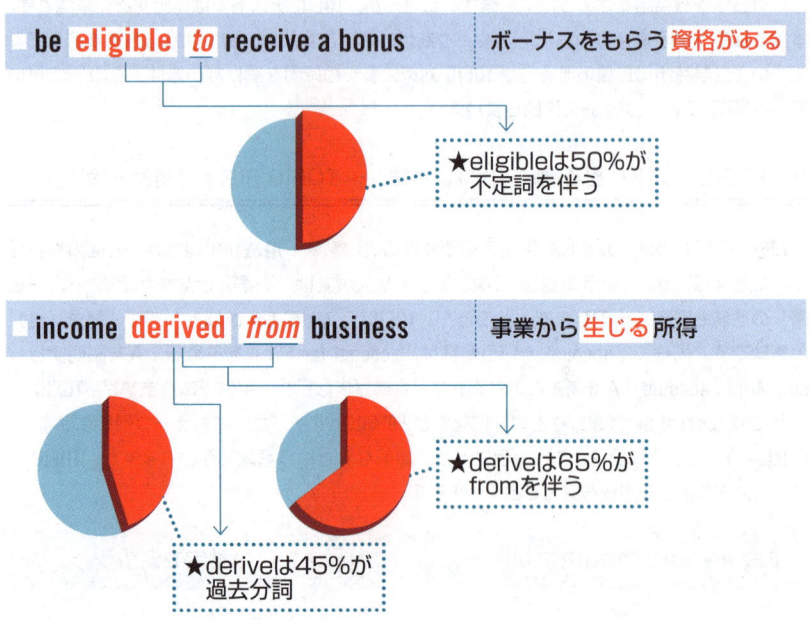

　〈KEY PHRASES〉の作成にあたっては，冒頭に述べた1億語を超えるデータベースで，最低でも数百，場合によると数千の用例と TOEIC テストの公式教材を確認しましたから，フレーズがそのまま登場するはずです。

　これらのフレーズには単語のイメージ・語法が含まれていますから，それを自然と覚えることができますし，何よりフレーズ単位で意味を認識できるようになります。リスニングであれリーディングであれ，1語ずつばらばらに覚えた単語は1語ずつ認識されますが，フレーズ単位で覚えた表現は，フレーズ単位で認識されます。つまり，フレーズ学習法は速読速聴の秘けつでもあるのです。一つ一つの単語を覚えようとするよりも，〈KEY PHRASES〉を丸ごと頭に入れるようにしてください。

5）音声 CD は最短の学習法

TOEIC テストはリスニングセクションのウエイトが非常に高いのが特徴です（45 分・100 問・495 点）。英単語・英熟語を覚えるときも音を使って学習しないと対応できません。まずは付属の CD を聞きながら，書籍で〈KEY PHRASES〉を確認してください。単に CD を「聞き流す」のではなく，本を読みながら聞くのがコツです。できれば流れてくる英語に合わせてシャドウイングしましょう。耳や口を使って覚える方が学習効果ははるかに高くなります。

なお，本教材の英語はアメリカ英語とイギリス英語によって読まれています（CD, MP3 p.XI）。TOEIC テストでは，アメリカ英語，イギリス英語，オーストラリア英語，カナダ英語が使用されますが，オーストラリア英語はイギリス英語を基にして近年ではアメリカ英語の影響も受けています。カナダ英語もアメリカ英語とイギリス英語の両方の要素を持っています。ですから，アメリカ英語とイギリス英語の両方に慣れていれば試験で困ることはありませんので，安心してください。

6）〈PRACTICE TEST〉で問題演習

各 UNIT の最後にある〈PRACTICE TEST〉は，TOEIC テストそのままの形式・出題項目ですから，実戦演習のつもりで解いてください。いわば直接得点を左右する項目ですので，〈ANSWER KEY〉で問題のポイントを確認してから，次の UNIT に進みましょう。

2 TOEIC テスト受験の Key Strategy

Key Strategy 1. TOEIC テストは難しい？

長文中の英文や使用単語の平均的な長さなどをもとに，英文の Readability（読みやすさ）を数値的に判定する Flesch Reading Ease，Flesch-Kincaid Grade Level というソフトがあります。Flesch Reading Ease は数字が高い方が平易な英文で，数字が低いほど難解な英文です。この数字が 60 以上であれば英米の中学生が容易に理解できるレベルと考えられています。Flesch-Kincaid Grade Level はアメリカの学年のレベルを示し，こちらは高い方が難解ということになります。仮に 7 となっていればアメリカの中学 1 年生レベル，10 となっていれば高校 1 年生レベルということです。

この2つのソフトを使って，まず日本の代表的な大学入試問題の英語長文と，TOEICテストなどを調べると次のような結果になりました。

	Flesch Reading Ease	Flesch-Kincaid Grade Level
国公立大2次・私立大入試※	39～66	9～15
TOEICテスト/Listening	78.7	4.8
TOEICテスト/Reading	48.8	10.2
TOEFL iBTテスト	48.7	11.5

もちろん，ソフトの数値と読む人の実感は一致しないことが多いのは言うまでもありませんが，上の数値を見る限り，TOEICテストの英文のReadabilityはセンター試験レベルと言っていいでしょう。

次に語彙レベルを調べてみます。これはJACET8000などのデータを基に，何語覚えていれば英文の何%の単語をカバーできるかという調査です。(PRODIGY英語研究所調べ)

	4000語レベル	6000語レベル	8000語レベル
国公立2次試験・私立大入試	94%	96%	97%
TOEICテスト/Listening	96%	97%	98%
TOEICテスト/Reading	94%	97%	98%
TOEFL iBTテスト	89%	93%	96%

英語をスラスラと処理するためには，98%以上の語彙を知っていることが必要だと言われますから，TOEICテストで目指すべきは8000語レベルということになります。しかし，「TOEICテストに出る単語・出ない単語～差がつく単語はこれだ！～」(p.Ⅱ)でも触れたように，TOEICテストには出題されない話題もありますから，8,000語レベルの単語全部を覚える必要はありません。本書の単語で十分950点以上を狙えますから安心して取り組んでください。(ちなみに『システム英単語〈改訂新版〉』だと8,500語以上の語彙レベルになります)

これらのデータからわかるのは，TOEICテストの英文のReadabilityや語彙レベルは日本の代表的な大学入試よりも簡単だということです。適切な対策をすれば，TOEICテストのスコアは意外に早く伸びますので，臆することなく挑んでください。

※国公立大2次・私立大入試とは，東京大学，京都大学，大阪大学，慶應義塾大学，早稲田大学，明治大学，日本大学，同志社大学，近畿大学などの入試データ。

Key Strategy 2. TOEIC テストの難しさはリスニングと速読にあり！

TOEIC テストのリスニングテストは，45 分間で 100 問あります。時間も長いですが，読み上げられる速さが 1 分間に 170 語以上のスピードで，たいていの大学入試問題よりも速くなっています。また，リーディングテストも量が多く，新形式問題ではさらに増えています。

	テスト時間	総語数	問題数
TOEIC テスト / Reading	75 分	6500 〜 7000 語	100

　上の数字を単純に割り算すると，1 分間におよそ 85 語以上の英語を処理できなければならないことになります。もちろん，実際に問題を解くためには，読み返したり考えたりする時間が必要ですから，この倍のスピード，つまり 1 分間に約 170 語のスピードで英文を読む必要があるでしょう。ところが，平均的な日本の大学生が英文を読む速さは 1 分間に約 120 語程度だと言われていますから，たいていの受験者はリーディング問題の最後までたどり着けません。したがって，TOEIC テストの最大のポイントは，リスニングもリーディングも分速 170 語で英語を処理できるようになることです。

　では，どうすればそういうスピードで英語を理解できるようになるのでしょうか。まず，第一は語彙力の強化です。Paul Nation はじめ多くの英語教育の学者たちが指摘していることですが，リスニングや速読のトレーニングでは 98％以上の語彙を理解できる素材を使わないと効果が上がりません。別の言い方をすると，98％以上の語彙が理解できるようになってはじめて，リスニングや速読ができるのです。つまり語彙力がリスニングや速読の基礎ですから，何よりも先に本書の語彙を音からマスターしてください。

　次に，単語単位でなくフレーズ単位で意味を認識するように心がけてください。「TOEIC テスト対策に合わせた〈KEY PHRASES〉」(p.IV) でも触れましたが，英語を 1 単語ずつ認識していては時間がかかってしまいます。フレーズが丸ごと耳から，目から飛び込んでくるようになれば，情報処理もすばやくなるはずです。

　最後に，実践練習は欠かせません。普段から時間を意識して，自分の最速のスピードで英語を読む，聞くという訓練を積んでください。速く読めるようになるためにはできるだけ速く読む，リスニングができるようになるためにはできるだけ多く聞く，という当たり前の努力を毎日たとえ 5 分でも続けてください。日にたった 5 分でも全速力で英語を読んだり聞いたりしていれば，3 ヵ月もすると驚くほど速くなっているはずです。

　まとめると，次の 3 箇条になります。

> **TOEIC テスト対策　必勝の３箇条**
> 1. 語彙力を増強する
> 2. フレーズ単位で意味を認識する
> 3. 毎日全速力で英語を処理する

Key Strategy 3.　TOEIC テスト受験とその後の英語学習

　TOEIC テストは適切な対策をすれば確実にスコアアップできる試験ですが，他の試験同様問題形式に慣れる必要があります。目標とする得点が取れるまで，継続してチャレンジし続けてください。点数の伸び方は人それぞれですが，最初の頃には想像もできないほど得点を伸ばす人もたくさんいます。まずは焦らずゆっくり始めてください。

　大学・企業などで頻繁に利用されている TOEIC テストですが，他のあらゆるテストと同様限界もあります。「TOEIC テストに出る単語・出ない単語」（p.Ⅱ）でも述べたように，学術的な文章もジャーナリズムの英語も出題されませんから，TOEIC テストのスコア＝英語力というわけでもありません。TOEIC テストを契機に，専門分野で英語を使えるように英語の学習を続けられ，それによって皆さんの世界が広がってゆくことを祈っています。

　英語の道は長く，時に険しいでしょうが，あまり遠くを見ずに，まずは今日一日を充実してすごしてください。そして今週も良い週末をおすごしください。

＊　＊　＊

　本書を出版するにあたっては，何よりかつての教え子達から多くの示唆を頂いたことを記しておきたいと思います。大学受験の雪辱を見事に果たして満点を取得したＡさん，社会人になって受験英語を基礎からやり直し 970 点を取得したＢさん，大学入学後すぐに TOEIC 対策を始め，1 年もたたないうちに 950 点を取得したＣさん，他にも多くの皆様に協力していただきました。英文校閲にあたっては Preston Houser 先生をはじめ，何人ものコンサルタントにご助力いただきました。また，本書を企画していただいた小島茂様，久保慶洋様，依田賢樹様，松永正則様，上山匠様をはじめ，多くの方々にご尽力いただきました。編集は蛭田和絵様にご担当いただき，いつもどおり細部にわたるきめ細かい作業と数々の貴重なアドバイスを頂戴しました。深謝。

2016 年春　著者しるす

3 本書の効果的な利用例

1) まずは 1 日 1UNIT が目標！

　本書は基本的に 30 単語で 1 つの UNIT を構成しています。できれば毎日 1 つの UNIT に目を通しましょう。語彙力アップのためには，少しずつ確実に進めるよりも，不完全でも一気に多くの単語を覚える方が効率が良いのです。たとえば 1 日に 3 単語を確実に覚えるよりも，うろ覚えでよいから 30 単語のシャドウイングをしてください。1 日にいくつ覚えても忘れる率はほぼ同じですから，たくさん覚えてたくさん忘れる方が効率がよいのです。

　もちろん，すでにかなりの英語力がある方は，どんどん先に進んでください。ただし，進みすぎて，つらくならない程度にしましょう。

2) 英単語を覚える Step

　英単語を覚えるためにはいくつかのステップがあります。次のステップを意識して，単語を自分のものにしてください。

Step 1　単語と出会う

単語のつづり字を眺めるだけではなく，語形や語源が類似した他の単語と比較してください（ Point! ； 文法Check! ； 語源Check! など）。その上で，単語の意味を理解し，明確なイメージを持ちましょう。

Step 2　CD・MP3 で音を確認

発音がわからない単語はすぐに忘れてしまいます。まずは音を確認して，口に出してみましょう。慣れてきたら CD・MP3 と一緒にシャドウイングするのがオススメです。

Step 3　自分で発音し，書く

丸ごと覚えるつもりで KEY PHRASES を声にしたり，書いたりしてください。受動的に読んだり聞いたりしているだけではなく，口や手を動かして自分の単語（発表語彙）にすることが，長期記憶につながります。

Step 4　何度も繰り返す

一度覚えたことも，放っておくとすぐに忘れてしまいます。繰り返し何度も本書を開いてシャドウイングなどしてください。

この本で使われる記号

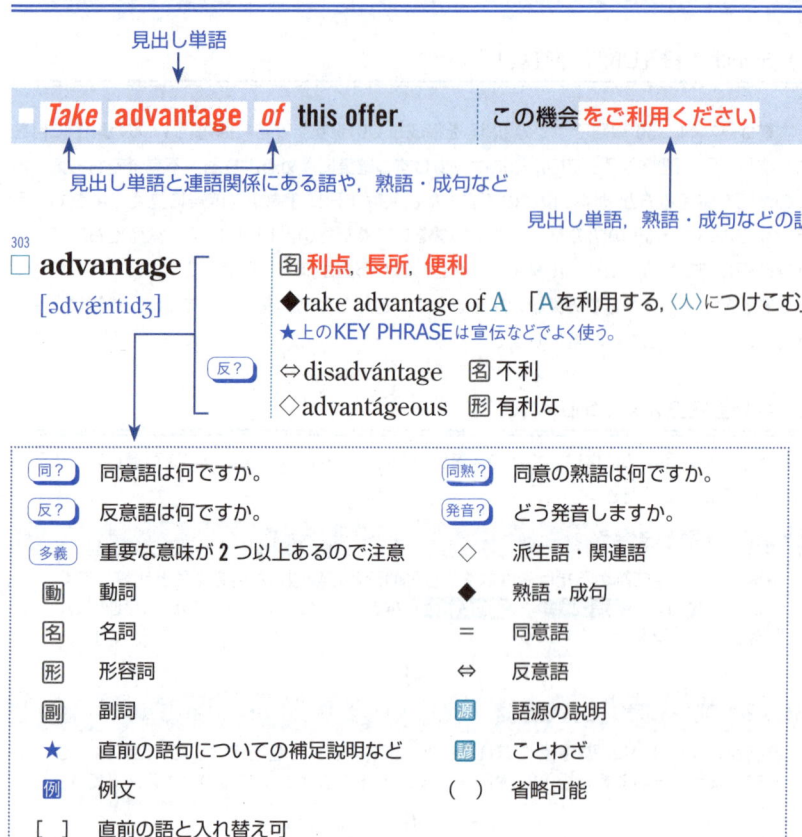

見出し単語

Take advantage *of* this offer. | この機会をご利用ください

見出し単語と連語関係にある語や，熟語・成句など

見出し単語，熟語・成句などの訳

303
□ **advantage**
[ədvǽntidʒ]

图 **利点，長所，便利**

◆take advantage of A 「Aを利用する，〈人〉につけこむ」
★上のKEY PHRASEは宣伝などでよく使う。

反? ⇔disadvántage 图 不利
◇advantágeous 圏 有利な

同?	同意語は何ですか。	同熟?	同意の熟語は何ですか。
反?	反意語は何ですか。	発音?	どう発音しますか。
多義	重要な意味が2つ以上あるので注意	◇	派生語・関連語
動	動詞	◆	熟語・成句
图	名詞	=	同意語
形	形容詞	⇔	反意語
副	副詞	源	語源の説明
★	直前の語句についての補足説明など	諺	ことわざ
例	例文	( )	省略可能
[ ]	直前の語と入れ替え可		

PRACTICE TEST

PRACTICE TEST の ------- の箇所には，選択肢の中から最も適切な語句を選んでください。また，問題文中に下線をひいた語句がある場合は，選択肢の中から最も意味の近い語句を選んでください。

付属の CD について

この本にはオーディオ CD と，MP3 ファイルが入った CD-ROM がそれぞれ 1 枚ずつ付属しています。

オーディオ CD は，アメリカ英語の KEY PHRASE のみの収録です。ユニットごとにトラックを区切っています。

MP3 ファイルは，1 つの KEY PHRASE につき，《アメリカ英語→日本語→アメリカ英語→イギリス英語》の順に読まれます。片側 1 ページで 1 ファイルになっており，3 つのステージ別にフォルダ分けされています。

ご利用方法と注意

オーディオ CD

※弊社作成の音声 CD は，音声 CD 専用のプレーヤーによる再生のみを保証するものです。

※パソコンでご使用になる場合は，機器との相性により，再生ができない場合がございますので，あらかじめご了承ください。

※正常に音声が再生できる音声 CD から，パソコンや MP3 プレーヤー等への取り込みの際に支障が生じた場合は，まずは，そのアプリケーションソフトや，プレーヤーの製造元へご相談ください。

MP3 ファイル（CD-ROM）

※この CD-ROM は音声 CD プレーヤーで再生しないでください。

※ MP3 ファイルは「パソコンで再生する」「MP3 プレーヤーに取り込んで聞く」「音声 CD 形式の CD を作成して音声 CD プレーヤーで聞く」など，さまざまな方法で利用することができます。

※パソコンへ MP3 ファイルを取り込む場合の一例（Windows Media Player を利用）

① CD-ROM 内のフォルダをパソコンのハードディスクに保存します。

② Windows Media Player を起動し，「ライブラリ」を選択します。

③利用したいフォルダ（またはファイル）を「ライブラリ」へドラッグします。

※ MP3 ファイルの利用方法の詳細につきましては，CD-ROM 内の「はじめにお読みください」をご覧ください。

CONTENTS

Stage 1　(UNIT1 ～ 15) ……………………………………………… 2

Stage 2　(UNIT16 ～ 30) …………………………………………… 128

Stage 3　(UNIT31 ～ 44) …………………………………………… 250

INDEX ……………………………………………………………………… 364

Point!
Ving「〈人を〉～」vs Ved「〈人が〉～」 感情を表す分詞形容詞の使い分け
　……………………………………………………………………………… 2
「ローカル」は「田舎」にあらず！ ……………………………………… 15
「お金」は要注意！ ………………………………………………………… 18
「メモ」は note ……………………………………………………………… 39
「リフォーム」は reform にあらず！ …………………………………… 66
〈under ＋動作名詞〉で「～されつつある」受動態＋進行形 ……… 105
過去分詞の名詞修飾 ……………………………………………………… 122
「会社」を表す単語 ………………………………………………………… 137
cleaning はクリーニングではない！ …………………………………… 153
that 節中で動詞の原形または should V ① …………………………… 155
that 節中で動詞の原形または should V ② …………………………… 165
empty と vacant ………………………………………………………… 187
income と revenue はどう違う？ ……………………………………… 192
skilled と skillful はどう違う？ ………………………………………… 300
adapt と adopt は大丈夫？ ……………………………………………… 318

文法 Check!

加算名詞と不可算名詞	9
動詞＋ to V ／動詞＋ Ving ～不定詞か動名詞か～	18
名詞を修飾する Ving ／ Ved	129
形容詞句の後置修飾	139

語源 Check!

-ee「される人」	96
〈en ＋形容詞〉で「～にする」	146
over-「過度に」	156
in[un] ＋ V ＋ able「V できない」	168
名詞＋ ly ＝形容詞「～のような，らしい」	170
out-「～よりも，～にまさる」	193
-ry は集合を表す	200
ven，vent「来る」＝ come	212
prim，prin，prem「第 1 の，最初の」	228
ply，pli，plex，ploy「折る，重ねる」＝ fold	303

Tips

問われ方と応え方	1
TOEIC テスト最重要の基本動詞の熟語	126
リスニングで気をつけたい数字～ゼロが「オウ」～	127
アメリカ英語とイギリス英語	248
アメリカとイギリスでつづり字が異なる単語	249
ビジネスで使う KEY PHRASES	362
時の表し方	362

ナレーター／アメリカ英語　**Ann Slater**
　　　　　　　　　　　　　　Howard Colefield
　　　　　　イギリス英語　**Bill Benfield**
　　　　　　　　　　　　　　Donna Burke
　　　　　　日本語　尾身美詞（劇団青年座）
　　　　　　　　　　亀田佳明（劇団文学座）

XIII

●オーディオ CD トラック一覧●

トラック	ユニット		トラック	ユニット	
1	書名,Stage 1		27	UNIT 025	
2	UNIT 001		28	UNIT 026	
3	UNIT 002		29	UNIT 027	
4	UNIT 003		30	UNIT 028	
5	UNIT 004		31	UNIT 029	
6	UNIT 005		32	UNIT 030	
7	UNIT 006		33	Stage 3	Stage 3
8	UNIT 007	Stage 1	34	UNIT 031	
9	UNIT 008		35	UNIT 032	
10	UNIT 009		36	UNIT 033	
11	UNIT 010		37	UNIT 034	
12	UNIT 011		38	UNIT 035	
13	UNIT 012		39	UNIT 036	
14	UNIT 013		40	UNIT 037	
15	UNIT 014		41	UNIT 038	
16	UNIT 015		42	UNIT 039	
17	Stage 2		43	UNIT 040	
18	UNIT 016		44	UNIT 041	
19	UNIT 017		45	UNIT 042	
20	UNIT 018		46	UNIT 043	
21	UNIT 019	Stage 2	47	UNIT 044	
22	UNIT 020		48	TIPS　TOEIC テスト最重要の基本動詞の熟語	
23	UNIT 021				
24	UNIT 022		49	p.126　フレーズ	
25	UNIT 023		50	TIPS　ビジネスで使う KEY PHRASES	
26	UNIT 024		51	p.362　フレーズ	

※黒字のトラックはタイトルコールのみです。

UNIT1〜15

Stage 1

TOEICテスト最頻出の単語。基本語が多いが，語法には要注意だ。当然設問にも登場しやすいから，しっかりと覚えておきたい。

Tips 問われ方と応え方

Why ...? に To V .... と応える

Do you ...?とかHave you ...?と問われたら，Yes/Noで応えるのは当たり前だが，Yes/Noの代わりに，Yeah（= Yes），Why not?（= Yes），Of course not.（= No）などと応えることもある。また，wh疑問文に対する応え方で特に気をつけたいのは，Why ... ?「なぜ〜か？」と尋ねられた場合だ。Why ...?「なぜ」という疑問に，Because 〜.「〜だから」と応えずに，To V...「Vするため」と応えることがTOEICテストでは多い。to Vは目的を表すが，人の行動の理由はしばしば目的と一致する。（たとえば「なぜ早く寝るか」と尋ねられて，「早起きしたいから」とも「早起きするため」とも応えられる） また，Why ...?と尋ねられて，So that 〜.「〜するため」と応えるパターンもある。気をつけておきたい。

UNIT 001 KEY PHRASES

MP3▶001-02.mp3 CD▶TRACK:2

follow a pattern	様式 に従う
What does this word **refer** _to_?	この語は何 を指示する か
work for a Japanese **company**	日本の 会社 で働く
an **exciting** work of art	おもしろい 美術作品

1. follow
[fálou]

動 ～の後に続く；〈助言など〉に従う

◆ (be) as follows 「次のような(ものです)」
例 The bill is as follows.「請求は次のようになります」
◆ (be) followed by A 「次にAが続く」
◇ fóllowing 形 次の, 以下のような

2. refer
[rifə́ːr]

動 (refer to A) Aを指示する；Aに言及する；Aを参照する
◆ refer to A as B 「AをBと呼ぶ, 述べる」
◇ réference 名 言及；参照
  　　　　　　　動 ～を参照する

3. company
[kʌ́mpəni]

名 ①会社 ②同席, 同行
源 「一緒にパンを食べる人たち」。companion 「仲間」も同語源。

4. excite
[iksáit]

動 〈人〉を興奮させる, 刺激する
◇ excíting 形 〈人を〉興奮させる, おもしろい
◇ excíted 形 〈人が〉興奮している
◇ excítement 名 興奮, 興奮させるもの

Point! Ving「〈人を〉～」vs Ved「〈人が〉～」 感情を表す分詞形容詞の使い分け
The drama was exciting.(そのドラマは どきどきした)
He was excited at the drama.(彼はそのドラマに どきどきした)

〈その他の分詞形容詞〉

surprísing	形 〈人を〉驚かせる		tíring	形 〈もの・ことが〉骨の折れる
surprísed	形 〈人が〉驚いている		tíred	形 〈人が〉疲れている
amúsing	形 〈人を〉愉快にさせる		thrílling	形 〈人を〉わくわくさせる
amúsed	形 〈人が〉愉快に思っている		thrílled	形 〈人が〉わくわくしている

UNIT 001　*KEY PHRASES*　　　MP3▶001-03.mp3　CD▶TRACK:2

order a book *from* Britain	イギリスに本を注文する
the highest level of **customer** service	最高レベルの顧客サービス
a **markedly** different style	著しく異なるやり方
store information	情報を蓄える

5 order 〔多義〕
[ɔ́ːrdər]

動 ①～を注文する　②～に命令する
名 ①注文　②命令　③秩序
- ◆place an order　「注文する」
- ◆(be) out of order　「故障している, 調子が悪い」
- ◆(be) in order　「整然と, 調子よく」
- ◇disórder　　　名 混乱, 障害
- ◇órderly　　　形 秩序ある

6 customer
[kʌ́stəmər]

名 (商店などの)顧客, 客

★client「(専門職の)依頼人」(p.23), passenger「(乗り物の)乗客」(p.55), guest「招待客, ホテルの客」などと区別する。

7 markedly
[máːrkidli]

副 著しく
- ◇márk　　　動 ～に印を付ける, 特徴付ける
　　　　　　　名 ①印　②点, 評点

例 get a failing mark「落第点をとる」

8 store
[stɔ́ːr]

動 ～を蓄える
名 店, 蓄え
- ◇stórage　　　名 貯蔵, 保管

3

UNIT 001 KEY PHRASES

MP3▶001-04.mp3 CD▶TRACK:2

- **offer** free parking for guests | 客に無料駐車場を提供する
- **provide** him *with* information | 彼に情報を与える
- design online **advertisement**s | インターネット広告をデザインする
- **apply** *for* the position | その仕事に応募する

---

9 offer
[ɔ́(ː)fər]

動 ～を提供する, 与える, 申し出る (＝give)
名 申し出, 提案

10 provide
[prəváid]

動 ～を供給する, 与える
- ◆provide A with B 「AにBを与える」
  ＝provide B for [to] A
- ◇províson 名 ①供給；用意 ②条項, 規定
- ◇provided (＝providing) 接 もし～ならば (＝only if)

例 I will go skating with you provided (that) you teach me how.
「すべり方を教えてくれるなら, 君とスケートに行くよ」

11 advertisement
[ædvərtáizmənt]

名 広告, 宣伝
- ◇ádvertise 動 (～を)宣伝する
- ◆advertising agency 「広告代理店」

12 apply
[əplái]

動 志願する；～を適用する, 利用する
- ◆apply (to A) for B 「(Aに)Bを申し込む, 志願する」
- ◆A apply to B 「AがBにあてはまる」
- ◆apply A to B 「AをBにあてはめる」

例 apply the rule to this case
「このケースにその規則を適用する」

UNIT 001　**KEY PHRASES**　　MP3▶001-05.mp3　CD▶TRACK:2

■ **produce** a new car model	新型車を生産する
■ **inform** customers *of* new products	新製品を客に知らせる
■ All prices **include** tax.	価格は全て税金を含む
■ **announce** the opening of a new office	新しいオフィスの開設を発表する

13 □ **produce**
[prədjúːs]

動 〜を**生産する**
- ◇ próduct 　名 製品
- ◇ prodúction 　名 生産(高)
- ◇ prodúctive 　形 生産的な
- ◇ productívity 　名 生産性
- ◇ bý-product 　名 副産物

14 □ **inform**
[infɔ́ːrm]

動 〜に**知らせる**
- ◆ inform 〈人〉of [about] A 「〈人〉にAのことを知らせる」
- ◆ inform 〈人〉that〜 「〈人〉に〜ということを知らせる」
- ◇ informátion 　名 情報　★不可算名詞。
- ◇ infórmative 　形 情報を与える, 有益な

15 □ **include**
[inklúːd]

動 〜を**含む**
源 in(中に)+clude(閉じる)

- ◇ inclúding 　前 〜を含めて　★直前の名詞を修飾する。
  例 several countries including Japan
  「日本を含むいくつかの国」
- ◇ inclúsive 　形 含めて, 含んで
- ◇ inclúsion 　名 包含, 包括, 算入
- 反? ⇔ exclúde 　動 〜をしめ出す, 除外する

16 □ **announce**
[ənáuns]

動 〜を**発表する**, 公表する
- ◇ annóuncement 　名 発表, 通知

UNIT 001　*KEY PHRASES*

■ **purchase** a new car	新しい車**を買う**
■ a **pleasant** experience	**楽しい**経験
■ Please **contact** me at stage@ph.ne.ie.	stage@ph.ne.ie に**ご連絡**ください
■ an international **conference**	国際**会議**
■ a business **project**	事業**計画**

17 purchase
[pə́ːrtʃəs]

動 ~を購入する, 買う（＝buy）
名 買い入れ, 購入品

18 pleasant
[pléznt]

形 楽しい
◇pléased　　　形〈人が〉喜んでいる, 満足している
◇pléase　　　　動〈人〉を喜ばせる, ~を満足させる
◇pléasure　　　名 喜び, 楽しさ；楽しいこと

19 contact
[kántækt]

動 ~に連絡する
名 連絡, 接触
◆contact information　「連絡先」

20 conference
[kánfərəns]

名 会議
◆press conference　「記者会見」
◇cháirman　　　名 議長（＝chairperson）

21 project
[prádʒekt]

名 計画, 企画
動 ①~を見積もる, 予測する
　　②〈感情・考えなど〉を表す, はっきり出す
例the projected cost「見積もった費用」

UNIT 001　*KEY PHRASES*　MP3▶001-07.mp3 CD▶TRACK:2

- ***In* addition *to* a flat in London, he has a house in Scotland.**　彼はロンドンのアパートに加えて, スコットランドに家も持っている
- **a marketing director**　マーケティング部長
- **the technology department**　技術部門
- **return a damaged item**　破損した商品を返す

22 addition
[ədíʃən]

图 追加, 増加；足し算
- ◆in addition (to A)　「(Aに)加えて, その上」
- ◆add A to B　「AをBに加える」　▶p.22
- ◇addítional　形 追加の, 余分の　▶p.24

23 marketing
[má:rkitiŋ]

图 マーケティング
★市場調査から製品開発, 販売方法, 広告など幅広いプロセスが含まれる。
- ◇márket　图 市場, 市, 取引

24 department
[dipá:rtmənt]

图 ①部門　②学科
源 de(=off 分離)+part(分かれる)+ment
★米国政府のDepartmentは日本の省にあたる。
例the Department of Education「教育省」
- ◆department store　「デパート, 百貨店」

25 item
[áitəm]

图 項目, 品目, 商品
- ◆food item　「食品」
- ◆key item　「主要品目」
- ◇ítemize[áitəmaiz]　動 (〜を)箇条書きにする
例an itemized bill「請求明細書」

7

UNIT 001　KEY PHRASES

MP3▶001-08.mp3 CD▶TRACK:2

suggest a new way	新しいやり方を提案する
a **review** of the law	その法律の再検討
find a new **employee**	新しい従業員を見つける
leave an umbrella on the train	電車に傘を置き忘れる
scientific **research**	科学的な研究

26
□ **suggest**
[sʌgdʒést]

動 ①~を提案する　②~をほのめかす, 暗示する
◆suggest to ⟨人⟩ that S + (should) 原形V
　　　　　　　　　　　　「⟨人⟩にVと提案する」
◇suggéstion　　　图 提案；暗示

27
□ **review**
[rivjúː]

图 ①再検討, 批評　②復習
動 ①~を批評する　②~を復習する
源 re(=again)+view(見る)

28
□ **employee**
[emplɔ́iiː]

图 従業員
源 employ(雇う)+ee(される人)(p.96)
◇emplóyer　　　图 雇い主
◇emplóyment　　图 雇用, 職, 使用
◇unemplóyment　图 失業
◇emplóy　　　　動 ~を雇う

29
□ **leave**
[líːv]

動 ~を残す, ~を放置する；去る
活用形 leave – left – left
◆leave for A　　「Aに向けて出発する」
◆on leave　　　「休暇中で」

30
□ **research**
[ríːsəːrtʃ]

图 研究, 調査
動 (~を)研究する

文法Check! 可算名詞と不可算名詞

1) 数えられる名詞(可算名詞)

★数えられる名詞(可算名詞)は，単数形と複数形の区別がある。a[an], some, few, many, one, twoなどを付けることができる。(little, muchは不可)

[単数形]
- a boy 「1人の少年」
- an apple 「1つのリンゴ」
- a family 「一家族」

[複数形]
- boys 「少年たち」
- two apples 「2個のリンゴ」
- some families 「いくつかの家族」

2) 数えられない名詞(不可算名詞)

固有名詞	人名，地名などの名前。 New York, Osaka, George
物質名詞	形や大きさが一定しない物質や材料の名前。 butter, milk, sugar, toast, water
抽象名詞	具体的な形を持たない性質・状態・動作・概念などの名前。 advice, beauty, information, love, music, news
集合名詞	いくつかのものの集合体を表し物質名詞のように扱う名詞。 baggage, clothing, furniture, luggage

★固有名詞・物質名詞・抽象名詞は数えられない名詞で，常に単数形で用いる。a[an]やmany, few, one, twoなどを直接付けることはできない。物質名詞や抽象名詞にはsome, (a) little, muchは付けられる。

- ○ some water   much money   a little milk
- × many money   a few information

★物質名詞の量を器や単位などを使って表すことがある。
- a glass of water 「コップ1杯の水」
- a cup of tea 「カップ1杯のお茶」
- a sheet of paper 「紙1枚」
- a pound of meat 「1ポンドの肉」
- two glasses of water 「コップ2杯の水」
- three cups of tea 「カップ3杯のお茶」
- a piece of cake 「一切れのケーキ」

★抽象名詞にも a piece ofをつけるものがある。
- a wonderful piece of information 「すばらしい情報」
- interesting pieces of news 「興味深いニュース」

★もともと物質名詞でも，店で注文するときには可算名詞扱いになる。
Two coffees, please. 「コーヒーを2つお願いします」

PRACTICE TEST

1. No refunds will be issued for cancellations received after the 30-day period immediately ------- registration.

   (A) will follow
   (B) followed
   (C) following
   (D) follows

2. Symphonic Band will present an ------- musical program "Let's Go European" at 7 p.m. on Thursday, Oct. 3, in the auditorium.

   (A) excite
   (B) excited
   (C) exciting
   (D) excitement

3. Those gasoline stations across the street from one another are selling gasoline at ------- different prices.

   (A) marking
   (B) marks
   (C) marked
   (D) markedly

4. Scientists discovered a new method of ------- hydrogen.

   (A) produced
   (B) product
   (C) productive
   (D) producing

5. I am ------- to inform you that the book you ordered has arrived.

   (A) please
   (B) pleased
   (C) pleasant
   (D) pleasing

6. All ------- must wash their hands after using the toilet and before handling food.

   (A) employees
   (B) employers
   (C) employment
   (D) unemployment

PRACTICE TEST UNIT001

ANSWER KEY

☐☐☐

1. (C) following ▶p.2
訳 登録の直後から30日間過ぎた後に受け付けたキャンセルに払い戻しはありません。
解説 immediately following A「Aの直後に[の]」がその前のthe 30-day periodを修飾している。immediately following Aはimmediately after Aと同じ意味。

☐☐☐

2. (C) exciting「〈人を〉興奮させる, おもしろい」 ▶p.2
訳 シンフォニックバンドはオーディトリアムで10月3日木曜日の午後7時に『Let's Go European』というおもしろいミュージカル作品を上演します。
解説 ▶p.2 **Point!** (A) excite「〈人を〉興奮させる, 刺激する」, (B) excited「〈人が〉興奮している」, (D) excitement「興奮, 興奮させるもの」。

☐☐☐

3. (D) markedly「著しく」 ▶p.3
訳 通りの向かいにあるガソリンスタンドが著しく異なる価格でガソリンを売っている。
解説 at ------ different pricesとあるので, 空所には副詞を入れる。markは動詞で「〜に印を付ける, 特徴付ける」という意味があり, (C) markedは「(印が付けられた→)目立った, 著しい」という意味の形容詞。

☐☐☐

4. (D) producing; produce「〜を生産する」の動名詞 ▶p.5
訳 科学者は水素を作り出す新しい方法を発見した。
解説 method of producing hydrogen「水素を作る方法」とする。(B) product「製品」は名詞, (C) productive「生産的な」は形容詞。

☐☐☐

5. (B) pleased「〈人が〉喜んでいる, 満足している」 ▶p.6
訳 ご注文頂いた書籍が到着したことをお知らせでき幸いです。
解説 〈人〉be pleasedの形に注意。(C) pleasant, (D) pleasingは〈こと・もの〉が主語になる。[例] The drive was pleasant.(ドライブは楽しかった)▶p.2 **Point!**

☐☐☐

6. (A) employees; employee「従業員」 ▶p.8
訳 全従業員はトイレを使用した後と食品を扱う前には手を洗わなければならない。
解説 (B) employer「雇い主」, (C) employment「雇用, 職, 使用」, (D) unemployment「失業」。

UNIT 002　*KEY PHRASES*

- according to a new **survey** ／ 新しい**調査**によると
- Please **feel free to** contact me. ／ **遠慮なく**ご連絡ください
- I **need to** change my clothes. ／ 私は服を着替える**必要がある**
- **perform** the work ／ 仕事**を遂行する**
- The car **cost** me $30,000. ／ その車には3万ドル**かかった**

31　survey
[sə́rvei]

图 調査；概観
動 ～を調査する；概観する [sərvéi]
★アクセントは、名詞が前、動詞が後ろだ。

32　free
[fríː]

形 ①自由な　②無料の，無税の
動 ～を解放する
◆feel free to V 「自由にVする，遠慮なくVする」

33　need
[níːd]

動 (+to V) Vする必要がある，～の必要がある
助 (need not V) Vする必要がない
★助動詞のneedはふつう否定文で使う。
例 He need not do that. ＝ He doesn't need to do that.
「彼はそうする必要がない」

◆need not have Ved 「Vする必要がなかったのに」
★実際にしたということを表す。

34　perform
[pərfɔ́ːrm]

動 ①～を行う，～を遂行する (＝carry out)
　②～を演じる，～を演奏する
◇perfórmance　图 ①遂行，実行　②演技，上演
　　　　　　　　　　③性能；できばえ，成績

35　cost
[kɔ́(ː)st]

動 〈金〉がかかる　图 費用，値段，経費
活用形　cost – cost – cost
◇cóstly　　　　形 高価な；損失の大きい

UNIT 002 *KEY PHRASES* MP3▶002-02.mp3 CD▶TRACK:3

delay **publication** of the report	報告の**発表**を遅らせる
sign a **form**	**書類**にサインする
set a *time* line	**スケジュール**を立てる
manage staff members	スタッフ**を管理する**

36 publication
[pʌblikéiʃən]

图 発表, 公表；出版, 刊行

◇ públish 動 ~を出版する(= bring out)；~を発表する ▶p.16
◇ públic 形 公の, 公衆の
图 (the public)一般の人々, 公衆
◆ public opinion 「世論」
◆ in public 「公然と, 人前で」⇔ in private
◇ publícity 图 ①宣伝, 広告
　　　　　　　②評判, 知名度 ▶p.213

37 form
[fɔ́ːrm]

图 ①(書式の決まった)**書類**, **用紙**　②**型**, **形**

38 line 〔多義〕
[láin]

图 ①**線**　②**路線**　③**電話**　動 **線を引く**
◆ time line 「スケジュール, 予定時刻」
◆ a line of A 「(製品の)Aのシリーズ」
◆ (be) on the line 「電話に出ている」
◆ be in line for A 「Aの候補である」
例 He is in line for promotion. 「彼は昇進するだろう」

39 manage
[mǽnidʒ]

動 ①~を**管理する**；~に**対処する**
　　②(+to V)**なんとかVする**
◇ mánagement 图 管理, 経営
◇ mánager 图 管理者, 経営者, 部長, 支配人
例 a sales manager「販売部長」
◇ managérial 形 経営の ▶p.186

UNIT 002 **KEY PHRASES** MP3▶002-03.mp3 CD▶TRACK:3

■ **reserve** a room at a hotel	ホテルの部屋を予約する
■ a 20% **increase** in production	生産の20%増加
■ **several** times a day	一日に数回
■ **check** bags at the airport	空港でバッグを預ける
■ services **available** online	オンラインで利用できるサービス

---

40 reserve
[rizə́ːrv]

動 ~を取っておく（= set aside）, ~を予約する（= book）
名 蓄え, 遠慮
◆a nature reserve 「自然保護区」
◇reservátion　　名 予約, 保留
◇resérved　　　形 控えめな；予約してある

41 increase
[ínkriːs]　　反?

名 増加　動 増加する, ~を増やす [— ́—]
⇔ décrease　　名 減少　動 減少する；~を減らす
◇incréasingly　　副 ますます（= more and more）

42 several
[sévərəl]

形 いくつかの　名 いくつかのもの
★ふつう3から10くらいの数を表す。

43 check
[tʃék]　　多義

動 ①~を調べる　②~を一時預ける
名 （飲食店の）伝票, 勘定書；小切手
◆check with A 「A(人)に相談する」
◆check, please.　「お勘定お願いします」
　= Can I have the check, please?
◇chéckbook　　名 小切手帳《米》

44 available
[əvéiləbl]

形 利用できる, 入手できる
◆available to 〈人〉 「〈人〉に利用できる」

UNIT 002　*KEY PHRASES*　　MP3▶002-04.mp3 CD▶TRACK:3

■ a **local** television station	地方のテレビ局
■ a **sign** of spring	春のきざし
■ offer a 10% **discount**	10%の割引をする
■ packaging and **shipping**	包装と発送
■ **complete** a project	プロジェクトを完成させる

45
□ **local**
[lóukl]

形 その土地の，地元の，現地の
名 (the locals)地元の人々
◆local government 「地方自治体」

> **Point!** 「ローカル」は「田舎」にあらず！
> localには，都会に対する「田舎」という意味はない。
> provincial「(けなして)田舎臭い」，rural「(良い意味で)田舎の，田園の」。

46
□ **sign**
[sáin]

名 印，記号，兆候；標識，看板　動 ～に署名する
◇sígnal 　　名 信号(機)，合図　動 (～と)合図する
◇sígnature 　名 署名，サイン
★芸能人などのサインはautographと言う。

47
■ **discount**
[dískaunt]

名 割引　動 ～を割り引く
語源 dis(反対)＋count(数える)

48
■ **shipping**
[ʃípiŋ]

名 発送，配送，出荷；送料
◇shíp 　　　動 ～を送る，輸送する
★船以外で送るときにも使う。
◇shípment 　名 発送，積み荷

49
□ **complete**
[kəmplíːt]

動 ～を完成させる，仕上げる　形 完全な
◇complétion 　名 完成，修了
◇incompléte 　形 不完全な

UNIT 002　*KEY PHRASES*　MP3▶002-05.mp3　CD▶TRACK:3

the airport *under* construction	建設中の空港
publish a book	本を出版する
the **subject** of the article	記事の話題
business **practice**	ビジネスの慣習
The office *is* **located** *in* the area.	オフィスはその地域にある

50 construction
[kənstrʌ́kʃən]

图 建築, 建設
◇construct　動 ～を建設する

51 publish
[pʌ́blɪʃ]

動 ～を出版する (= bring out); ～を発表する
◇publication　图 発表, 公表; 出版, 刊行　▶p.13

52 subject （多義）
[sʌ́bdʒekt]

图 話題, 主題, 学科
◆be subject to A 「①A(料金など)を課される
　　　　　　　　　②A(病気などに)かかりやすい, (変化)を受けやすい」
例 be subject to change「変更される可能性がある」

53 practice （多義）
[prǽktɪs]

图 ①慣習　②実践, 実行　③練習
動〈医学など〉に従事する, 練習する
◇practical　　 形 現実的な, 実践的な; 実質上の　▶p.252
◇practitioner　图 開業医, 弁護士

54 locate
[lóukeɪt]

動 ①[be located (in A)] (Aに)位置する, ある
　 ②～の場所を見つける
★①の形が多いが, TOEICでは②も重要。
例 locate the shop on the map「地図でその店を見つける」
◇location　　图 位置, 場所; ロケ, 野外撮影
◇relocate　　動 移転する, 転居する　▶p.90

UNIT 002 *KEY PHRASES*

register a new car	新車を登録する
an **electronics** manufacturer	電子機器メーカー
Yours **sincerely**,	敬具
a machinery **manufacturer**	機械製造業者
Read the following **statement**.	次の記述を読みなさい

55
register
[rédʒistər]

動 ~を登録する, 記録する
名 登録簿, 記録簿
◇registrátion　名 登録

56
electronics
[ilektrániks]

名 電子機器；電子工学
◇electrónic　形 電子(工学)の
◇eléctric　形 電気の, 電動の
◇electrícity　名 電気

57
sincerely
[sinsíərli]

副 心から, 誠実に
◆(Yours) sincerely, 「敬具」(= Sincerely yours,)

58
manufacturer
[mænjəfǽktʃərər]

名 製造会社, 製造業者, メーカー
★日本語の「メーカー」は大規模な業者を意味することが多く, それに相当する英語がmanufacturerだ。
◇manufácture　動 ~を作る, 製造する
　　　　　　　　名 製造, 製品
源 manu(手で)+fact(作る)

59
statement
[stéitmənt]

名 記述, 声明；報告書
◇státe　動 ~を述べる, 言う
　　　　　名 ①州, 国　②状態
◆state-of-the-art 「最新式の, 最先端の, 最新鋭の」
例 a state-of-the-art computer 「最新式のコンピュータ」

UNIT 002 **KEY PHRASES** MP3▶002-06.mp3 CD▶TRACK:3

charges for overweight baggage | 重量超過手荷物の 料金

60
☐ **charge**　〖多義�〗
[tʃɑ́ːrdʒ]

图 ①料金, 手数料, サービス料　②責任, 世話
動〈金額〉を請求する

◆in charge of A　「Aの責任者である」
◆free of charge　「無料である」　▶p.12

> **Point!** 「お金」は要注意！
> ☐ charge 　　　　　图 手数料, 使用料, サービス料
> ☐ fee　　　　　　　图 入場料, 授業料, (専門職への)報酬
> ☐ fine　　　　　　　图 罰金
> ☐ the cost of living　「生活費」

文法Check!　動詞＋to V／動詞＋Ving　〜不定詞か動名詞か〜

不定詞(to V)と動名詞(Ving)は, 「Vすること」という意味で, 用法がよく似ている。しかし, 特に動詞の目的語になる場合は, 動詞によって動名詞を使うか不定詞を使うかが決まっているものがあるので, 注意が必要だ。

> He finished reading the book.　（彼はその本を読み終えた）
> I want to go to Spain someday.　（私はいつかスペインに行きたい）

1)〈動詞＋Ving〉とする動詞　（＋to Vはだめ）

☐ avoid Ving	「Vを避ける」	☐ admit Ving	「Vを認める」
☐ consider Ving	「Vしようかと考える」	☐ deny Ving	「Vしたことを否定する」
☐ enjoy Ving	「Vを楽しむ」	☐ escape Ving	「Vを逃れる」
☐ finish Ving	「Vを終える」	☐ give up Ving	「Vをやめる」
☐ mind Ving	「Vをいやがる」	☐ postpone Ving	「Vを延期する」
☐ practice Ving	「Vを練習する」	☐ put off Ving	「Vを延期する」
☐ quit Ving	「Vをやめる」		

▶後ろに動名詞をとるのは「すでにしていること」を楽しんだり, 止めたりすることを表す動詞が多い。
▶「やめる, 避ける, 延期する, いやがる」など, 否定的な意味の動詞の後ろはVingが多い。

2)〈動詞 + to V〉とする動詞 （+Vingはだめ）

- □ afford to V 「Vする余裕がある」
- □ decide to V 「Vするよう決める」
- □ hope to V 「Vしたい」
- □ learn to V 「Vできるようになる」
- □ offer to V 「Vすると申し出る」
- □ pretend to V 「Vするふりをする」
- □ refuse to V 「Vするのを拒否する」
- □ wish to V 「Vしたい」
- □ agree to V 「Vすることに同意する」
- □ fail to V 「Vしない，しそこねる」
- □ intend to V 「Vするつもりだ」
- □ manage to V 「なんとかVできる」
- □ plan to V 「Vする計画だ」
- □ promise to V 「Vする約束をする」
- □ want to V 「Vしたい」

▶後ろに不定詞をとるのは「これから未来にしよう」という願望，約束，決定，同意などを表す動詞が多い。

3)〈動詞 + Ving〉・〈動詞 + to V〉で意味が異なる動詞

- □ remember Ving 「Vしたことを覚えている」
- □ remember to V 「忘れずにVする」

I remember meet*ing* her before.（私は以前彼女に会ったことを覚えている）
Please remember *to* post this letter tomorrow.（明日忘れずにこの手紙を投函してください）

▶上の例のようにVingが「すでにしたこと，現に起こっていること」で，to Vが「未来にすること」を表す場合が多い。下のVingとto Vの違いも同様である。

- □ forget Ving 「Vしたことを忘れる」
- □ forget to V 「Vし忘れる」
- □ stop Ving 「Vをやめる」
- □ stop to V 「立ち止まってVする」
- □ regret Ving 「Vしたことを後悔する」
- □ regret to V 「残念ながらVする」
- □ try Ving 「試しにVする」
- □ try to V 「Vしようとする」

I regret attend*ing* the party.（私はそのパーティに出席したことを後悔する）
I regret *to* say I can't remember his name.（残念ながら彼の名前を思い出せない）

▶regret to VのVは, say, tell, informなど「言う，伝える」という意味の動詞が多い。

- □ mean Ving 「Vすることを意味する」
- □ mean to V 「Vするつもりだ」
- □ can't help Ving 「Vせざるを得ない」
- □ help (to) V 「Vするのを助ける」

PRACTICE TEST

7. Here's everything you ------- to know about the new watch before it goes on sale.

    (A) must
    (B) should
    (C) need
    (D) could

8. One of the biggest challenges we're facing is the ------- of ever-growing storage environments.

    (A) manage
    (B) manages
    (C) manageable
    (D) management

9. We do not make your e-mail addresses ------- to other organizations.

    (A) inclined
    (B) comfortable
    (C) available
    (D) vacant

10. The ------- of the restoration of that old building was announced yesterday.

    (A) completed
    (B) completes
    (C) completion
    (D) complete

11. We were walking down the street while trying to ------- the store on the map.

    (A) create
    (B) provide
    (C) afford
    (D) locate

12. ADL Inc. will release a ------- regarding its long term plans on Thursday.

    (A) state
    (B) stating
    (C) statement
    (D) stated

PRACTICE TEST UNIT002

ANSWER KEY

☐☐☐

7. (C) need; need to V「Vする必要がある」 ▶p.12
訳 この新しい時計について,発売される前に知っておく必要があることすべてがここにあります。
解説 空所の後にto不定詞があるので,needを選ぶ。must, should, couldは全て助動詞で,直後にto不定詞はこない。本文ではHere's everything (that) you need to know ...と,関係詞が省略されている。

☐☐☐

8. (D) management「管理,経営」 ▶p.13
訳 私たちが直面している最大の難問の一つはますます増大する保存環境を管理することである。
解説 空所の前後を見れば名詞を入れることがわかる。(A)(B) manage「~を管理する;~に対処する」は動詞,(C) manageable「扱いやすい,管理できる」は形容詞。challenge「難題,難問;挑戦」(p.119), face「~に直面する」。

☐☐☐

9. (C) available; available to〈人〉「〈人〉に利用できる」 ▶p.14
訳 あなたのeメールアドレスを他の組織が利用できるようにすることはありません。
解説 〈make + O + C〉「OをCにする」のCに入れる形容詞を選ぶ問題。(A)のincline (p.299)はふつうbe inclined to V「Vしたいと思う,Vする傾向がある」の形で使う。(B) comfortable「快適な,心地よい」(p.75), (D) vacant「〈家・座席などが〉空いている,使用されていない」(p.144)。

☐☐☐

10. (C) completion「完成,修了」 ▶p.15
訳 その古い建物の修復の完了が昨日発表された。
解説 空所には名詞が入る。(C)以外は動詞complete「~を完成させる,仕上げる」の変化形。

☐☐☐

11. (D) locate「~の場所を見つける」 ▶p.16
訳 私たちは地図で店の場所を見つけようとしながら,道を歩いていた。
解説 the store on the mapを続けられる動詞はlocate。(A) create「~を創造する,作り出す」(p.86), (B) provide「~を供給する,与える」(p.4), (C) afford「~を持つ余裕がある」(p.87)。

☐☐☐

12. (C) statement「記述,声明;報告書」 ▶p.17
訳 ADL社はその長期計画に関する報告を木曜日に発表する。
解説 空所には名詞が入る。(A) stateは名詞で使うと「州,国;状態」の意味で,ここでは適さない。

UNIT 003　KEY PHRASES

the **technique**s of filmmaking	映画作りの技術
require more attention	もっと注意を必要とする
add a name _to_ the list	リストに名前を加える
an international **organization**	国際的な組織
come **right** _away_	すぐに来る

61 technique
[tekníːk]

图 技術, 技巧
◇ téchnical　　　　形 技術の, 専門の
◆ technical terms　「専門用語」
◇ technícian　　　 图 専門家, 技術者

62 require
[rikwáiər]

動 ～を必要とする(= need); ～を要求する(= demand)
◇ requírement　　图 要求される物, 必要条件

63 add
[ǽd]

動 ～を加える
◆ add A to B　　「AをBに加える」
◆ add to A　　　「Aを増やす」(= increase)
◇ addítion　　　 图 追加, 増加; 足し算　　▶p.7
◇ addítional　　 形 追加の, 余分の　　　 ▶p.24

64 organization
[ɔːrɡənəzéiʃən]

图 組織, 機関, 団体
◆ non-profit organization
　　　　　　「非営利団体, 民間公益組織」= NPO
◆ World Health Organization
　　　　　　「世界保健機構」= WHO
◇ órganize　　　動 ～を組織する; ～をまとめる

65 right
[ráit]

副 まさに　形 右の; 正しい　图 右; 権利
★場所や時間を表す副詞句を強調する。
例 right in front of the building「建物の真正面に」
◆ right away　　「すぐに」

UNIT 003　**KEY PHRASES**

MP3▶003-02.mp3 CD▶TRACK:4

For more **details**, visit our website.	**詳細**はウェブで
a construction **site** for a new hotel	新しいホテルの建設**用地**
the company's important **clients**	会社の重要な**顧客**
promote economic growth	経済成長**を促進する**
address the topic in the lecture	講義でその話題**を扱う**
a newspaper **article**	新聞**記事**

66
□ **detail**
[díːteil]

名 詳細, 細部
源 de(強意)+tail(切る)=(細かく切断する)
◆in detail 「くわしく, 細かに」
◇détailed 形 くわしい

67
□ **site**
[sáit]

名 用地, 場所, 位置；ウェブサイト
★sight「視力；光景」と同音。

68
□ **client**
[kláiənt]

名 顧客, 得意先；(弁護士などの)依頼人
★商店やレストランの客はふつうcustomer(p.3)だが, 顧客, 得意先, 取引先などはclient。passenger「乗客」(p.55)。

69
□ **promote**
[prəmóut]

動 ～を促進する, 助長する
◆be promoted 「(会社などで)昇進する」
◇promótion 名 昇進；促進　▶p.104

70
□ **address**
[ədrés]

動 〈問題など〉を扱う, 〈人〉に話をする
名 住所, アドレス；講演, 演説
◆keynote address [speach] 「基調講演」

71
□ **article**
[áːrtikl]

名 ①記事　②品物, 物
★TOEICでは①がほとんど。

23

UNIT 003 *KEY PHRASES*

MP3▶003-03.mp3 CD▶TRACK:4

pay an additional fee	追加料金を支払う
repair the car	車を修理する
Taipei Public Library	台北市立図書館
attend a meeting	会議に出席する
give simple instructions	簡単な指示を与える

---

72 additional
[adíʃənl]

形 追加の, 余分の
◆ add A to B 「AをBに加える」　▶p.22
◇ addítion　图 追加, 増加；足し算　▶p.7

73 repair
[ripéər]

動 ～を修理する；〈損害〉を埋め合わせる
图 修繕, 修理
★建物, 道路, 車, 時計などに用いる。

74 library
[láibreri]

图 図書館, 図書室, 書斎
◇ librárian　图 司書, 図書館員

75 attend
[əténd]

動 ～に出席する
◇ atténdance　图 出席
◇ attendée　图 出席者
◇ atténdant　图 接客係, 案内係

76 instruction
[instrʌ́kʃən]

图 指示
◇ instrúct　動 ～を指示する, 指導する（= teach）
源 in(中に)+struct(建てる)
◇ instrúctor　图 講師, インストラクター
◇ instrúctive　形 ためになる, 教育的な

UNIT 003 KEY PHRASES

prepare a room for a guest	客のために部屋を準備する
at *the* rate *of* 40% a year	年40%の割合で
develop a computer system	コンピュータシステムを開発する
a research **facility**	研究施設
the sound **quality** of the CD	CDの音質

---

77 prepare
[pripéər]

動 (〜の)準備をする, (〜を)用意する
源 pre(前もって)+pare(準備する)
◇preparátion 名 準備, 用意

78 rate
[réit]

名 割合, 率；速度, スピード
動 〜を評価する
例 birth rate「出生率」
◇first-rate 形 一流の
◆at the rate of A 「Aの割合で,Aの速度で」
◆at any rate 「とにかく,少なくとも」
◇ráting 名 格付け；評価

79 develop
[divéləp]

動 〜を開発する, 発展させる
源 de(否定)+velop(包む)=(包みをほどく)
◆developing country 「発展途上国」
◆developed country 「先進国」
◇devélopment 名 発達(の結果), 成長, 開発(された物)

80 facility
[fəsíləti]

名 施設, 設備, 機関
源 facil(=easy)+ity=(容易にするもの)
★複数形で使うことも多い。

81 quality
[kwáləti]

名 質, 性質, 良質

UNIT 003　*KEY PHRASES*

MP3▶003-05.mp3 CD▶TRACK:4

■ *as* soon *as* possible	できるだけ早く
■ *on* *my* way home	家に帰る途中で
■ our annual sales target	我々の年間売上目標
■ the process of change	変化の過程
■ This street is closed to traffic.	この道路は通行止めです

82
possible
[pάsəbl]

形 可能な
◆It is possible for A to V　「AはVすることができる」
◆as A as possible　　　　「できるだけA(形容詞・副詞)」
◇possibílity　　　　　　　名 可能性
◇póssibly　　　　　　　　副 (文修飾で)ひょっとしたら
◆cannot possibly V　　　「どうしてもVしない，とてもVない」

83
way
[wéi]

名 ①道　②方法, やり方
◆on one's way (to A)　「(Aに)行く途中で」
◆by the way　　　　　「ところで」

84
annual
[ǽnjuəl]

形 1年に1回の, 年次の, 例年の
語源 ann(=year 年)　anniversary「記念日」も同語源。
◇ánnually　　　　　　　副 1年に1回, 毎年

85
process
[práses]

名 過程　動 ～を加工する, 処理する
◆in the process of A [Ving]　「Aの過程で, 進行中で」
◇procéed　　　　　　　動 進む　　　　▶p.102

86
close
[klóuz]

動 ～を閉める, 閉まる
形 副 接近した, 親しい[klóus]
◇clósed　　　　　　　　形 閉じている, 閉店している
★「開いている」という意味の形容詞はopenだが,「閉じている」という意味の形容詞はcloseではなくclosed。

UNIT 003 KEY PHRASES

MP3▶003-06.mp3 CD▶TRACK:4

- *for* peaceful **purpose**s 　　　　平和的な**目的**で
- a travel **expense** report 　　　　旅**費**明細書
- Sales *are* **expected** *to* increase. 　売上げが増加する**見込みだ**
- **supply** the city *with* water 　　その都市に水**を供給する**

87
□ **purpose**
[pə́ːrpəs]

图 **目的** (= object)
◆for the purpose of A 「Aの目的で」
◆on purpose 「わざと, 故意に」

88
□ **expense**
[ikspéns]

图 **費用, 出費；経費**
◆at the expense of A 「Aを犠牲にして」
◇expénsive 形 高価な
◇inexpénsive 形 安価な
◇expénditure 图 支出

89
□ **expect**
[ikspékt]

動 **～を期待する, 予期する**
源 ex(外を)＋spect(見る)
◆expect to V 「Vするつもり[予定]だ」
◆expect A to V 「AがVすると予期[期待]する」
◆be expected to V 「Vする見込みだ」
◇expectátion 图 予期, 期待
◆life expectancy 「平均余命」

90
□ **supply**
[səplái]

動 **～を供給する, 支給する**
图 **供給, 蓄え**
◆supply A with B 「AにBを供給する」
　＝supply B for A
◆supply and demand 「需要と供給」
◆office supplies 「事務用品」

PRACTICE TEST

13. Some materials are in short supply, so please request only materials ------- for your studies.

    (A) invited
    (B) questioned
    (C) called
    (D) required

14. The copy machine is broken. I hope to have it ------- as soon as possible.

    (A) repaired
    (B) answered
    (C) generated
    (D) satisfied

15. Only graduate students are eligible to ------- this workshop.

    (A) apply
    (B) attend
    (C) attract
    (D) adhere

16. The research staff are generally well trained, and are aware of the latest technological ------- in their fields.

    (A) developers
    (B) developed
    (C) developing
    (D) developments

17. Businesses on Main Street ------- early yesterday due to the weather.

    (A) are closed
    (B) to close
    (C) closing
    (D) closed

18. FC Oil Company is ------- to report a sharp rise in profits for three months to the end of December.

    (A) earned
    (B) outgrown
    (C) expected
    (D) risen

PRACTICE TEST UNIT003

ANSWER KEY

☐☐☐

13. (D) required； require「必要となる」 ▶p.22
訳 教材のいくつかは供給不足ですので，自分の研究に必要な教材のみを求めてください。
解説 空所の前にあるmaterialsを修飾する過去分詞を選ぶ。require「～を必要とする；～を要求する」の過去分詞(D)が正解。(A)のinviteは「～を招く，案内する」(p.55)，(B)のquestionは「尋ねる」，(C)のcallは「～を呼ぶ」。

☐☐☐

14. (A) repaired； repair「～を修理する」の過去分詞 ▶p.24
訳 コピー機が壊れている。できるだけ早く修理して欲しい。
解説 have＋O＋Cは「OにCしてもらう」という意味で，ここではIt is repaired.(それが修理される)という受動態の文がO＋Cのところに埋め込まれていると考える。(B)のanswerは「～に答える」，(C)のgenerateは「～を生み出す，～を引き起こす」(p.118)，(D)のsatisfiedは「満足している」。

☐☐☐

15. (B) attend「～に出席する」 ▶p.24
訳 大学院生だけがこの講習に出席することができます。
解説 (A) apply「志願する；～を適用する，利用する」(p.4)，(C) attract「～を引きつける」(p.144)，(D) adhere「固守する」。be eligible to V「Vする資格がある」(p.168)。

☐☐☐

16. (D) developments； development「発達(の結果)，開発(された物)」
訳 研究スタッフは全般によく訓練されていて，自分の分野における最新の技術的発展について知っている。
解説 空所にはlatest, technologicalという形容詞が修飾する名詞が入る。

☐☐☐

17. (D) closed； close「閉まった」 ▶p.26
訳 昨日メインストリートの店舗は天気のせいで早く閉まった。
解説 yesterdayとあるから，過去時制を選ぶ。(A)は現在時制なのでダメ。

☐☐☐

18. (C) expected； be expected to V「Vする見込みだ」 ▶p.27
訳 FC石油会社は12月の終わりまでの3ヵ月間収益の急増を報告する見込みである。
解説 まず(D)のriseは自動詞なので受動態にはならない。(A)のearnは「～をかせぐ，得る」(p.225)，(B)のoutgrowは「～よりも大きくなる」(p.193)は受動態にできるが，意味が通らない。

29

UNIT 004 **KEY PHRASES** MP3▶004-01.mp3 CD▶TRACK:5

operate a computer with a mouse	マウスでコンピュータを操作する
a **delivery** date and time	配達日時
financial services	金融事業
her **current** job	彼女の現在の職
an **application** form	申込書[願書]

91 operate
[ápəreit]

動 ①〈機械などが〉働く，作動する
②〈機械など〉を操作する
③手術する

◇operátion 图 ①作業，活動
②運転，操作
③手術

例 daily operation「日常業務」

92 delivery
[dilívəri]

图 配達

◇delíver 動 ~を伝える，配達する，届ける ▶p.55

93 financial
[fənǽnʃl]

形 金融の，財政の

◇fináncе 图 財政，金融，資金

94 current
[kə́:rənt]

形 現在の

◇cúrrently 副 現在
◇cúrrency 图 通貨

95 application
[æplikéiʃən]

图 ①申し込み
②アプリ
③応用，適用

◇ápplicant 图 志願者，応募者 ▶p.87

UNIT 004　*KEY PHRASES*

MP3▶004-02.mp3　CD▶TRACK:5

the **result** of the test	テストの結果
recent news	最近のニュース
produce new **material**s	新しい物質を作る
recommend this book *to* you	あなたにこの本を勧める

---

96 result
[rizʌ́lt]

同?

图 結果
動 結果として生じる；結果になる
= óutcome
◆A result from B　「AはBから生じる」
　= B result in A　「BはAという結果になる」
★Aが〈結果〉, Bが〈原因〉。
◆as a result　　　　「その結果として」

97 recent
[ríːsnt]

形 近ごろの, 最近の
◇récently　　副 最近, 先ごろ
★ふつう過去時制, 現在完了, 過去完了の文で用い, 現在時制の文では用いない。

98 material
[mətíəriəl]

图 物質；材料, 原料；資料
形 物質の, 物質的な（⇔ spiritual「精神的な」）
◆raw material　　　「原料」

99 recommend
[rekəménd]

動 ~を推薦する, 勧める
◆recommend that S+(should)原形V　「Vと勧める」
◇recommendátion　图 推薦（状）

UNIT 004 *KEY PHRASES*

from the **previous** year	前の年から
on *any* **given** day	どの日でも
a company **president**	会社の社長
submit a report	レポートを提出する
rent an apartment	アパートを借りる

100 previous
[príːviəs] 反?

形 (時間・順序で)**前の, 以前の**
⇔fóllowing 形 次の, 以下のような
◇préviously 副 以前に, 前もって
★previousとlastの違いに注意。He asked me yesterday if I had gone there the previous night.「彼は, 私が前の晩にそこに行ったかどうか, 昨日私に尋ねた」 この文のthe previous nightは, 昨日の前の晩のことで, last night「昨晩」とは違う。

101 given
[gívn]

形 **定められた, 一定の**
★KEY PHRASEのようにany given＋名でよく使う。
前接 **～を考慮すると**
例Given her inexperience, we can't blame her.
「彼女に経験がないことを考慮すると, 彼女を責められない」

102 president
[prézədənt]

名 **社長, 代表取締役；大統領**
★《英》ではchairmanが社長。

103 submit
[səbmít] 同熟? 2語

動 ①**～を提出する** ②(to A)(Aに)**服従する**
＝hand in 「～を提出する」
◇submíssion 名 提出(物)

104 rent
[rént]

動 ①〈家・車など〉を**賃借りする** ②**～を賃貸しする**
名 **使用料, 賃貸料**
◇réntal 形 賃貸しの 名 使用料
★rentは「借りる」意味も「貸す」意味もあるので注意。
例rent the house from A「Aから家を賃借りする」
　rent the house to A　「Aに家を賃貸しする」

UNIT 004 KEY PHRASES

notice the color change	色彩の変化**に気づく**
home and office **furnishings**	家庭とオフィスの**備え付け家具**
introduce new staff	新しいスタッフ**を紹介する**
have a doctor's **appointment**	医者に**予約**している
the *human* **resource**s department	**人事部**

---

105 notice
[nóutəs]

動 ~に**気づく**、~だと**わかる**
名 **通知, 掲示**；**注意**

◆take notice of A 「Aに注意する」
◇nóticeable 形 目立つ, 著しい

106 furnishings
[fə́ːrniʃiŋs]

名 **備え付け家具, 備品**

★ふつう~sの形で集合的に家具や備品のことを言う。furnitureよりも範囲が広く、carpet, curtainやpictureなどの装飾品も含まれる。

◇fúrniture 名 家具

★不可算名詞。数えるときはa piece of furnitureの形を使う。

◇fúrnish 動〈家具など〉を備えつける
◇cúpboard 名 食器棚
◇clóset 名 押し入れ, 戸棚

107 introduce
[intrədjúːs]

動 **~を紹介する, 導入する**
◇introdúction 名 紹介, 導入, 序論

108 appointment
[əpɔ́intmənt]

名 ①**予約, 約束** ②**任命, 役職**

★appointment「約束」は人と会う約束で、医者や弁護士などの予約にも使う。reservation(p.14)はレストラン、劇場、列車の予約などに使う。

◇appóint 動 ~を任命する；〈会う日時・場所〉を指定する
▶p.308

109 resource
[ríːsɔːrs]

名 (~s)**資源, 財源**；**手段**

◆natural resources 「天然資源」
◆human resources 「人的資源」

UNIT 004　*KEY PHRASES*　MP3▶004-05.mp3　CD▶TRACK:5

modern office **equipment**	最新の事務**用品**
draw a **floor** *plan*	**間取り図**を描く
arrange a meeting	会議**の手はずを整える**
price including **postage**	**送料**を含む価格
The first two services are free, **while** the third costs \$20.	最初の2つのサービスは無料です**が**, 3つめは20ドルかかります
an **award**-winning writer	**賞**を取った作家

110
□ **equipment**
[ikwípmənt]

图 設備, 備品, 用品
◇equip　　　　　　　動 ～を装備させる
◆be equipped with A　「Aを装備している」

111
□ **floor**
[fló:r]

图 床, 階
◆floor plan　　　　　「間取り図, 平面図」

112
□ **arrange**
[əréindʒ]

動 ～を整える, 取り決める
◇arrángement　　　　图 準備；整理, 配列

113
■ **postage**
[póustidʒ]

图 送料, 郵便料
◆postage free　　　　「送料無料」
◇póst　　　　　　　图 ①郵便　②地位
　　　　　　　　　　動〈手紙など〉を送る
◇póstal　　　　　　 形 郵便の

114
□ **while**
[wáil]

接 ①～しながら　②～する一方で, ～だが
★②は対照的なことがらを述べる用法。

115
□ **award**
[əwɔ́:rd]

图 賞
動 ～に(賞を)与える

UNIT 004	**KEY PHRASES**	MP3▶004-06.mp3 CD▶TRACK:5

■ **miss** the flight	フライトを逃す
■ **exhibit** a feeling of pride	自尊心を示す
■ a training **session**	訓練期間
■ stars in the **universe**	宇宙の星
■ He *is* **likely** *to* win.	彼が勝つ可能性が高い

116
□ **miss**
[mís]

動 ①～を逃す
②～を恋しく思う
★日本語の「ミス(間違い)」はmistake(p.192)。
◇míssing　　　　　形 欠けた, 行方不明の

117
□ **exhibit**
[igzíbit]

動 ～を示す(= show)
◇exhibítion　　　　名 展覧会, 展示

118
□ **session** 〔多義〕
[séʃən]

名 ①(ある活動の)**期間**, (議会などの)**会期**
②**討論, 会議**
例 have a session with him「彼と会合する」
源 sess(座る)+sion(こと)

119
□ **universe**
[júːnəvəːrs]

名 **宇宙, 世界**
◇univérsal　　　　形 普遍的な, 全世界の

120
□ **likely**
[láikli]

形 **可能性が高い, ありそうな**
◆S be likely to V　　「SはVしそうだ」
◆It is likely that ～　「～しそうだ」
◇líkelihood　　　　名 可能性, 見込み

PRACTICE TEST

19. Many employers now encourage their ------- employees to recommend friends and acquaintances for open jobs.

    (A) entire
    (B) current
    (C) permissive
    (D) all

20. Please click on this link to see the most ------- memo from Leonard Inc.

    (A) constant
    (B) recent
    (C) occupied
    (D) modern

21. All receipts for expenses should be ------- to the Accounts Section.

    (A) submitted
    (B) subjected
    (C) subtracted
    (D) substituted

22. This guidebook will help you find the right home exercise ------- for you.

    (A) features
    (B) equipment
    (C) fortune
    (D) results

23. ------- most people are at the beach there are still some enjoying the pool.

    (A) How
    (B) While
    (C) That
    (D) So

24. This annual show provides the platform for students to ------- their talents.

    (A) attract
    (B) exhibit
    (C) perform
    (D) deliver

PRACTICE TEST **UNIT004**

ANSWER KEY

☐☐☐

19. (B) current「現在の」 ▶p.30
- 訳 多くの雇用者は，欠員のある仕事に友人知人を推薦するよう現在の従業員に勧めている。
- 解説 (A) entire (p.64) は一つのものの「全体の」という意味で，単数形の名詞に付くことが多い。(C) permissive「寛容な」。(D) all は，all their employees の語順なら正しい。

☐☐☐

20. (B) recent「近ごろの，最近の」 ▶p.31
- 訳 このリンクをクリックしてレナード社の最新の連絡をご覧ください。
- 解説 the most recent「最新の」。(A) constant「一定の」, (C) occupied「忙しい」, (D) modern「現代の」。

☐☐☐

21. (A) submitted; submit「~を提出する」 ▶p.32
- 訳 経費の領収書はすべて会計部に提出することになっている。
- 解説 submit はしばしば to を伴う。(B) の subject は「~を支配する；話題」(p.16), (C) の subtract は「~を引く」, (D) の substitute は「~を代わりに用いる」(p.171)。

☐☐☐

22. (B) equipment「設備，備品，用品」
- 訳 このガイドブックは適切な家庭用の運動器具を見つける手助けとなります。
- 解説 equipment はふつう不可算名詞として使う。(A) features「特徴」(p.78), (C) fortune「財産，資産」(p.79), (D) results「結果」(p.31)。

☐☐☐

23. (B) While「~する一方で，~だが」 ▶p.34
- 訳 たいていの人はビーチにいるが，プールで楽しんでいる人もまだいます。
- 解説 副詞節をまとめる接続詞を入れる問題。(A) How「どのように」, (C) That「~すること」, (D) So「それで」の3つとも，文頭に副詞節を作る用法はない。

☐☐☐

24. (B) exhibit「~を示す」 ▶p.35
- 訳 この例年のショーは学生たちがその才能を示す舞台を提供する。
- 解説 talents「才能」を目的語にして意味が通る動詞を選ぶ。(A) attract「~を引きつける」(p.144), (C) perform「~を行う」(p.12), (D) deliver「~を伝える，配達する」(p.55)。

UNIT 005　KEY PHRASES

MP3▶005-01.mp3　CD▶TRACK:6

- Here's your **change**. ｜ **おつり**です
- **improve** the quality of goods ｜ 商品の質**を向上させる**
- I'm *looking* forward *to* see*ing* you. ｜ お会いできるの**を楽しみにしています**
- **participate** *in* the meeting ｜ その会議**に参加する**
- **propose** a new way ｜ 新しいやり方**を提案する**

---

121 change
[tʃéindʒ]

名 **つり；小銭**
★「変化」だけではないので注意。

122 improve
[imprúːv]

動 **～を向上させる，改善する**
◇impróvement　名 進歩，改善

123 forward
[fɔ́ːrwərd]

副 **前に，前方の，進んだ**
◆look forward to A [Ving]　「A[Ving]を楽しみに待つ」
★TOEICで超頻出！

124 participate
[pɑːァtísəpeit]

動 **(＋in A) Aに参加する**
源 part＋cip(＝take)＋ate＝take part in A
◇participátion　名 参加
◇partícipant　名 参加者

125 propose
[prəpóuz]

動 **～を提案する**
◆propose (to A) that S＋(should)原形V
　「(Aに)～と提案する」▶p.155 Point!
◇propósal　名 申し込み，提案，プロポーズ
◇proposítion　名 提案，申し込み

38

UNIT 005　*KEY PHRASES*　　　MP3▶005-02.mp3　CD▶TRACK:6

maintain a friendly relationship	友好的な関係を保つ
be seated on the bench	ベンチに座っている
the manufacturing **industry**	製造業
hold a meeting	会議を催す
write a **memo** to all staff	スタッフ全員に社内回覧を書く

126
□ **maintain**　多義
[meintéin]

動 ①〜を維持する, 保つ（＝keep up 〜）
　②〜を主張している（ふつう, 進行形は不可）
源 main（手で）＋tain（保つ）
◇máintenance　名 維持, メンテナンス；主張

127
□ **seat**　多義
[síːt]

動 (be seated) 座っている
名 座席

★seatは「〈人〉を座らせる」という意味だが, たいていbe[remain, stay, etc.] seated「座っている」という形で使う。
★sitが座る動作を表す自動詞であるのに対して, be seatedは状態を表すことができる。

128
□ **industry**
[índəstri]

名 産業, 工業；…業
◇indústrial　　形 工業の；産業の
◇indústrialized　形 工業化した

129
□ **hold**
[hóuld]

動〈会など〉を催す, 開く；を保つ
◇hóldings　　名 保有財産

130
■ **memo**
[mémou]

名 社内回覧, 連絡票（＝memorandum）

> **Point!**　「メモ」はnote
> 日本語の「メモを取る」は英語ではtake a noteという。
> （p.54）

UNIT 005 KEY PHRASES

MP3▶005-03.mp3 CD▶TRACK:6

- pay an entrance **fee** / 入場料を払う
- **be** **based** **on** survey results / 調査結果に基づいている
- **regard** him **as** a friend / 彼を友達とみなす
- an **editor** of a women's magazine / 女性誌の編集者
- **indicate** the cause of the disease / 病気の原因を示す

---

131 fee
[fíː]

图 入場料, 授業料, (専門職への)報酬 ▶p.18 Point!
★「授業料」はfeesが多い。

132 base
[béis]

動 (base A on B) BにAの基礎を置く
图 土台, 基礎; 本部

- ◆be based on A 「Aに基づいている」
- ◇básic 形 基礎的な
- ◇básis 图 基礎, 論拠; 原則 ▶p.138

133 regard
[rigáːrd]

動 (regard O as C) OをCだと思う, みなす

- ◆With best regards 「敬具」
★手紙・メールの末尾で, 後に自分の名前を書く。withは省略することが多い。

- ◆with [in] regard to A 「Aに関しては」
- ◆regardless of A 「Aに関係なく」 ▶p.165

134 editor
[édətər]

图 編集者, 編者
★be動詞の直後に来るときは単数形でも無冠詞が多い。
例 He is editor of the Guardian.
「彼は『ガーディアン』の編集者だ」

- ◇édit 動 ～を編集する
- ◇edítion 图 (出版物の)版
- ◇editórial 图 社説 形 編集の

135 indicate
[índikeit]

動 ～を示す, 表示する
- ◇indicátion 图 指示, 暗示, 兆候

UNIT 005　**KEY PHRASES**　　MP3▶005-04.mp3　CD▶TRACK:6

respond *to* questions	質問に答える
Let me *know* if you need any help.	お困りの際はお知らせください
without further **delay**	これ以上遅れることなく
various kinds of flowers	さまざまな種類の花
local **community** development	地域社会の発展

136
□ **respond**
[rispánd]

動 (respond to A) ①Aに返答する　②Aに反応する
★answerよりかたい語。
◇respónse　　　名 返答(=answer), 反応
◇respóndent　　名 回答者, 応答者

137
□ **let**
[lét]

動 ～を許す
◆let A V　　　「AがVするのを許す」
★Vは原形の動詞。
◆let A know　　「Aに知らせる」

138
□ **delay**
[diléi]

名 遅れ, 遅延
動 ～を遅らせる；手間取る
◆be delayed　　「遅れている」

139
□ **various**
[véəriəs]

形 さまざまな
◇varíety　　　　名 多様(性), 変化
◆a variety of A　「さまざまなA」(= varieties of A)
◇váry　　　　　動 変わる；～を変える　▶p.106

140
□ **community**
[kəmjúːnəti]

名 (地域)社会, 地域共同体

41

UNIT 005　*KEY PHRASES*

Chief **Executive** Officer	最高**執行**責任者（CEO）
allow customers *to* use this machine	お客様がこの機械を使うこと**を許可する**
an **opportunity** to talk to her	彼女と話す**機会**
payment *in* advance	**前**払い
public **transportation**	公共**交通機関**

---

141 executive
[igzékjətiv]

名 **重役, 幹部**

◇éxecute　　動 ①〈計画など〉を遂行する
　　　　　　　　②～を処刑する

142 allow
[əláu]　同? 2つ　反?

動 **～に許可する, ～を許す**

＝permít, lét
⇔forbíd　　動 ～を禁ずる
◆allow A to V　「AがVするのを許す；可能にする」
◆allow for A　「Aを考慮にいれる」

143 opportunity
[ɑpərtjú:nəti]

名 **機会, 好機**

★opportunity of Ving / opportunity to V のどちらも可。

144 advance
[ədvǽns]

名動 **前進（する）**

源 ad（分離）＋vance（進む）

◆in advance　「前もって」（＝beforehand）
◇advánced　　形 進歩した, 上級の
◇adváncement　名 昇進, 進歩；促進

145 transportation
[trænspərtéiʃən]

名 **輸送, 運送, 輸送機関**　★主に《米》。

◇tránsport　　名 輸送, 運送, 輸送機関　★主に《英》。
　　　　　　　　動 ～を運ぶ, 輸送する

源 trans（越えて）＋port（運ぶ）

UNIT 005 *KEY PHRASES*

support senior citizens	高齢者を支える
permit him *to* go out	彼に外出することを許す
a global research **firm**	国際的な調査会社
a government **supervisor**	政府の監督者
promote **tourism**	観光事業を振興する

---

146 support [səpɔ́ːrt]
- 動 ①〜を支持する, 援助する
  ②〈家族など〉を養う
  ③〜を立証する, 裏付ける
- 名 支持, 援助
- 例 support the theory「理論を立証する」
- 源 sup(方へ)+port(運ぶ)

147 permit [pərmít]
- 動 〜を許す, 〜を許可する
- ◆permit A to V 「AがVするのを許す」
  = allow A to V
- 源 per(=through)+mit(送る)=(通して送る)
- ◇permíssion 名 許可

148 firm [fə́ːrm]
- 名 会社, (法律などの)事務所, 商会 ▶p.137 Point!
- 形 堅い

149 supervisor [súːpərvaizər]
- 名 監督者
- ◇súpervise 動 〜を監督[管理]する
- 源 super(上)+vise(見る)
- ◇supervísion 名 管理, 監督

150 tourism [túərizm]
- 名 観光事業, 観光産業
- ◇tóurist 名 観光客, 旅行者

PRACTICE TEST

25. Thank you for ------- in this experiment.

    (A) anticipating
    (B) emancipating
    (C) restating
    (D) participating

26. The press conference on Kenya will be ------- on 15 December at 12:00.

    (A) held
    (B) raised
    (C) taken
    (D) granted

27. Martin Kock, currently politics ------- at DPR, will lead a panel discussion in Munich.

    (A) edition
    (B) editing
    (C) editor
    (D) edited

28. We are planning to introduce ------- of products to market successively.

    (A) various
    (B) variant
    (C) varieties
    (D) varies

29. We booked the hotel a week in -------.

    (A) advance
    (B) advancement
    (C) advanced
    (D) advancing

30. There are four people who are working under my -------.

    (A) superstition
    (B) superior
    (C) superficial
    (D) supervision

PRACTICE TEST UNIT005

ANSWER KEY

□□□
25. (D) participating; participate in A「Aに参加する」 ▶p.38
訳 この実験に参加して頂きありがとうございます。
解説 空所の後のinとつながる動詞を選ぶ。(A)のanticipateは「~を予想する,見越す」(p.177), (B)のemancipateは「~を解放する」, (C)のrestateは「~を言い直す」。

□□□
26. (A) held; hold「〈会など〉を催す, 開く」 ▶p.39
訳 ケニアに関する記者会見が12月15日12時に開催される。
解説 本文は受動態だが, 受動態の主語は能動態にすると目的語になる。(ex. The job was done by Tom.→Tom did the job.) したがって, 本文の主語the press conferenceが, 能動態のholdの目的語になれることを確認する。(B)のraiseは「~を上げる」(p.67), (C)のtakeは「~をとる」, (D)のgrantは「~を許可する, 認める」(p.240)。

□□□
27. (C) editor「編集者, 編者」 ▶p.40
訳 現在DPRの政治部編集者であるMartin Kockはミュンヘンでパネルディスカッションを主導するだろう。
解説 〈名詞(S), [名詞句], 動詞(V)〉という構造に注目する。カンマで囲まれている[名詞句]は前の名詞の言い換えになっている。つまり, Martin Kock is currently politics editor at DPR.ということである。なお, editorはbe動詞の後や同格で用いるときには単数形でもふつう無冠詞。(A)edition「(出版物の)版」(p.40), (B)(D)は動詞edit「~を編集する」(p.40)の活用形。

□□□
28. (C) varieties; variety varieties of A「さまざまなA」 ▶p.41
訳 いろんな製品を連続して市場に披露しようと計画しています。
解説 varieties of Aはa variety of Aと同様に, Aに複数形の名詞を置いて,「さまざまなA」という意味。

□□□
29. (A) advance; in advance「前もって」 ▶p.42
訳 私たちは1週間前にホテルを予約した。
解説 in advance「前もって」という熟語。inの後ろには名詞が必要。(B) advancement「昇進, 進歩;促進」(p.42), (C)(D)は動詞advance「前進する」(p.42)の活用形。

□□□
30. (D) supervision; under my supervision「私の監督下で」 ▶p.43
訳 私の監督下で働いている人が4人います。
解説 〈under+動作名詞〉は「~されつつある」という受動態の意味を持つことがある(p.105 **Point!**)。(A) superstition「迷信」, (B) superior「よりすぐれている, まさっている」(p.161), (C) superficial「表面的な」。

45

UNIT 006 KEY PHRASES

each **individual** in the community	地域社会のそれぞれの **個人**
take a **break**	**休憩**を取る
turn left at the corner	角を左に**曲がる**
replace the old system	古い制度**に取って代わる**
the Asian **nation**s	アジアの**諸国**

151 individual
[indəvídʒuəl]

名 **個人**　形 **個々の**
◇ indivídualism　　　名 個人主義
◇ individuálity　　　名 個性

152 break
[bréik]

名 **休憩**　動 **~をこわす**
◆ break room　　　「休憩室」

153 turn
[tə́ːrn]

動 **(~の)向きを変える, ~を向ける；~になる, ~を変える**
◆ turn A in　　「Aを提出する」(= submit, hand in)
★ turn in Aの語順もある。
◆ turn into A　　「Aになる」
◆ turn A on　　「Aを点ける」
◆ turn A off　　「Aを消す, 止める」
◆ It turns out that~　「~だとわかる」
◇ túrnout　　名 出席者, 人出

154 replace
[ripléis]

動 ①**~に取って代わる, ~を取り替える**
　　②**~を元の場所に戻す**
◆ A replace B　　「AがBに取って代わる」
◆ replace B with A　「AでBに取り替える」
★ 上の2つの文型はAに新しいもの, Bに古いものがくる。

同熟? 4語
= take the place of A　「Aに取って代わる」
◇ replácement　　名 取り替え, 代用品

155 nation
[néiʃən]

名 **国；国民**
◇ nátional　　　形 国家の；国民の
◇ nationálity　　名 ①国籍　②(1国の中の)民族
◇ nationalísm　　名 民族主義；国粋主義

UNIT 006 **KEY PHRASES** MP3▶006-02.mp3 CD▶TRACK:7

fill *out* a form	用紙に記入する
specialize *in* journalism	ジャーナリズムを専攻する
serve breakfast	朝食を出す
prefer tea *to* coffee	コーヒーよりお茶を好む
describe the accident in detail	事故を詳しく描写する

156
fill
[fíl]

動 ～を満たす，いっぱいにする
◆fill A out 「Aに記入する，書き込む」(＝fill A in)

157
specialize
[spéʃəlaiz]

動 (＋in A) (Aを)専攻する
◇spécialized　　　　　　形 専門的な
◇spécialist　　　　　　　名 専門家
◇spécialty　　　　　　　名 専門，専攻

158
serve
[sə́ːrv]

動 ①(～に)尽くす，(～を)勤める ②(～に)役立つ
③〈食べ物〉を出す，〈人〉に給仕する
★serviceの動詞形だ。
◆serve as[for] A　　　「Aの役目をする」
◆First come, first served. 「先着順；早い者勝ち」

159
prefer
[prifə́ːr]

動 ～を好む
活用形 prefer – preferred – preferred；preferring
◆prefer A to B 「BよりもAを好む」(A,Bには名詞・動名詞)
◆prefer to V₁ rather than (to) V₂
「V₂するよりもV₁する事を好む」
◇préference　　　　　　名 好み；好物
◇préferable　　　　　　形 より好ましい，ましな

160
describe
[diskráib]

動 ～を描写する，記述する
◇descríption　　　　　　名 描写，説明
語源 de(＝down)＋scribe(＝write 書く)＝(書き留める)

UNIT 006　*KEY PHRASES*

MP3▶006-03.mp3　CD▶TRACK:7

He is **still** working.	まだ彼は働いている
do serious **damage** **to** the economy	経済に深刻な損害を与える
We **appreciate** your business.	お取引に感謝いたします
a **taste** of lemon	レモンの味

161 still　[stíl]　(多義)

副 ①まだ　②さらに　★比較級を修飾。
　③静かに　④それでも

例 It's raining. Still, I have to go.
「雨だ。それでも行かねばならない」

162 damage　[dǽmidʒ]

名 損害, 損失；(〜s)損害賠償(額)
動 〜に損害を与える
◆ do damage to A 「Aに損害を与える」

163 appreciate　[əpríːʃieit]

動 〜に感謝する

★appreciateは「〜を評価する, 鑑賞する」という意味もあるが, TOEICではその用法はめったに登場しない。

源 ap(=to)+preci(=price 価格)+ate=(〜に価格をつける)

◆ I would appreciate it if you could 〜　★ていねいな依頼。
「〜してくださったらうれしいです」

164 taste　[téist]

名 ①味覚, 味　②好み, 趣味
動 ①〜を味見する, 食べる　②〜の味がする

諺 There is no accounting for tastes.
「人の好みは説明できない(蓼食う虫も好き好き)」

◇ tásty　形 おいしい
◇ tásteful　形 趣味のよい, 上品な
◇ tástefully　副 趣味よく, 上品に
◇ bíte　動 〜を噛む；噛みつく　名 噛むこと
◇ swállow　動 〜を飲み込む
◇ chéw　動 〈食べ物〉を噛んで食べる；噛む

UNIT 006　**KEY PHRASES**

a bank **account**	銀行**口座**
a job-**related** accident	仕事に**関連する**事故
the company's development **division**	会社の開発**部**
***interested* parties**	**関係者**
return an item by the **due** day	**期日**までに返品する
The price rise is **due** *to* inflation.	値上げはインフレ**のせい**です

165
account
[əkáunt]

图 (銀行)口座, 明細書, 請求書

源 ac(=to)＋count(計算する)

◆account for A 「①A(割合)を占める
　　　　　　　　②Aを説明する」
◇accóuntant　　　图 会計士, 会計担当者　　▶p.293
◇accóunting　　　图 経理, 会計　　▶p.62

166
relate
[riléit]

動 ①関係がある；〜を関係づける　②〜を述べる, 話す

◆be related to A 「Aと関係がある」
◇relátion　　　　图 関係
◆public relations 「宣伝活動(PR)」　★TOEICで重要！
◇relátionship　　图 関係

★特に人と人との関係に用いることが多い。

167
division
[divíʒən]

图 部門, 部, 課；分割

★sectionよりも大きな部門。

◇divíde　　　　　動 〜を分ける；分かれる

168
party　(多義)
[pá:rti]

图 ①当事者, 相手　②パーティー

169
due　(多義)
[djú:]

形 ①期限のくる, 期日の　②当然支払われるべき

◆due to A 「A(原因・理由)のために, Aのせいで」

★due toで1つの前置詞と考え, 後ろに名詞を置く。

UNIT 006 KEY PHRASES

MP3▶006-05.mp3 CD▶TRACK:7

- guidelines on **consumer** protection — **消費者**保護のガイドライン
- **cancel** the reservation — 予約**をキャンセルする**
- pay your cell-phone **bill** — 携帯電話の**請求書**を支払う
- **enclose** a copy of the contract — 契約のコピー**を同封する**
- I waited for him **until** noon. — 私は正午**まで**彼を待った
- a foreign **corporation** — 外国**企業**

---

170 consumer
[kənsjúːmər]

图 **消費者**
◇consúme 動 (〜を)消費する
◇consúmption 图 消費

171 cancel
[kǽnsl]

動 **〜をキャンセルする, 取り消す, 無効にする**
★日本語では「キャンセル」を名詞として使うが, 英語のcancelは動詞なので注意。
◇cancellátion 图 取り消し, キャンセル

172 bill
[bíl]

图 **請求書, 勘定(書)**
★レストランなどの勘定書は《米》ではcheckを使う。
★billには「法案」,「紙幣《米》」の意味もあるが, TOEICでは「請求書」がほとんど。

173 enclose
[enklóuz]

動 **〜を同封する**
語 en(中へ)+close(閉じる)
◇enclósure 图 同封(物); 包囲

174 until
[əntíl]

前接 **〜まで, ずっと**(= till)
★tillとuntilは同意だが, TOEICではuntilが圧倒的に多い。

175 corporation
[kɔːrpəréiʃən]

图 **企業, 会社**
◇córporate 形 企業の, 会社の   ▶p.66

UNIT 006 KEY PHRASES

change the **budget** proposal	**予算**案を変更する
national **security**	国家の**安全保障**
design an advertisement	**広告をデザインする**
accept the job offer	**仕事の依頼を引き受ける**
an **administrative** assistant	**事務**補佐

176 budget
[bʌ́dʒət]

图 **予算, 経費**
◆on a budget 「限られた予算で；出費を抑えて」

177 security
[sikjúərəti]

图 **安全, 防衛, 警備**
◇secúre 形 安全な, しっかりした
  動 ～を確保する；～を守る

◆security deposit 「敷金, 保証金」

178 design
[dizáin]

動 **～をデザインする, 設計する**；～を**意図する**
图 **デザイン, 設計**
語源 de(強意)+sign(印を付ける)

179 accept
[əksépt]
反？ 2つ

動 **～を引き受ける, 受け入れる**
語源 ac(=to)+cept(=take)
⇔ rejéct, refúse 動 断る
◇accéptable 形 容認できる, 一応満足できる ▶p.284
◇accéptance 图 受け入れ, 容認 ▶p.211

180 administrative
[ədmínəstréitiv]

形 **行政の, 管理上の**
◇admínister 動 ～を管理する
◇admínistrator 图 (ネットワークシステムなどの)管理者, 役員, 経営者 ▶p.160
◇administrátion 图 ①経営, 管理 ②行政 ▶p.227

PRACTICE TEST

31. A new, high-tech camera system has been installed in the office, ------- the older one.

    (A) repairing
    (B) comparing
    (C) brightening
    (D) replacing

32. Efforts to respond to consumer ------- are extremely significant.

    (A) preferred
    (B) preferences
    (C) preferable
    (D) preferring

33. The hotel rooms are all decorated -------, incorporating both traditional and contemporary styles.

    (A) tasty
    (B) tastefully
    (C) tasted
    (D) tasting

34. United Airlines flight 7939 to Chicago was delayed for one hour ------- a mechanical problem.

    (A) due to
    (B) because
    (C) on account
    (D) owing

35. Gusty winds are expected to continue ------- tomorrow.

    (A) until
    (B) across
    (C) down
    (D) onto

36. "Did you accept their latest plan?" "-------"

    (A) It's too late.
    (B) Yes, I'm pleased with it.
    (C) Yes, I refused it.
    (D) I had no plans.

PRACTICE TEST UNIT006

ANSWER KEY

□□□

31. (D) replacing；replace「～に取って代わる、～を取り替える」▶p.46
- 訳　新しいハイテクのカメラシステムが古いものに取って代わってオフィスに備え付けられた。
- 解説　空所以下が分詞構文で前の文を修飾している。(A)のrepairは「～を修理する；〈損害〉を埋め合わせる」(p.24)、(B)のcompareは「～を比較する」(p.146)、(C)のbrightenは「～を明るくする」。

□□□

32. (B) preferences；preference「好み」▶p.47
- 訳　消費者の好みに対応しようとする努力は極めて重要だ。
- 解説　consumer preferencesは「消費者の好み」。(A)(D)は動詞prefer「～を好む」(p.47)の活用形、(C) preferable「より好ましい、ましな」(p.47)は形容詞。

□□□

33. (B) tastefully「趣味よく」▶p.48
- 訳　ホテルの部屋は全て趣味よく飾られており、伝統的なスタイルと現代的なスタイルを取り入れている。
- 解説　空所にはdecoratedを修飾する副詞が入る。空所の後は分詞構文。(A) tastyは「おいしい」(p.48)、(C) tastedと(D) tastingは動詞taste「～を味見する、食べる」(p.48)の過去分詞と現在分詞。

□□□

34. (A) due to A「Aのために、Aのせいで」▶p.49
- 訳　機器に問題があるため、シカゴ行きのユナイテッド航空7939便が1時間遅れている。
- 解説　due toは後ろに名詞を置くが、becauseは接続詞なので後ろに文(S V ...)がなければならない。because ofならば、前置詞として使える。また、on account of A；owing to Aも原因・理由を表すことができる。

□□□

35. (A) until「～まで、ずっと」▶p.50
- 訳　強い風は明日まで続くと予想されている。
- 解説　適切な前置詞を選ぶ。(B) across「～を横切って」、(C) down「～の下に」、(D) onto「～の上へ」。gustyは「(風・雨などが)強い、激しい」。

□□□

36. (B) Yes, I'm pleased with it.「はい、私はそれに満足しています」
- 訳　「彼らの最新の計画を君は承諾したのですか」「―――」
- 解説　Did you～? に応えるのだから、まずYes/Noか、それに代わる表現を考える。(A) It's too late.「遅すぎます」は何が遅いのかわからないので不可。(C) Yes, I refused it.「はい、それを拒否しました」これはYesの代わりにNoと言っていれば正解になり得る選択肢。(D) I had no plans.「私には計画がなかった」はtheir latest planとかみ合っていない。なお、accept「～を引き受ける、受け入れる」は(p.51)。

53

UNIT 007　*KEY PHRASES*

- **retire** at the age of 60 — 60歳で**退職する**
- Orange Computer **Inc.** — オレンジコンピュータ**社**
- **immediately** start a job — **ただちに**仕事を始める
- Please **note** that this is just a sample. — これはサンプルにすぎないことに**注意してください**
- The file *is* **attached** *to* the e-mail. — ファイルはeメールに**添付されている**

---

181 retire
[ritáiər]

動 **退職する，引退する，退く**

★定年などで退職したときにretireを使う。単に「仕事を辞める」はquit one's job。

◇retirement　名 退職，引退

182 Inc.
[íŋk]

形 **法人の，会社の**　▶p.225

★incorporatedの略。アメリカで会社の名前の最後につけられる。

183 immediately
[imí:diətli]

副 **ただちに，即座に**

◇immédiate　形 目の前の，直接の，即座の

184 note
[nóut]

動 **～に注意する；～を書き留める**
名 **覚え書き，メモ**

◇nóted　形 有名な（＝well-known）
◇nótable　形 注目すべき　▶p.216
◇nótepad　名 メモ帳，メモ用紙

185 attach
[ətætʃ]

動 **～を貼り付ける，取り付ける**

源 at(＝to)＋tach(くい)＝(くいに付いている)

★Attached is the revised document.「改訂した文書を添付します」のように倒置形の文で使うことも多い。

◆be attached to A　「Aに添付されている，Aに愛着を持つ」
◆attached file　「添付ファイル」
◇attáchment　名 添付ファイル；愛着；付属物

UNIT 007 *KEY PHRASES*

MP3▶007-02.mp3 CD▶TRACK:8

- **satisfy** the needs of students — 学生の要求 を満たす
- train **passenger**s — 列車の 乗客
- **Instead** *of* going home, I went to the library. — 家に帰る 代わりに, 図書館に行った
- **deliver** a message *to* customers — 客にメッセージ を伝える
- **invite** you *to* the final interview — 最終面接にあなた を呼ぶ

---

186 satisfy
[sǽtisfai]

動 ～を満足させる；～を満たす
◆be satisfied with A 「〈人が〉Aに満足している」
◇satisfáction 　　　名 満足
◇satisfáctory 　　　形 満足な, 十分な

187 passenger
[pǽsəndʒər]

名 乗客
★customer「顧客, 客」(p.3), client「(専門職の)依頼人」(p.23), guest「招待客, ホテルの客」などと区別する。

188 instead
[instéd]

副 その代わりに
◆instead of A 　　　「Aの代わりに」
★of Aを伴うことが多いが, 次の例のように前を受けることもある。
例 There's no tea. Would you like coffee instead?
「お茶はありません。代わりにコーヒーはいかがですか」

189 deliver
[dilívər]

動 ～を伝える, 配達する, 届ける
◇delívery 　　　名 配達 　　　▶p.30
例 change a delivery date「配達日を変える」

190 invite
[inváit]

動 ～を招く, 案内する
◇invitátion 　　　名 招待

UNIT 007 **KEY PHRASES**

MP3▶007-03.mp3 CD▶TRACK:8

■ **restore** the old building	古い建物を修復する
■ a government **official**	政府の役人
■ We're **concerned** *about* security.	我々は安全性を心配している
■ **hire** new staff	新しいスタッフを雇う
■ rise 15% in the first **quarter**	第1四半期で15%増加する

191
□ **restore**
[ristɔ́:r]

動 ～を回復する；～を修復する
源 re(=back 元に)+store(建てる)
◇restorátion　　　　　　　　　名 回復, 修復, 復興

192
□ **official**
[əfíʃl]

名 役人, 公務員, 職員　形 公の, 公式の
◇ófficer　　　　　　　　　名 警察官, 役人；役員
▶p.107

193
□ **concern**
[kənsə́:rn]

動 ①〈人〉を心配させる　②～に関係する
名 ①心配, 不安　②関係, 関連
◆be concerned about A　「Aを心配している」
◆be concerned with A　「Aと関係している」
◇concérning　　　　　　　前 ～について, ～に関して
例 a decision concerning the price
「価格に関する決定」
◆To whom it may concern
「関係者各位；ご担当者様」
★手紙やメールの書き出しに使う。最後にカンマ(,)やコロン(:)などを付けることが多い。

194
□ **hire** 〔同?〕
[háiər]

動 ～を雇う(=employ)

195
■ **quarter**
[kwɔ́:rtər]

名 ①4分の1　②四半期, 15分, 25セント
◆at close quarters　　　　「至近距離で, 手元で」
◇quárterly　　　　　　　形 年4回の　名 季刊誌

UNIT 007　*KEY PHRASES*　MP3▶007-04.mp3　CD▶TRACK:8

get customer **feedback**	客の**反応**を得る
the **term**s of payment	支払い**条件**
at no **extra** charge	**追加**料金なしで
install a security system	セキュリティシステム**を備え付ける**
make a $2 million **profit**	200万ドルの**もうけ**を得る

196
feedback
[fíːdbæk]

图 反応, 評価, フィードバック

197
term　多義
[tə́ːrm]

图 ①**条件**　②**期間**, 学期　③用語
★TOEICでは①, ②が多い。
圞 terminal(p.164)と同じく「限界, 境界」が語源。

◆in terms of A　　　「Aの観点から」
◆terms and conditions　「(契約)条件」
★termsとconditionsはほぼ同意だが, 契約書などではこの形でよく使う。

198
extra
[ékstrə]

形 **追加の, 別の**
图 **余分, 別料金**
圞 extraordinary「並外れた」の省略形。

199
install
[instɔ́ːl]

動 〈設備・装置・家具など〉を**備え付ける**,
〈ソフト〉を**インストールする**
圞 in(中に)+stall(置く, 立っている)

◇installátion　　　图 取り付け, 据え付け

200
profit
[práfət]　反?

图 **利益, もうけ**
⇔lóss　　　　图 損失
◇prófitable　　　形 有益な, もうかる

UNIT 007　**KEY PHRASES**　MP3▶007-05.mp3 CD▶TRACK:8

a large **amount** of information	**大量**の情報
lead a discussion	議論**を主導する**
exchange information freely	自由に情報**を交換する**
hold a **press** *conference*	**記者会見**を開く
a **degree** in journalism	ジャーナリズム学の**学位**

201 amount
[əmáunt]

图 **量, 総額, 総計**

★amount ofの後ろの名詞は不可算名詞(money, time, water, energyなど)。

◆amount to A 「総計A(数量, 金額など)に達する」

202 lead
[líːd]

動 **(〜を)導く, 率いる**　活用形 lead – led – led

◆lead to A 「Aに通じる, Aを引き起こす」
◇léading 形 一流の, 優れた

★TOEICで重要！
例 a leading architect「一流の建築家」

203 exchange
[ikstʃéindʒ]

動 **〜を交換する**　图 **交換**

◆exchange A for B 「AをBに交換する」
例 exchange yen for dollars「円とドルを交換する」

◆currency exchange rate 「外国為替相場」 ▶p.234

204 press
[prés]

图 **報道(機関), 報道陣, 出版；押すこと**
動 (〜を)**押す, 〜に強く迫る**

205 degree
[digríː]

图 ①**学位**　②(温度などの)**度**　③**程度**

★米国ではAssociate「準学士」, Bachelor「学士」, Master「修士」, Doctor「博士」の4種がある。
★②, ③は重要だがTOEICではめったに出ない。

◆advanced degree 「学士より上の学位」
◆to some degree 「ある程度まで」

UNIT 007 KEY PHRASES

MP3▶007-06.mp3 CD▶TRACK:8

- a home **appliance** — 家庭用**電化製品**
- ***take*** **responsibility** ***for*** the accident — 事故の**責任**をとる
- a **candidate** for the position — その地位の**候補者**
- the August **issue** of the journal — その雑誌の8月**号**
- an important **issue** — 重要な**問題**
- **issue** a passport — パスポート**を発行する**
- **appear** ***in*** **print** — **出版される**

---

206 appliance
[əpláiəns]

名 **電化製品**；(家庭用の)**道具，器具**
◇apply 動 志願する；〜を適用する，利用する ▶p.4

207 responsibility
[rispɑnsəbíləti]

名 **責任**
◆take responsibility for A 「Aの責任をとる」
◇respónsible 形 責任がある；信頼できる
◆be responsible for A 「Aの責任がある，Aの原因となる」

反? ⇔irrespónsible 形 無責任な，責任のない

208 candidate
[kǽndədeit]

名 **候補者，立候補者；応募者，志願者**
◆job candidate 「仕事の志願者，応募者」

209 issue 多義
[íʃuː]

名 ①(雑誌の)**号**
　　②**問題**(＝problem)
動 **〜を発行する**，〈宣言・命令など〉を**出す**
源 「出て行く」が原義。

210 appear
[əpíər]

動 **現れる，〜に見える**
◇appéarance 名 ①出現　②外見

PRACTICE TEST

37. Jack Hawn is a <u>noted</u> actor in Australia.

    (A) knowledgeable
    (B) observed
    (C) indicated
    (D) well-known

38. Promising candidates for the new positions will be ------- for interviews in July.

    (A) signaled
    (B) stated
    (C) invited
    (D) produced

39. Paramount Inc. ------- a staff member who will assist in accounting research.

    (A) is hired
    (B) hiring
    (C) is hiring
    (D) hire

40. The ------- of the new system is scheduled to be completed in mid-October.

    (A) assistance
    (B) contract
    (C) market
    (D) installation

41. AAA Industries Inc. has been the nation's ------- supplier of electronic hardware components.

    (A) to lead
    (B) lead
    (C) leader
    (D) leading

42. TC Airlines is planning to ------- a statement on China's new flight routes on Friday.

    (A) act
    (B) speak
    (C) reply
    (D) issue

ANSWER KEY

☐☐☐

37. (D) well-known「有名な」

訳 Jack Hawnはオーストラリアで有名な役者です。

解説 noted「有名な」(p.54)と同意表現を選ぶ。(A) knowledgeable「精通している，聡明な」，(B) observedはobserve「～を観察する」(p.132)の過去・過去分詞形，(C) indicatedはindicate「～を示す，表示する」(p.40)の過去・過去分詞形。

☐☐☐

38. (C) invited; invite「～を招く，案内する」 ▶p.55

訳 新しい役職の有望な候補者は7月に面接に呼ばれる。

解説 空所に過去分詞を入れて受動態の文を作る。受動態の主語は能動態にすると目的語になるから，能動態にしたときにcandidates「候補者」を目的語にできる動詞を選べばよい。なお，be invited to A「Aに招かれる」がふつうだが，面接などの時はbe invited for Aとすることも多い。(A) のsignalは「(～と)合図する」，(B) のstateは「～を述べる，言う」(p.17)，(D) のproduceは「～を生産する」(p.5)。

☐☐☐

39. (C) is hiring; hire「～を雇う」〈現在進行形で未来を表す〉 ▶p.56

訳 パラマウント社は会計調査を助けてくれるスタッフを雇おうとしている。

解説 who節の中でwill assistと未来形を使っているから，未来を表す表現を選ぶ。現在進行形は現在計画している未来のことを表すことができる。

☐☐☐

40. (D) installation「取り付け，据え付け」 ▶p.57

訳 新しいシステムの取り付けは10月中旬に完成するよう計画されている。

解説 installation「取り付け，据え付け」は，ソフト，設備，装置，家具などに対して使われる。(A) assistance「援助，支援」(p.133)，(B) contract「契約」(p.78)，(C) market「市場」。

☐☐☐

41. (D) leading「一流の，優れた」 ▶p.58

訳 AAA工業社はこの国で一流の電子機器部品の業者である。

解説 the nation's ------ supplierという形を見て，空所には形容詞を入れる。

☐☐☐

42. (D) issue「〈宣言・命令など〉を出す，～を発行する」 ▶p.59

訳 TC航空は金曜日に中国の新しいフライトルートについて声明を出す計画をしている。

解説 issue a statement「声明を出す」。statementを目的語にとって意味が通る動詞を選ぶ。(A) act「行動する」，(B) speak「話す」，(C) reply「返事をする，(～と)答える」(p.229)。

UNIT 008　**KEY PHRASES**　MP3▶008-01.mp3 CD▶TRACK:9

■ go to a travel **agency**	旅行代理店に行く
■ the **accounting** department	経理部
■ a parking **lot**	駐車場
■ **distribute** information _to_ consumers	消費者に情報を配信する
■ **inquire** about job openings	求人について尋ねる

211
□ **agency**
[éidʒənsi]

图 ①代理店, 取次店　②(行政上の)機関, 庁, 局
◇ágent　　图 業者, 仲介者, 代理店(員)　▶p.82

212
■ **accounting**
[əkáuntiŋ]

图 経理, 会計
◇accóunt　　图 (銀行)口座, 明細書, 請求書　▶p.49
◇accóuntant　图 会計士, 会計担当者　　　　▶p.293

213
□ **lot**
[lάt]

图 (土地の)一区画
◆a lot of A　「たくさんのA」
　　　　　　　(＝lots of A ; many, much)

214
□ **distribute**
[distríbjət]

動 ～を分配する；配信する
★ふつう多くの人に対して物や情報を渡すことをいう。
源 dis(分離)＋tribute(割り与える)＝(分配する)　triはもともと「3」の意味。ローマ人民の3区分の一つがtribe「民族」の語源で, その民族に「税を分配する」という意味がtributeの語源だ。attribute「～のせいにする」(p.261), contribute「貢献する」(p.72)も同語源だ。

◇distribútion　图 分配；分布

215
□ **inquire**
[inkwáiər]

動 (～を)尋ねる, 問う
源 in(中へ)＋quire(探し求める)
◇ínquiry　　图 質問；調査

UNIT 008 *KEY PHRASES*

external advisory **committee**	外部の諮問**委員会**
a company **representative**	会社の**代表者**
decide *to* go abroad	外国に行く**決心をする**
buy a **subscription** *to* the magazine	雑誌の**購読予約**をする
the **upcoming** meeting	**次回の**会議

216
committee [kəmíti]
图 **委員会**
源 commit(委ねる)+ee(される人)
◇commíssion　图 ①委員会　②手数料　▶p.270

217
representative [reprizéntətiv]
图 **代表者**
形 **代表の, 表している**
◇represént　動 ①~を表す(= stand for), 示す　②~を代表する
◇representátion　图 ①代表　②表現

218
decide [disáid]
動 (+ to V)(Vしようと)**決心する, 決定する**
◇decísion　图 決意, 決定
◇decísive　形 決定的な, 断固とした

219
subscription [səbskrípʃən]
图 **購読予約(金), 購入申込**
◇subscríbe　動 (to A)(Aを)購読予約する
源 sub(下に)+scribe(書く)
◇subscríber　图 定期購読者

220
upcoming [ʌ́pkʌmiŋ]
形 **近づきつつある, 次回の, 来る**
◇forthcóming　形 やがて来る, 来る, 今度の
例 our forthcoming trip「私たちの今度の旅行」
★upcomingとforthcomingは同じような意味で用いられるが, upcomingは主に《米》で, 口語的。

UNIT 008 *KEY PHRASES*

MP3▶008-03.mp3 CD▶TRACK:9

meet a **deadline**	**期限**を守る
a business **colleague**	仕事の**同僚**
pharmaceutical industry	**製薬**業界
a travel **brochure**	旅行**パンフレット**
the **entire** business	**全**事業

---

221 deadline
[dédlain]

名 期限, 締め切り

222 colleague
[káli:g]

名 同僚, 仲間 　　　　　　　　　　　▶p.123 coworker

223 pharmaceutical
[fɑ:rməsjú:tikl]

形 薬剤の, 調剤の, 薬学の
名 薬剤, 調剤
◇phármacy　　名 調剤, 薬学, 薬局
◇phármacist　名 薬剤師

224 brochure
[brouʃúər]

名 パンフレット, カタログ
★TOEIC最重要単語!

225 entire
[entáiər]

形 全…, 全体の, 全部の
★wholeと同意だが強意的。
◇entírely　　副 完全に(＝completely, altogether)
◇entírety　　名 全体, そっくりそのままの状態
◆in its entirety 「そっくりそのまま, 全体として」
　　　　　　　　　(＝completely, as a whole)
例 print the article in its entirety
「その記事をそっくりそのまま印刷する」

64

UNIT 008 **KEY PHRASES**

extend my stay until tomorrow	明日まで滞在を延長する
a wide **range** of information	広範囲の情報
establish a company	会社を設立する
start **according to** schedule	計画通りに始める
I'm **ready** to start.	私は出発の用意ができている

---

226 extend
[iksténd]

動 ～を延長する, 拡張する
源 ex(外へ)+tend(伸ばす)

◇ exténsive — 形 広範囲な
◇ exténsion — 名 延長, 増大
◇ extént — 名 程度, 範囲
◆ to some extent 「ある程度まで」

227 range
[réindʒ]

名 範囲, 領域
動 〈範囲などが〉及ぶ, またがる
◆ a mountain range 「山脈」

228 establish
[istǽbliʃ]

動 ～を設立する, 創立する
◇ estáblishment — 名 確立, 設立

229 according to A

① Aによると ② Aに応じて
◇ accórdingly — 副 それ相応に ▶ p.227

230 ready
[rédi]

形 ① 用意ができた
② 進んでする (be ready to V = be willing to V)
◆ get ready for A 「Aの用意をする」
◇ réadily — 副 快く, 進んで;容易に
◇ réady-máde — 形 できあいの, 既製の

UNIT 008 *KEY PHRASES*

MP3▶008-05.mp3 CD▶TRACK:9

launch a campaign	キャンペーン**を始める**
a safety **inspection**	安全**検査**
a **medical** study	**医学の**研究
renovate a building	建物**を修理する**
corporate governance	**企業**統治

---

231 launch
[lɔ́:ntʃ]

動 ①~を始める ②~を発射する
名 開始;発射
例 launch a space shuttle「スペースシャトルを発射する」

232 inspection
[inspékʃən]

名 検査;視察
◇inspéct　　　動 ~を検査する
源 in+spect(=look)=look into「~を調べる」
◇inspéctor　　名 検査官, 調査官

233 medical
[médikl]

形 医学の, 医療の;内科の
◆medical care　「医療, 治療」
◇médicine　　　名 薬;医学
◇medicátion　　名 薬物, 薬剤;(投薬)治療, 医薬
　　　　　　　　　　　　　　　　　　▶p.130

234 renovate
[rénəveit]

動 ~を修理[改装・修復]する, リフォームする

Point! 「リフォーム」はreformにあらず!
英語のreformには「建物を改装する」という意味はなく, 政治や制度の改革をいう。

◇renovátion　　名 修理, 改装, 修復, リフォーム

235 corporate
[kɔ́:rpərət]

形 企業の, 会社の
★コーポレート・ガバナンスとは, 社外の取締役や監査役を設けたり, 社内の倫理憲章を作ったりして, 組織ぐるみの不正防止などに取り組む企業統治のこと。

◇corporátion　　名 企業, 会社　　　　　▶p.50

UNIT 008 *KEY PHRASES*

- a marketing **strategy** — マーケティング 戦略
- **release** a new product — 新製品 を発表する
- work **experience** in marketing — マーケティングの仕事の 経験
- **raise** money from the market — 市場から資金 を集める
- the check-in **procedure** — チェック・インの 手続き

---

236 strategy
[strǽtədʒi]

图 戦略, 作戦, 計画
◇ stratégic　　形 戦略の, 戦略上重要な

237 release
[rilíːs]

動 ①〜を発表する　②〜を解放する, 自由にする
③〈ガスなど〉を放つ
图 公表, 発表；解放, 放免
例 release CO_2「炭酸ガスを出す」

◆ release A from B 「AをBから解放する」
◆ press release 「公式発表, 新製品発表」

238 experience
[ikspíəriəns]

图 経験, 体験
動 〜を経験[体験]する
◇ expérienced　　形 経験豊かな

239 raise
[réiz]

動 ①〈金〉を集める, 調達する　★TOEICでは①が非常に多い。
②〜を上げる　★自動詞はrise「上がる, 起きる」だ。
③〈子ども〉を育てる(= bring up)
④〈問題など〉を提起する
图 賃上げ(= pay raise)

240 procedure
[prəsíːdʒər]

图 手続き, 手順；処置
源 proceed「進む」(p.102)と同じ語源。

PRACTICE TEST

43. The Wing Printing Group announced that the financial reports will be ------- to the stockholders.

    (A) disposed
    (B) distracted
    (C) disregarded
    (D) distributed

44. Carlos Harbor met a ------- from Insurance Swiss in Stockholm.

    (A) represent
    (B) representation
    (C) representing
    (D) representative

45. The city will ------- the operating hours of buses to make it easier for tourists to get around.

    (A) extend
    (B) limit
    (C) decline
    (D) develop

46. The job will be finished by tomorrow if everything goes ------- plan.

    (A) accorded
    (B) in accordance
    (C) according to
    (D) accordingly

47. The museum will be closed for ------- from December 1.

    (A) renovates
    (B) renovated
    (C) renovation
    (D) renovate

48. Our company has not ------- any delay in completion of any projects.

    (A) exerted
    (B) submitted
    (C) represented
    (D) experienced

PRACTICE TEST UNIT008

ANSWER KEY

☐☐☐
43. (D) distributed; distribute「〜を分配する；配信する」 ▶p.62
訳 Wing Printing Groupは株主に財政報告書を配布するだろうと発表した。
解説 reportsが主語で受動態の文にできる動詞を選ぶ。(A)のdisposeは「(Aを)処分する，処理する」(p.236)，(B)のdistractは「〜をそらす」，(C)のdiregardは「〜を無視する」。

☐☐☐
44. (D) representative「代表者」 ▶p.63
訳 Carlos Harborはストックホルムでスイス保険の代表と会った。
解説 aの後の空所なので，名詞を選ぶ。(B) representationは「代表すること」という意味では不可算名詞(p.9)。(A) represent「〜を表す，〜を代表する」(p.63)は動詞。

☐☐☐
45. (A) extend「〜を延長する，拡張する」 ▶p.65
訳 旅行者が移動するのを簡単にするために，市はバスの運行時間を延長するだろう。
解説 「旅行者が移動するのを簡単にするために」とあるので，(A)を選ぶ。(B) limit「〜を制限する，限定する」(p.294)，(C) decline「〜を控える，断る」(p.202)，(D) develop「〜を開発する，発展させる」(p.25)。

☐☐☐
46. (C) according to A「Aに応じて」 ▶p.65
訳 計画通りにすべてが運べば，その仕事は明日までには終わるだろう。
解説 後ろの名詞planをまとめて副詞句を作れるのは(C)だけ。(A)のaccordは「〜に一致する」，(B) in accordance「一致して」，(D) accordingly「それ相応に」(p.227)。

☐☐☐
47. (C) renovation「修理，改装，修復」 ▶p.66
訳 博物館は12月1日から改装のため閉館されます。
解説 forとfromの間にある空所だから，名詞を入れる。renovate「〜を修理[改装・修復]する，リフォームする」(p.66)は動詞なので(A)(B)(D)とも不可。

☐☐☐
48. (D) experienced; experience「〜を経験[体験]する」 ▶p.67
訳 我が社はどんなプロジェクトを完成させるにも遅延したことはありません。
解説 空所の直後のany delayを目的語にして意味の通る動詞を選ぶ。(A)のexertは「〈影響力や権力〉を振るう；〈能力など〉を発揮する，働かせる」(p.341)，(B)のsubmitは「〜を提出する」(p.32)，(C)のrepresentは「〜を表す，〜を代表する」(p.63)。

69

UNIT 009 KEY PHRASES

return the item *for* *full* credit	全額払い戻しで返品する
share the room *with* a friend	友人と部屋を共有する
recruit new staff	新しいスタッフを入れる
a *sociable* atmosphere	和やかな雰囲気
get a warm *reception*	温かいもてなしを受ける

241 credit
[krédit]

图 信頼, 信用(度); 功績, 評判; クレジット
◆for full credit 「全額払い戻しで」
◇credéntial 图 資格, 免許
例 a teaching credential「教員免許」

242 share
[ʃéər]

動 ~を分け合う, 共有する, 一緒に使う
图 分け前, 分担, 役割
例 market share「市場占有率」
◆share A with B 「AをBと分かち合う」

243 recruit
[rikrúːt]

動 〈新人など〉を入れる
图 新人, 新入生

244 sociable
[sóuʃəbl]

形 交際上手な, 社交的な; 和やかな
◇socíety 图 社会
◇sócial 形 社会の, 社交の
◇socióology 图 社会学

245 reception
[risépʃən]

图 ①もてなし, 歓迎(会)
  ②(ホテルの)フロント, 受付
◆a wedding reception 「結婚披露宴」
◇recéive 動 ~を受け取る
◇recéipt 图 受領, 領収書   ▶p.147

UNIT 009 **KEY PHRASES**

a large **sum** of money	多**額**のお金
resume normal activities	ふだんの活動を再開する
a doctor and a **patient**	医者と患者
the most **popular** product	最も人気のある製品
major repairs	大改修

---

246 sum
[sʌ́m]

名 ①金額 ②合計 ③要約
動 (sum up A) Aを要約する
◇súmmary 名 要約, 概要
◇súmmarize 動 ～を要約する

247 resume
[rizjúːm]

動 (～を)再開する, 再び始める
源 re(=again)+sume(取る)

248 patient
[péiʃənt]

名 患者
形 忍耐強い
(反?) ⇔impátient 形 我慢できない, いらいらする
◇pátience 名 忍耐(力), 我慢

249 popular
[pápjələr]

形 人気のある
◇populárity 名 人気, 評判

250 major
[méidʒər]

形 大きな, 過半数の, 主要な
動 (+in A) (Aを)専攻する
◇majórity 名 大多数, 過半数
　⇔minórity 名 少数
(反?) ⇔mínor 形 ①小さい方の, 過半数に達しない
　　　　　②重要でない

UNIT 009　KEY PHRASES　　MP3▶009-03.mp3 CD▶TRACK:10

the **rising** prices	**上昇する**価格
residents of New York	ニューヨークの**住民**
external relation manager	渉**外**部長
confirm a reservation	予約**を確認する**
contribute *to* society	社会に**貢献する**

251
□ **rise**
[ráiz]

動 **上がる, 上昇する**；**増える**
名 **上昇**
(活用形) rise – rose[róuz] – risen[rízn]

252
□ **resident**
[rézidənt]

名 **住民, 滞在者**　形 **住んでいる**
★inhabitant「住人」とは異なり, residentはホテルなどに一時的に滞在する人にも使える。

◇resíde　　　　動 住む, 存在している
◇résidence　　名 住宅, 家
◇residéntial　 形 居住用の, 住宅の

253
□ **external**
[ikstə́ːrnl]
(反?)

形 **外部の, 外的な**
源 ex=out「外の」

⇔intérnal　　　形 内部の, 内的な
◇extérior　　　名形 外側(の)
◇intérior　　　名形 インテリア(の), 内側(の)

254
□ **confirm**
[kənfə́ːrm]

動 ①**～を確かめる, はっきりさせる**
　 ②〈任命など〉を**承認する**
◇confirmátion　名 確認, 承認

255
□ **contribute**
[kəntríbjuːt]

動 (+ to A)**貢献する, 寄与する**；**一因となる**
源 con(一緒に)+tribute(与える)　tributeについてはdistribute「～を分配する」(p.62)
◇contribútion　名 貢献, 寄付

UNIT 009 **KEY PHRASES**

protect children *from* danger	危険から子供たち**を守る**
an instruction **manual**	取扱**説明書**
a space science **laboratory**	宇宙科学**研究所**
the **benefit**s of membership	会員の**特典**
raise **fund**s	**基金**をつのる

256 protect
[prətékt]

動 ～を保護する
◇protéctive 形 保護の, 保護用の
◇protéction 名 保護

257 manual
[mǽnjuəl]

名 マニュアル, 手引き書
形 手の, 手を使う
源 manu(手の)
◆manual work [labor] 「手作業, 肉体労働」

258 laboratory
[lǽbərətɔ̀ːri]

名 研究所
源 labor(働く)＋atory(場所)
◇lábor 名 労働
◇labórious 形 骨の折れる, 困難な
◇colláborate 動 協力[協同]する
源 co(一緒に)＋labor(労働)＋ate(する)

259 benefit
[bénəfit]

名 利益, 特典；(年金・保険などの)給付金
動 利益を得る
源 bene(良く)＋fit(行われた)
◇beneficial 形 有益な

260 fund
[fʌ́nd]

名 基金, 資金
動 ～に資金提供する, ～を積み立てる
★名詞は複数形で使うことが多い。

UNIT 009　KEY PHRASES

MP3▶009-05.mp3　CD▶TRACK:10

a **landscaping** business	**造園**業
handle every situation	あらゆる状況**に対処する**
focus *on* important issues	重要な問題に**集中する**
reduce energy costs	エネルギー費**を減らす**
a **method** of payment	支払い**方法**

---

261 landscaping
[lǽn*d*skeipiŋ]

图 **造園**
例 be rural landscape「田舎の風景」
◇lándscape　　图 (陸地の)風景, 景色；風景画

262 handle
[hǽndl]

動 **～に対処する, 扱う**
图 **ハンドル**
同? m＿＿＿ = mánage
◆I can handle it.　「私に任せてください」
　= Let me handle it.
例 "Can you handle it?" "Piece of cake."
「君に任せられるかな?」「簡単だよ」

263 focus
[fóukəs]

動 **集中する, 重点的に取り上げる**
图 **焦点, 集中**
◆focus on A　　「Aに焦点を合わせる, 集中する」

264 reduce
[ridjúːs]

動 ① **～を減らす**
　② (reduce A to B) AをBにする, 変える
◆be reduced to A　「Aになる, 変えられる」
例 be reduced to poverty「貧乏になる」
◇redúction　　图 減少, 削減, 割引

265 method
[méθəd]

图 **方法, やり方**

UNIT 009　KEY PHRASES

MP3▶009-06.mp3　CD▶TRACK:10

- create a **comfortable** environment　　快適な環境を作る
- an advertising **campaign**　　宣伝キャンペーン
- You can **reach** me at this e-mail address.　　このメアドで私に連絡できます
- at **reasonable** prices　　手ごろな価格で
- **measure** your English language ability　　あなたの英語力を測る

---

266 comfortable
[kʌ́mftəbl]

形 快適な，心地よい

◆Make yourself comfortable [at home].
「楽にしてください」

◇cómfort　　　　　名 快適さ，慰め　動 ～を慰める
◇discómfort　　　名 不快

267 campaign
[kæmpéin]

名 (政治的・社会的)運動，キャンペーン

268 reach
[ríːtʃ]

動 ①～に着く(= arrive at)；達する
　②〈人〉に連絡する
名 届く範囲

◆reach for A　　　「Aをとろうと手を伸ばす」
◆within A's reach　「Aの手の届く範囲に」

269 reasonable　多義
[ríːznəbl]

形 ①(値段が)手ごろな，安い
　②論理的な，適切な

◇réason　　　　　名 理由　動 推論する

270 measure
[méʒər]

動 ～を測る　名 手段，測定，寸法

◆take measures to [against] A　「Aに手段を講じる」

75

PRACTICE TEST

49. E-mail delivery ------- as soon as the upgrade is complete, and no mail will be lost.

    (A) to be resuming
    (B) will resume
    (C) was resumed
    (D) has been

50. Mark Miller was reading a copy of the ------- magazine, *Paris Illustre*.

    (A) popularize
    (B) popularly
    (C) popularity
    (D) popular

51. These results ------- the hypothesis that people may feel happy when their cheeks are lifted upward.

    (A) confirmed
    (B) submitted
    (C) restored
    (D) depended

52. This credit card entitles you to many -------, including travel accident insurance.

    (A) gains
    (B) accounts
    (C) receipts
    (D) benefits

53. If you decreased your demand 20 percent, you could get a 20 percent ------- to your bill.

    (A) tax
    (B) supplement
    (C) reduction
    (D) loss

54. The vast majority of people who own businesses work hard to keep prices ------- for their customers.

    (A) reasonable
    (B) reasonably
    (C) reasoning
    (D) reason

PRACTICE TEST UNIT009

ANSWER KEY

□□□

49. (B) will resume；resume「(〜を)再開する，再び始める」の未来時制。▶p.71

訳　アップグレードが終わり次第すぐにeメールの配信は再開され，メールは消去されません。

解説　空所の後の文でwill be lostと未来時制を使っているので，(B)を選ぶ。resumeは自動詞も他動詞もある。また，as soon as節やwhat節のように時を表す副詞節の中では未来のことでもwillを使わず現在時制を使うことにも注意したい。

□□□

50. (D) popular「人気のある」▶p.71

訳　Mark Millerは『Paris lllustre』という人気雑誌の1冊を読んでいた。

解説　後ろのmagazineを修飾する形容詞を選ぶ問題。(A) popularize「〜を大衆化する」は動詞，(B) popularly「一般に，俗に」は副詞，(C) popularity「人気，評判」は名詞 (p.71)。

□□□

51. (A) comfirmed；confirm「〜を確かめる」▶p.72

訳　これらの結果は，人は頬を上げると，うれしくなるという仮説を確認した。

解説　hypothesis「仮説」を目的語に取れ，文脈に合う動詞を選ぶ。(B)のsubmitは「〜を提出する」(p.32)，(C)のrestoreは「〜を回復する；修復する」(p.56)，(D)のdependは「依存する，頼る」(p.160)。

□□□

52. (D) benefits；benefit「特典，利益」▶p.73

訳　このクレジットカードがあれば旅行傷害保険を含む多くの特典を得られます。

解説　(A) gains「利益，得ること」(p.267)，(B) accounts「(銀行)口座，明細書，請求書」(p.49)，(C) receipts「領収書」(p.147)。entitle〈人〉to A「〈人〉にAを得る権利を与える」(p.162)。

□□□

53. (C) reduction「減少」▶p.74

訳　あなたが求めるものを20％減らせば，請求書も20％減額できるのに。

解説　decrease＝reduce「減らす」がポイント。(A) tax「税金」(p.161)，(B) supplement「補充，付録，追加」(p.184)，(D) loss「損失」(p.57)。

□□□

54. (A) reasonable「(値段が)手ごろな，安い」▶p.75

訳　会社を所有する大多数の人たちは顧客のため価格を手ごろに維持するのに一生懸命努力をする。

解説　keep OC「OをCに保つ」の，Cにあたる形容詞を選ぶ。(B) reasonably「賢明に，適当に」は副詞，(C) reasoningは動詞reason「推論する」の-ing形，(D) reason「理由」(p.75)は名詞。

77

UNIT 010　KEY PHRASES

MP3▶010-01.mp3 CD▶TRACK:11

- sign a **contract** with the Yankees　　ヤンキースとの契約にサインする
- the **retail** price　　小売り価格
- send an **invoice**　　請求書を送る
- **encourage** customers to buy　　客に買う気にさせる
- **feature** a new design　　新しいデザインを特徴とする

271
contract
[kántrækt]

图 契約
動 契約する [kəntrækt]
◇contráction　　图 短縮(形), 収縮

272
retail
[rí:teil]

图 小売り(の)
◇rétailer　　图 小売業者

273
invoice
[ínvɔis]

图 請求書, 送り状, インボイス
★納品書と明細書を兼ねた請求書。

274
encourage
[enkə́:ridʒ]

動 ～する気にさせる
◇encóuraging　　形 好意的な, 励みになる, 元気づける
◇encóuraged　　形 励まされた
★encouragingとencouragedの使い分けは ▶p.4 Point!。
◇encóuragement　　图 激励

反?
⇔discóurage　　動 ～を落胆させる, やる気をなくさせる
◆discourage 〈人〉 from Ving
　　　　　「〈人〉にVするのを止めさせる」

275
feature
[fí:tʃər]

動 ～を呼び物にする；～を特集する
图 ①特徴　②特集記事
◆feature article　「特集記事」

UNIT 010　**KEY PHRASES**　MP3▶010-02.mp3 CD▶TRACK:11

economic growth	経済成長
the **chairperson** of the board	取締役会長
have a successful **career** as a journalist	ジャーナリストとしてすばらしい経歴を持つ
She hasn't arrived **yet**.	彼女はまだ到着していない
Unfortunately, we cannot cancel orders.	残念ながら注文を取り消せません

---

276 economic
[ekənámik]

形 経済の, 財政の

◇económical　形 倹約家の, 節約できる
例 economical travel「安上がりの旅行」

◇ecónomy　名 経済；節約
語源 eco(家)＋nomy(学)

277 chairperson
[tʃéərpə́ːrsn]

名 会長(職), 議長(職)
★略してCOBと言うこともある。

278 career
[kəríər]

名 経歴, 生涯；職業, 出世

◆career fair　「就職説明会」

279 yet
[jét]

副 ①(否定文の後で)まだ
　②(疑問文で)もう, すでに
接 けれども, しかし

◆have yet to V　「まだVしていない」(＝be yet to V)
★TOEICで重要！

280 unfortunately
[ʌnfɔ́ːrtʃənətli]

副 不運にも, 残念ながら, あいにく

◇fórtunately　副 幸運にも
◇fórtunate　形 幸運な
◇fórtune　名 ①運, 運命
　　　　　　　　②財産, 資産

UNIT 010 **KEY PHRASES**   MP3▶010-03.mp3 CD▶TRACK:11

■ US **trade** with France	合衆国のフランスとの**貿易**
■ a **personnel** manager	**人事部**長
■ an **identification** card	**身分証明**書
■ **expand** the business network	事業網**を拡大する**
■ **demonstrate** the ability to work together	共に働く能力**を示す**

281
□ **trade**

[tréid]

图 貿易, 商売
動 貿易する, 取り引きする
◇trádemark　　图 商標, トレードマーク

282
■ **personnel**

[pə:rsənél]

图 ①**人事課[部]**
　　②**(全)職員, 人員**
◇pérsonalized　　形 個人向けの
例 a personalized gift「個人向けの贈答品」

283
□ **identification**

[aidentəfikéiʃən]

图 身元確認, 身分証明, 同一視, 一体化
◇idéntify　　動 ～の身元[正体]を確認する,
　　　　　　　～が誰かわかる
◆identify A with [as] B
　　　　　　　「AをBとみなす, 同一視する」
◇idéntity　　图 身元, 正体；独自性
◇idéntical　　形 同一の

284
□ **expand**

[ikspǽnd]

動 ～を拡大する, 広げる
◇expánsion　　图 拡大, 進展

285
□ **demonstrate**

[démənstreit]

動 ～を示す, 証明する
◇demonstrátion　　图 実演, 実証；デモ　　▶p.148

80

UNIT 010　**KEY PHRASES**

in front of a large **audience**	大勢の観客の前で
"I think he's arrived."	「彼はもう到着したと思う」
"**Actually**, he hasn't."	「実はまだなんだ」
repair the **vehicle**	車を修理する
qualify *for* the position	その地位に適任である
a reading **comprehension** test	読解力テスト

286
□ **audience**
[ɔ́:diəns]

图 観客, 聴衆
★文化的・芸術的催しの観客。スポーツの観客はspectator。
圞 audi(聞く)　audio「オーディオ」と同語源。

287
□ **actually**
[ǽktʃuəli]

副 実は, 現実に
★actuallyは相手の言ったことを訂正したり, 補足したりするときに使うことが多い。
◇áctual　　　　　　　　　　圏 現実の

288
□ **vehicle**
[ví:əkl]

图 ①車, 乗り物　②(伝達)手段, 媒体
★carは数人乗りの4輪車の乗用車。vehicleはcar以外にもbus, truck, tractorなども含む。

289
□ **qualify**
[kwáləfai]

動 (qualify for A)Aに適任である;
　 (qualify as A)Aの資格を得る;〜に資格を与える
◇quálified　　　　　　　　圏 資格のある, 有能な
◇qualificátion　　　　　　图 資格, 技能
◆educational qualification　「学歴」
　= academic qualification

290
□ **comprehension**
[kɑmprihénʃən]

图 理解(力)
◇comprehénd　　　　　　動 〜を理解する
◇comprehénsive　　　　　圏 包括的な, 広範囲な, 幅広い

UNIT 010 *KEY PHRASES*

MP3▶010-05.mp3 CD▶TRACK:11

accept an overseas **assignment**	海外 勤務 を引き受ける
a real estate **agent**	不動産 業者
adjust *to* a new situation	新しい状況 に慣れる
cover important topics	重要な話題 を扱う
cover medical expenses	医療費 を負担する
be **reimbursed** for travel expenses	旅費 を払い戻される

291
□ **assignment**
[əsáinmənt]

图 **仕事, 役職,** (仕事などの)**割り当て, 宿題**
◇assígn 動〈仕事・場所など〉を割り当てる ▶p.169

292
□ **agent**
[éidʒənt]

图 **業者, 仲介者, 代理店(員)**
源 age(行う)+ent(人)
◆real estate 「不動産」
◇ágency 图 ①代理店, 取次店
② (行政上の)機関, 庁, 局 ▶p.62

293
□ **adjust**
[ədʒʌ́st]

動 **順応する；~を適合させる**
◆adjust to A 「Aに慣れる, 順応する」
◆adjust A to B 「AをBに適合させる」

294
□ **cover** (多義)
[kʌ́vər]

動 ①〈話題など〉を**扱う, 取り上げる**
② 〈費用など〉を**負担する, 埋め合わせる**
◆cover story 「特集記事」
★雑誌などの表紙の写真などに関連する特集記事。
◆cover letter 「カバーレター, 添え状」
★履歴書に添付する1枚の自己PRの書類。希望職種, 応募の動機や経緯, 自分のスキルや職歴に関する自己PR, 面接の依頼などを書く。
◇cóverage 图 報道；補償 ▶p.270

295
□ **reimburse**
[rì:imbə́:rs]

動 〈経費など〉を**返済する, 弁済する**
◇reimbúrsement 图 払い戻し, 返済, 賠償

UNIT 010 KEY PHRASES

a **professor** at Boston University	ボストン大学の **教授**
enough sleep and **nutrition**	十分な睡眠と **栄養**
a discount **coupon**	**割引券**
consult a doctor	**医者 に診てもらう**
a **convenient** location	**便利な**場所

296
professor
[prəfésər]
图 **教授**
◇tútor 图 チューター(大学の個別指導教官), 家庭教師

297
nutrition
[nju:tríʃən]
图 **栄養**
源 nutri(育てる)
◇nutrítious 形 栄養のある
◇nútrient 图 栄養素, 栄養物

298
coupon
[kú:pɑn]
图 **割引券, 優待券, クーポン**
源 フランス語の「切り離された一片」から。

299
consult
[kənsʌ́lt]
動 〈専門家〉に **意見を求める**, 〈医者〉に **診察してもらう**
◇consúltant 图 顧問, コンサルタント ▶p.89

300
convenient
[kənví:niənt]
反?
形 **便利な**(+for[to]〈人〉)
◇convénience 图 便利さ, 便利な道具
⇔inconvénient 形 不便な
◇inconvénience 图 不便

83

PRACTICE TEST

55. Chief Executive Officer Robert Christie says the response to the mobile application has been very -------.

    (A) encouragement
    (B) encouraging
    (C) encouraged
    (D) encourage

56. In a handful of countries the literacy rate for women has ------- to exceed 50 percent.

    (A) often
    (B) always
    (C) yet
    (D) sometimes

57. The Howard Ford Foundation will seek to ------- its funding of education and research activities.

    (A) exalt
    (B) exclaim
    (C) expel
    (D) expand

58. Both educational ------- and work experience are taken into consideration when you apply for a job.

    (A) qualifying
    (B) qualifications
    (C) qualifies
    (D) qualify

59. The science course ------- such topics as rocks and minerals.

    (A) has been covered
    (B) covering
    (C) is covered
    (D) covers

60. You can ------- a physician online.

    (A) consult
    (B) convert
    (C) compare
    (D) convince

PRACTICE TEST UNIT010

ANSWER KEY

☐☐☐

55. (B) encouraging「好意的な, 励みとなる, 元気づける」 ▶p.78
- 訳　そのモバイル・アプリに対する反応は好意的だと, CEOのロバート・クリスティは述べている。
- 解説　感情を表す分詞形容詞(p.2 Point!)の語法問題。〈人〉が主語ならVed, 〈事柄〉が主語ならVingと考えれば良い。(A) encouragement「激励」, (C) encouraged「励まされた」(p.78), (D) encourage「～する気にさせる」(p.78)。

☐☐☐

56. (C) yet ; have yet to V「まだVしていない」 ▶p.79
- 訳　小数の国においては女性の識字率はまだ50％を越えていない。
- 解説　空所の後ろにto Vとつながっているのがポイント。正解以外の選択肢は(A) often「しばしば」, (B) always「いつも」, (D) sometimes「時々」で, すべて頻度を表す副詞。

☐☐☐

57. (D) expand「～を拡大する, 広げる」 ▶p.80
- 訳　ハワード・フォード財団は教育と研究活動に対する財政支援を拡大しようとするだろう。
- 解説　funding「財政支援」を目的語にして意味が通る動詞を選ぶ。(A) exalt「～を昇進させる」, (B) exclaim「叫ぶ」(p.341), (C) expel「～を追い出す」。

☐☐☐

58. (B) qualifications ; educational qualifications「学歴」 ▶p.81
- 訳　仕事に応募するときには, 学歴も職歴も考慮されます。
- 解説　both A and B「AとBの両方」の形で, Aにあたる名詞を選ぶ問題。qualifyは動詞で, 「資格を得る ; ～に資格を与える」(p.81)という意味。

☐☐☐

59. (D) covers ; cover「〈話題など〉を扱う, 取り上げる」 ▶p.82
- 訳　この科学講座は岩石, ミネラルなどの話題を取り上げます。
- 解説　coverにはdeal withと同意で「〈話題など〉を扱う」という意味がある。

☐☐☐

60. (A) consult「〈医者〉に診察してもらう」 ▶p.83
- 訳　オンラインで医師に診察してもらえる。
- 解説　(B) convert「～を変換する, 転換する」(p.348), (C) compare「～を比較する」(p.146), (D) convince「～に確信させる」(p.149)。con-, com-はwith, togetherの意味の接頭辞。

85

UNIT 011　KEY PHRASES

MP3▶011-01.mp3　CD▶TRACK:12

- international **competition** for resources　資源の国際競争
- International **Association** of Universities　国際大学協会
- *Take* advantage *of* this offer.　この機会をご利用ください
- **create** a better relationship　よりよい関係をつくる
- a mountain **region**　山岳地方

301
competition
[kɑmpətíʃən]

名 競争

◇compéte　動 (+with A)(Aと)競争する
◇compétitive　形 〈価格などが〉他社に負けない 競争力がある　▶p.193
◇compétitor　名 競争相手　▶p.154

302
association
[əsòusiéiʃən]

名 協会；連想；交際　語源 as(=to)+soci(仲間)

◇assóciate　名 (特に仕事の)仲間, 同僚
　　　　　　　形 準…, 副…
　　　　　　　動 ～を連想する, 関連づける
例associate director「副所長」

◆be associated with A　「Aを連想する,Aと関連づける」

303
advantage
[ədvǽntidʒ]

名 利点, 長所, 便利

◆take advantage of A　「Aを利用する,〈人〉につけこむ」
★上のKEY PHRASEは宣伝などでよく使う。

反?
⇔disadvántage　名 不利
◇advántageous　形 有利な

304
create
[kriéit]

動 ～を創造する, 作り出す　★makeよりかたい語。
◇creátion　名 創造, 創作物
◇creátive　形 創造的な

305
region
[ríːdʒən]

名 ①地域, 地方　②領域, 分野
◇régional　形 地域の, 地方の

UNIT 011　*KEY PHRASES*

a career **fair**	就職**説明会**
interview a job **applicant**	就職**希望者**と面接する
can't **afford** *to* buy a car	車を買う**余裕がない**
a **board** *of* **directors**	**取締役会[理事会]**
the corporate **headquarters** building	会社の**本社**ビル
contain personal information	個人情報**を含む**

---

306 fair
[féər]

名 博覧会, 市, 展示会, 説明会
形 公正な, かなりの
◇fairly　　副 かなり, 相当；公正に, 正当に

307 applicant
[ǽplikənt]

名 志願者, 応募者
◇apply　　動 志願する；～を適用する, 利用する　▶p.4

308 afford
[əfɔ́:rd]

動 ～を持つ余裕がある
◆can afford to V　「Vする余裕がある」
◇affordable　　形 購入しやすい, 手ごろな　▶p.170

309 board
[bɔ́:rd]

名 役員会, 取締役会
動 〈乗り物〉に乗る
◆board member　「取締役, 役員, 重役」
◆boarding pass　「搭乗券」
◆cutting board　「まな板」

310 headquarters
[hédkwɔ:rtərz]

名 本社, 本部, 司令部

311 contain
[kəntéin]

動 ～を含む
◇container　　名 容器

UNIT 011　**KEY PHRASES**　MP3▶011-03.mp3　CD▶TRACK:12

- **data analysis**　｜　データの分析
- **lose weight**　｜　体重を減らす
- ***be* supposed *to* wear a seat belt**　｜　シートベルトを締めることになっている
- **Probably he won't come.**　｜　おそらく彼は来ないだろう

---

312 analysis
[ənǽləsis]

图 分析　★複数形はanalyses。
源 ana(完全に)+lysis(解くこと)=(分解, 分析)

◇ánalyze　　　動 ～を分析する
◇ánalyst　　　图 解説者, 専門家

313 weight
[wéit]

图 重さ, 体重

◆put on weight　「太る」(=gain weight)
◇wéigh　　　動 ①～の重さがある
　　　　　　　　②～をよく考える, 比較検討する
◇léngth　　　图 (物の・時間の)長さ(←long)
◇wídth　　　图 幅, 広さ(←wide)
◇dépth　　　图 深さ(←deep)

314 suppose
[səpóuz]

動 ～だと思う, 想像する, 仮定する
源 sup(下に)+pose(置く)

◆be supposed to V　「Vすることになっている,
　　　　　　　　　　　Vすべきだ(=should V)」
★この形が最も多い。

◆Suppose (that) ～　「もし～だとしたら(どうだろう)」
　=supposing (that) ～
◆I suppose so.　「そうだと思う」⇔I suppose not.
◇suppósedly　　　副 たぶん, おそらく

315 probably
[prɑ́bəbli]

副 おそらく, たぶん

★possibly, perhaps, maybeは, 起こる確率が50%以下, likely, probablyは50%以上, certainly, necessarilyは90%以上の確信があるときに使う。

◇próbable　　　形 ありそうな, 起こりそうな
★形式主語構文で使うことが多い。

UNIT 011　**KEY PHRASES**	MP3▶011-04.mp3　CD▶TRACK:12
merger with another company	他の会社との合併
graduate *from* university	大学を卒業する
excellent results	すばらしい結果
a business **consultant**	経営コンサルタント
remain silent	黙ったままでいる

316
merger
[mə́ːrdʒər]

图 (会社などの)(吸収)合併, 合同
◇mérge　　　　　動 ～を合併[併合]する

317
graduate
[grǽdʒueit]

動 卒業する
图 学士, 卒業生

◆graduate school　「大学院」
◇graduátion　　　图 卒業
◇undergráduate　图 大学生

318
excellent
[éksələnt]

形 すばらしい
◇excél　　　　　動 優れている；～にまさる
◇éxcellence　　　图 優秀さ

319
consultant
[kənsʌ́ltənt]

图 顧問, コンサルタント
◇consúlt　　　　動〈専門家〉に意見を求める,
　　　　　　　　　〈医者〉に診察してもらう ▶p.83

320
remain
[riméin]

動 ①(ある状態の)ままでいる　②とどまる, 残る

◆remain to be Ved 「これからVされねばならない」
例Many problems remain to be solved.
「多くの問題がこれから解決されねばならない」

◇remáinder　　　图 残り, (割り算の)余り
★TOEICで重要！

UNIT 011 **KEY PHRASES**

MP3▶011-05.mp3 CD▶TRACK:12

broadcast news on television	テレビでニュースを放送する
relocate to a new place	新しい場所に引っ越す
a **promising** new actress	前途有望な新人女優
customer's **opinion**s	客の意見
own five cars	5台の車を所有する

321 broadcast
[brɔ́:dkæst]

動 ~を放送する
名 放送

322 relocate
[rilóukéit]

動 移転する, 転居する; ~を移転させる
◇relocátion　　名 移転, 移住, 再配置
◇lócate　動 ①[be located (in A)] (Aに)位置する, ある
　　　　　　②~の場所を見つける　　　▶p.16

323 promising
[prɑ́məsiŋ]

形 見込みのある, 前途有望な
◇prómise　　名 見込み, 期待
　　　　　　動 (~する)見込みがある

★promiseは「約束」だけではない。
　例 The next version promises to be better than ever.
　「次のバージョンは今までよりももっとよくなる見込みだ」

324 opinion
[əpínjən]

名 ①意見　②評価
◆in A's opinion　　「Aの意見では」

★「意見を言う」は×say an opinionではない。state[give; express] an opinionが正しい。

325 own
[óun]

動 ~を所有する, ~を持っている
形 (所有格の後で)自分自身の
◆A of one's own　　「自分自身のA」(= one's own A)
◆on one's own　　「ひとりで」
◇ówner　　名 所有者

UNIT 011 **KEY PHRASES**

MP3▶011-06.mp3 CD▶TRACK:12

- appreciate warm **hospitality** — 暖かい歓迎に感謝する
- The bus **depart**s from the hotel. — ホテルからバスが出る
- **apologize** *for* a delay — 遅れたことを謝る
- **affect** employee relations — 従業員との関係に影響する
- can **accommodate** 200 people — 200人を収容できる

326
hospitality
[hɑspətǽləti]

名 歓迎, もてなし, 歓待
◆hospitality industry 「サービス業, 接客業」
◇hóspital 名 病院
◇hóspitable 形 ①心暖かい
　　　　　　　②〈環境が〉生存に適した
◇hóst 動〈会など〉を主催する, 司会する
　　　　 名 主催者, 主人

327
depart
[dipá:rt]

動〈人・乗り物が〉出発する (= set out, set off)
◇depárture 名 出発　▶p.146

328
apologize
[əpálədʒaiz]

動 謝る
◆apologize to A for B 「A(人)にBのことで謝る」
◇apólogy 名 謝罪
源 apo(から)+logy(言葉)

329
affect
[əfékt]

動 ～に影響を与える

330
accommodate
[əkɑ́mədeit]

動 ～を収容する
源 ac(=to)+com(=with)+modate(測定する)=(～にあう収容力がある)
◇accommodátion 名 宿泊(施設), 客室　▶p.141

91

PRACTICE TEST

61. Young artists sell their handmade ------- at the Westside Market every Sunday.

    (A) creatively
    (B) creations
    (C) creativity
    (D) creative

62. All passengers should present their ------- documents at the check-in counter.

    (A) board
    (B) to board
    (C) boarding
    (D) boarded

63. The main threat to inflation is an increase in prices, as well as a ------- increase in tax.

    (A) expended
    (B) infinite
    (C) probable
    (D) considerate

64. 50% deposit due when order is placed; balance due upon completion.

    (A) deficit
    (B) remainder
    (C) resource
    (D) supply

65. No matter when your flight is, you are responsible for your ------- transportation to the airport.

    (A) besides
    (B) own
    (C) ever
    (D) any

66. Greg will be transferring to our office in London. Will you arrange short-term ------- there as soon as he arrives?

    (A) access
    (B) accommodation
    (C) training
    (D) transportation

PRACTICE TEST **UNIT011**

ANSWER KEY

☐☐☐
61. (B) creations; creation「創作物」 ▶p.86
- 訳 　毎週日曜日ウエストサイド・マーケットで若い芸術家たちが自分の手作りの創作品を売っている。
- 解説　空所には名詞が入る。(C) creativityは「創造性，独創力」。

☐☐☐
62. (C) boarding ▶p.87
- 訳 　乗客は全員チェックインカウンターで搭乗券を提示してください。
- 解説　boarding documents「搭乗券」。boarding passということの方が多い。

☐☐☐
63. (C) probable「ありそうな，起こりそうな」 ▶p.88
- 訳 　インフレとなる主な脅威は，税金が上がりそうなことに加えて，価格の上昇である。
- 解説　increaseを修飾する形容詞を選ぶ。(A) expended「支出された」，(B) infinite「無限の」，(D) considerate「思いやりのある」(p.105)。A as well as B = not only B but A「BだけでなくAも」。

☐☐☐
64. (B) remainder「残り，(割り算の)余り」 ▶p.89
- 訳 　注文がなされたときに50%の頭金を支払い，完成時に残額を支払う。
- 解説　balance「差額，残額」(p.176)と同意語を選ぶ問題。dueは「当然支払われるべき」という意味の形容詞(p.49)。(A) deficit「赤字，欠損，不足額」(p.319)，(C) resource「資源，財源；手段」(p.33)，(D) supply「供給，蓄え」(p.27)。

☐☐☐
65. (B) own; one's own A「自分自身のA」 ▶p.90
- 訳 　何時のフライトであっても，空港までのご自身の交通手段は自己責任です。
- 解説　所有格の後でownを使うと，「自分自身の」と強調していることになる。(A) besides「その上」，(C) ever「これまで」は副詞なので不可。(D) anyは所有格yourの後ろで使うことはできない。

☐☐☐
66. (B) accommodation「宿泊(施設)，客室」 ▶p.91
- 訳 　グレッグがロンドンのオフィスに転勤します。彼が着いたらすぐに，そちらの短期の宿泊を手配してくれますか。
- 解説　short-term「短期の」とthere (= in London)が修飾する名詞を選ぶ。(A) access「利用，接近(方法)」(p.171)，(C) training「訓練」，(D) transportation「輸送」(p.42)。

93

UNIT 012　*KEY PHRASES*

MP3▶012-01.mp3　CD▶TRACK:13

celebrate the opening of the store	店の開店を祝う
check the **baggage** through to London	ロンドンまで荷物を預ける
solve the problem	問題を解決する
be **impressed** by this fact	この事実に強い印象を受ける
recognize the importance	重要性を認める

---

331 celebrate
[séləbreit]

動 ～を祝う
名 祝賀(会)，式典
◇célebrated　形 名高い(＝famous)
◇celébrity　名 有名人

332 baggage
[bǽgidʒ]

名 (旅行者の)手荷物《米》(＝luggage《英》)
★不可算名詞なので，数を言いたいときにはa piece of baggageの形になる。▶p.9 文法Check!

333 solve
[sálv]　(名?)

動 〈問題など〉を解く，解決する
◇solútion　名 ①解決(策)，解答
　　　　　　　　②溶解，溶液
★solve a questionとは言わず，answer a questionと言う。

334 impress
[imprés]

動 〈人〉を感心させる
★これもexciteタイプだ。▶p.2 Point!
◇impréssive　形 見事な，印象的な
◇impréssion　名 印象，感銘
◆make an impression on A 「Aに印象を与える」
★TOEICで重要！

335 recognize
[rékəgnaiz]

動 ～を認める
◇recognítion　名 認識，承認

UNIT 012　*KEY PHRASES*

particularly necessary	特に必要な
fix a copy machine	コピー機を修理する
hold a **senior** position	管理職に就く
skills **specific** *to* the job	仕事特有の技術
regulate traffic	交通を規制する

336 particularly
[pərtíkjələrli]

副 特に
◇ particular　形 ①ある特定の, 特有の
　　　　　　　　　②気難しい, 好みのやかましい
◆ in particular　「特に」

337 fix
[fiks]

動 ～を修理する；～を固定する
★ repair(p.24)と, mend「〈衣類〉の修理をする」の両方の意味で用いる。
◇ fixture　名 設備, 備品　▶p.240

338 senior
[síːnjər]

形 (役職などが)上級の；古参の
名 上役, 高齢者, (高校・大学の)最上級生
◆ senior citizens　「高齢者, お年寄り」
⇔ junior　形 後輩の, (地位が)下級の

339 specific
[spəsífik]

形 ①特定の(⇔general)；特有の(+to)
　　②明確な, 具体的な
◆ to be more specific　「もっと正確に言えば」
◇ specifically　副 特に, 明確に；正確に言えば
◇ specify　動 ～を明確に述べる, 明記する
◆ unless otherwise specified
　「他の規定がない限り, 特別な定めがない限り」▶p.154

340 regulate
[régjəleit]

動 ～を規制する, 調整する
◇ regulation　名 規制, 規則

UNIT 012 **KEY PHRASES**

MP3▶012-03.mp3 CD▶TRACK:13

- a **mentor** and his **mentee** 　新人教育の**指導者**と指導を受ける者
- the **lecture** on history 　歴史に関する**講義**
- wear formal **clothing** 　フォーマルな**服**を着ている
- **agree** *to* his proposal 　彼の提案に**同意する**
- a filing **cabinet** 　書類**整理棚**

---

341 mentor
[méntɔːr]

图 (新人教育の)**指導者, 教官, 先輩, 助言者**
◇méntoring 　图 新人教育
◇mentée 　图 指導[助言]を受ける新人

語源Check! -ee「される人」
◇emplóyee 　图 従業員
◇interviewée 　图 面接される人
◇addressée 　图 受取人
◇examinée 　图 受験者

342 lecture
[léktʃər]

图 **講義, 講演** 動 (〜に)**講義をする**
源 lect(読む) lessonと同語源。

343 clothing
[klóuðiŋ]

图 **衣料品, 衣類**
★不可算名詞で, clothesよりもかたい語。帽子, 靴なども含む衣類全般をいう。
◇clóthes 　图 衣服, 身につける物　★複数扱い。
◇clóth 　图 布

344 agree
[əgríː]

動 **同意する, 賛成する**
◆agree with 〈人〉 「〈人〉と同意である」
◇agréement 　图 協定, 契約；同意, 合意

345 cabinet (多義)
[kǽbənət]

图 ①**整理棚, 陳列棚, 戸棚** ②**内閣**

UNIT 012　*KEY PHRASES*　MP3▶012-04.mp3　CD▶TRACK:13

reschedule a meeting	会議の日程を変更する
potential customers	潜在的な顧客
entertainment industry	娯楽産業
continue to increase	増え続ける
I'm **confident** that I can do it quickly.	すぐにできる自信がある

346 reschedule
[riskédʒu:l]

動 ～の日程[予定]を変更する, スケジュールを変える
源 re(=again 再度)+schedule(予定)

347 potential
[pəténʃəl]

形 潜在的な, 可能性のある
名 潜在能力, 可能性

348 entertainment
[entərtéinmənt]

名 娯楽
◇ entertáin　　　　　動〈人〉を楽しませる
源 enter(中に)+tain(保つ)=(中に居させる)

349 continue
[kəntínju:]

動 (～を)続ける, 続く
◆ continuing education 「社会人教育」
◇ contínuous　　　形 絶え間ない, 休みない
◇ contínual　　　　形 繰り返される
◇ continúity　　　　名 連続性

350 confident
[kánfidnt]

形 確信している, 自信がある
◇ cónfidence　　　名 自信
◆ consumer confidence 「消費意欲」
★個人の消費者が暮らし向きが良い, あるいは良くなると感じていること。
◇ confíde　　　　　動 (～を)打ち明ける

UNIT 012　*KEY PHRASES*　MP3▶012-05.mp3 CD▶TRACK:13

a hospital **volunteer**	病院で働く**ボランティア**
save money	お金**を貯める**
save time and money	時間とお金**を節約する**
remove the cover	カバー**を取り除く**
Once she arrives, we can start.	彼女が**来たらすぐに**我々は出発できる
a marriage **certificate**	結婚**証明書**

351
□ **volunteer**
[vɑləntíər]

名 ボランティア；志願者
動 ~を進んで申し出る
◇vóluntary　　形 自発的な, 志願の

352
□ **save**　　(多義)
[séiv]

動 ①~を救う
　②~をたくわえる, 貯蓄する
　③〈労力・時間・金など〉を省く, 節約する

353
□ **remove**
[rimú:v]

動 ~を移す, 取り去る；〈衣服〉を脱ぐ（＝take off）
◇remóval　　名 取り去ること, 移動

354
□ **once**
[wʌ́ns]

接 ~するとすぐに；いったん~すれば
副 一度, 一回
◆at once　　　　「すぐに, 同時に」
◆once in a while　「時々」

355
□ **certificate**
[sərtífikət]

名 証明書, 修了書
◆gift certificate　　「商品券」
◇cértify　　動 ~を証明する, 認定する
◆certified public accountant　「公認会計士」《米》
　　　　　　　　　　　　　　　　　　　＝CPA

UNIT 012　**KEY PHRASES**

avoid tak*ing* a risk	リスクをおかすの を避ける
a training **workshop**	研修会
wonder where he has gone	彼はどこに行ったの かと思う
invest *in* new technology	新しい技術に 投資する
preserve forests	森林 を保護する

---

356 avoid
[əvɔ́id]

動 ～を避ける, ～に近寄らない
◇unavóidable　形 避けられない

357 workshop
[wə́ːrkʃɑp]

名 研修会, セミナー, ワークショップ

358 wonder
[wʌ́ndər]

動 ①(wonder＋wh/if節)～かと疑問に思う
　②(wonder at A) Aに驚く, Aを不思議に思う
名 驚き, 不思議(な物)
◆(it is) no wonder (that) ～
　　　　「～は少しも不思議でない；～は当たり前だ」
◇wónderful　形 すばらしい, すてきな；不思議な

359 invest
[invést]

動 投資する, 出資する
◇invéstment　名 投資, 出資

360 preserve
[prizə́ːrv]

動 ～を保つ, ～を維持する；～を保護する, 保存する
◇preservátion　名 維持, 保存

PRACTICE TEST

67. Part of running a successful business is being able to make a good first ------- on customers who walk through your doors.

    (A) impressive
    (B) impression
    (C) impressed
    (D) impressing

68. A computer specialist needs technical computer skills ------- to his profession.

    (A) narrow
    (B) detailed
    (C) exacting
    (D) specific

69. This contract contains all the terms and conditions ------- by the buyer and seller.

    (A) agreeing upon
    (B) agreement
    (C) agree
    (D) agreed to

70. We appreciate your ------- support.

    (A) continue
    (B) continuous
    (C) continuously
    (D) continuity

71. Many shops in the village close down ------- the tourist season is over.

    (A) even
    (B) once
    (C) while
    (D) whether

72. The Egyptian Cement Company has made the decision to ------- in new equipment.

    (A) place
    (B) buy
    (C) charge
    (D) invest

PRACTICE TEST UNIT012

ANSWER KEY

□□□

67. (B) impression; make an impression on A「Aに印象を与える」 ▶p.94

訳　成功する事業を営むことのなかには、ドアをくぐってやって来るお客様によい第一印象を与えられるということもある。

解説　空所の前にa good firstとあるから、名詞を選ぶ。(A) impressive「見事な、印象的な」(p.94)、(C)(D) impress「〈人〉を感心させる」(p.94)。

□□□

68. (D) specific「特定の；特有の」 ▶p.95

訳　コンピュータの専門家は自分の仕事に特有なコンピュータ技術を必要とする。

解説　空所の前のskillsを形容詞句specific to his professionが後ろから修飾している(p.139 文法Check!)。空所の後のtoと繋がる形容詞を選ぶ。(A) narrow「狭い、細い」(p.162)、(B) detailed「くわしい」(p.23)、(C) exacting「厳しい」。

□□□

69. (D) agreed to ▶p.96

訳　この契約は売り手と買い手によって同意されたあらゆる取引条件を含んでいる。

解説　agreed 以下が前のall the terms and conditionsを修飾している。このagree to「〜に同意する」は一つの動詞のように扱われるので、本文のように過去分詞になってもtoが付いている。なお、agreeは他動詞もあるので、toを付けずに単にall the terms and conditions agreed by the buyer and sellerとすることもできる。

□□□

70. (B) continuous「絶え間ない、休みない」 ▶p.97

訳　いつもご支援いただき感謝します。

解説　your ------ support「あなたの------支援」のsupportは名詞として使われている。よって空所には形容詞を入れる。(A) continue「(〜を)続ける、続く」(p.97)、(C) continuously「継続的に」は副詞、(D) continuity「連続性」(p.97)は名詞。your continued support「いつものご支援」もよく使う。

□□□

71. (B) once「〜するとすぐに；いったん〜すれば」 ▶p.98

訳　いったん旅行シーズンが終わると、その村の多くの店は閉められる。

解説　空所の後ろに〈主語＋動詞〉の節の形がくる接続詞を選ぶ。onceは副詞だけでなく接続詞としても使える点に注意。(A) evenは「〜さえ」という意味の副詞、(C) whileは「〜しながら；〜する一方で」という意味の接続詞、(D) whetherは「〜するかどうか」という意味の接続詞。

□□□

72. (D) invest; invest in A「Aに投資する」 ▶p.99

訳　エジプトセメント社は新しい装備に投資をする決定を下した。

解説　空所の後にinがあるので、(B) buy「〜を買う」は不可。(A) place「〜を置く；場所」、(C) charge「〈金額〉を請求する；料金、手数料」(p.18)。

101

UNIT 013 *KEY PHRASES* MP3▶013-01.mp3 CD▶TRACK:14

- **minimum** effort — 最小限の努力
- **general** *manager* — 本部長
- **proceed** straight ahead — まっすぐ前に進む
- **display** a sincere attitude — 誠実な態度を示す
- help him with his **luggage** — 彼が荷物を持つのを手伝う

---

361 **minimum**
[mínəməm]　反？

形名 最小限(の)
⇔ máximum　　　形名 最大限(の)
◇ mínimal　　　形 最小の, 非常に少量の

362 **general**
[dʒénərəl]

形 一般的な
◆ general manager 「本部長, 総支配人」(略)GM
★一人しかいない役職名が補語や同格になっている場合は, ふつう無冠詞。

◆ general admission ticket 「自由席入場券」
◆ in general 「一般に, 一般の」
◇ géneralize 動 (〜を)一般化する
◇ generalizátion 名 一般化

363 **proceed**
[prəsíːd]

動 ① 進む　② (+ to V) V しはじめる
源 pro(空間的に前に)+ceed(進む)　cf. precede「〜に先行する」(p.259)

◇ prócess 名 過程 ▶p.26

364 **display**
[displéi]

動 〜を示す, 展示する (= exhibit, show)
名 展示, 陳列
◆ (be) on display 「展示されている」★TOEICで頻出！

365 **luggage**
[lʌ́gidʒ]

名 (旅行者の)手荷物《英》(= baggage《米》)
★不可算名詞なので, 数えるときは a piece of luggage の形を取る。
▶p.9 文法Check!

UNIT 013 *KEY PHRASES*

MP3▶013-02.mp3 CD▶TRACK:14

a two-year **internship** program	2年間の**研修**制度
a popular **brand** of furniture	人気の家具**ブランド**
the social **status** of women	女性の社会的**地位**
I don't know **whether** it is true or not.	本当**かどうか**わからない
a **significant** difference	**重要な**違い

366
internship
[íntəːrnʃip]

图 研究(期間), 実習(期間)
源 intern(内部の)＋ship(地位, 資格)

367
brand
[brǽnd]

图 ブランド, 銘柄
◇brand new ─── 形 真新しい, 新品の
★a brand new product「新品の製品」のように, brand newで1つの形容詞として使う。brand-newとすることもある。

368
status
[stéitəs]

图 地位, 立場, ステータス
◆a status symbol 「ステータスシンボル, 地位の象徴」

369
whether
[hwéðər]

接 ①(名詞節を導いて)〜かどうか
   ②(副詞節を導いて)〜であろうと(なかろうと)
★whether or not 〜という形もある。
◆whether to V 「Vすべきかどうか」

370
significant (多義)
[signífikənt]

形 ①重要な, 意味のある
   ②かなり多くの
例 a small but significant number「少数だがかなりの数」
◇significance   图 重要性, 意味
(動?) ◇signify   動 〜を示す, 意味する

UNIT 013 **KEY PHRASES**   MP3▶013-03.mp3 CD▶TRACK:14

- win first **prize** — 1等賞を取る
- in the **neighborhood** of the city — その都市の近隣
- a **former** member — 前メンバー
- his **promotion** to sales manager — 彼の営業部長への昇進
- **fold** clean clothes — 清潔な服をたたむ

371
□ **prize**
[práiz]

图 賞, 賞品, 景品
★KEY PHRASEのように, win, getなどの目的語のfirst prizeにはtheを付けないことが多い。

372
□ **neighborhood**
[néibərhud]

图 近所, 近隣
◇néighbor　　　图 隣人, 近所の人
◇néighboring　形 近所の, 隣の

373
□ **former**
[fɔ́ːrmər]
反?

形 前の, 先の
图 (the former)前者
⇔látter　　　形 後の, 後半の
　　　　　　　图 (the latter)後者
★the former「前者」, the latter「後者」は論文などかたい文章でのみ使う。
◇fórmerly　　　副 以前は, 昔は

374
■ **promotion**
[prəmóuʃən]

图 昇進；促進
◇promóte　　　動 ～を促進する, 助長する
◆be promoted　「(会社などで)昇進する」　▶p.23

375
□ **fold**
[fóuld]

動 ～をたたむ, 折る
◇unfóld　　　動 進展する, (～を)展開する
◇fólder　　　图 フォルダ

UNIT 013 KEY PHRASES

MP3▶013-04.mp3 CD▶TRACK:14

■ **determine** whether to go or not	行くべきかどうか**を決定する**
■ a construction **crew**	建築作業**班**
■ **chemical** industry	**化学**工業
■ a problem *under* **consideration**	**検討中の**問題
■ work on the **assembly** line	**組み立て**ラインで働く

376
□ **determine**
[ditə́ːrmin]

動 ~を**決定する**
源 de(はっきり)＋termine(＝limit)＝(境界を決める)

◆be determined to V 「Vすることを決意している」
◇determinátion 图 決心, 決定

377
□ **crew**
[krúː]

图 (技術的作業者の)**一団, 班, チーム**；**乗組員, 船員**
例 a technical crew 「技術班」

378
□ **chemical**
[kémikl]

形 **化学の**, 化学作用による
◇chémistry 图 化学；(化学的な)性質
◇chémist 图 化学者

379
□ **consideration**
[kənsidəréiʃən]

图 **考慮, 検討, 思いやり**
◆under consideration 「検討中で」
◇considér 動 ~を考える, 熟慮する
◇considérate 形 思いやりのある

Point! 〈under＋動作名詞〉で「~されつつある」受動態＋進行形
ex. The issue is under discussion.＝The issue is being discussed.
「その問題は論議されている」
他にも, under construction「建築中で」, under investigation「調査中で」などがある。

380
□ **assembly**
[əsémbli]

图 ①**組み立て** ②**集会** ★TOEICでは②はめったに出ない。
◇assémble 動 ①~を組み立てる
②集まる, ~を集める
源 as(＝to)＋semble(集まる)

UNIT 013　*KEY PHRASES*　　MP3▶013-05.mp3　CD▶TRACK:14

■ **vary** from country to country	国によって**変わる**
■ put a high **value** on education	教育に高い**価値**をおく
■ a world-**renowned** singer	世界的に**有名な**歌手
■ have no **option**	**選択の自由**がない
■ our company **policy**	当社の**方針**

381 vary
[véəri]

動 変わる；〜を変える
- ◇várious　形 さまざまな　▶p.41
- ◇inváriably　副 いつも, 変わることなく
- ◇váriation　名 変化, 差異

382 value
[vǽljuː]

名 価値；価値観 (values)
動 〜を評価する
- ◆of value　「価値のある, 貴重な」(= valuable)
- ◇váluable　形 価値の高い, 貴重な
- ◇inváluable　形 非常に貴重な
- ◇válueless　形 無価値な

★priceless「たいへん貴重な」と区別しよう。

383 renowned
[rináund]

形 有名な, 高名な

384 option
[ápʃən]

名 選択(の自由) (= choice)
- ◇óptional　形 随意の, 自由に選択できる
　　　　　　　　(⇔ compulsory　義務的な)

385 policy
[páləsi]

名 方針, 政策
例 Japan's foreign policy「日本の外交政策」

UNIT 013　*KEY PHRASES*　MP3▶013-06.mp3 CD▶TRACK:14

permanent teeth	永久歯
a police **officer**	警察官
nominate a new CEO	新しいCEOを指名する
remind him *of* the promise	彼に約束を思い出させる
a **microwave** oven	電子レンジ

386 permanent
[pə́ːrmənənt]

形 永久の
源 per(=through ずっと)+manent(存続する)

反？　⇔témporary　形 一時的な, 臨時の, つかの間の ▶p.120

同？　=perpétual　形 永久の, 絶え間ない

387 officer
[áfəsər]

名 警察官, 役人; 役員
◆chief executive officer 「最高経営責任者」=CEO
◇official　名 役人, 公務員, 職員
　　　　　　形 公の, 公式の ▶p.56

388 nominate
[náməneit]

動 ～を指名する, 推薦する
源 nomin(名前)
◇nominátion　名 指名, 推薦
◇nominée　　名 指名[推薦]された人
▶p.96 /語源Check!

389 remind
[rimáind]

動 (remind A of B) AにBのことを思い出させる
◆remind A to V 「AにVすることを思い出させる」
◇remínder　名 (思い出させるための)注意, 催促, 督促状

390 microwave
[máikroweiv]

名 電子レンジ, マイクロ波
源 micro(小さい)+wave(波)
◇mícroscope　名 顕微鏡

PRACTICE TEST

73. The works of Lee Martin will be on ------- at the Evelyn Fontaine Museum through March 16.

    (A) arrangement
    (B) appearance
    (C) display
    (D) dispatch

74. We are currently deciding ------- to continue this form of support.

    (A) whether
    (B) since
    (C) whereas
    (D) if

75. We congratulate Joel on his ------- to regional managing director.

    (A) development
    (B) delivery
    (C) promotion
    (D) acceptance

76. Marco Cusack is one of the final candidates under ------- for the position.

    (A) confirmation
    (B) recognition
    (C) elimination
    (D) consideration

77. I'd like to know what ------- are available for payment. I have no cash right now.

    (A) changes
    (B) discounts
    (C) quantities
    (D) options

78. For existing members, you will be sent a ------- to renew your membership seven days before it expires.

    (A) purpose
    (B) conclusion
    (C) question
    (D) reminder

ANSWER KEY

☐☐☐

73. (C) display; be on display「展示されている」 ▶p.102
- 訳　Lee Martinの作品が3月16日からEvelyn Fontaine美術館で展示される。
- 解説　空所の直前のonとつながる名詞を選ぶ。be on display = be on showで、「展示されている」という意味。(A) arrangement「準備；整理，配列」(p.34)、(B) appearance「出現，外見」(p.59)、(D) dispatch「発送；派遣」(p.300)。

☐☐☐

74. (A) whether; whether to V「Vすべきかどうか」 ▶p.103
- 訳　この形の支援を続けるべきかどうか今決めようとしています。
- 解説　空所の後にto Vが続くのがポイント。(A)以外の接続詞にはそういう用法はない。(B) since「～以来，なので」、(C) whereas「～する一方で」、(D) if「～なら」。

☐☐☐

75. (C) promotion「昇進；促進」 ▶p.104
- 訳　ジョエルが地域担当責任者に昇進したことを祝います。
- 解説　one's promotion to A「〈人が〉Aに昇進すること」。(A) development「発達(の結果)，成長，開発(された物)」(p.25)、(B) delivery「配達」(p.30)、(D) acceptance「受け入れ，容認」(p.211)。

☐☐☐

76. (D) consideration; under consideration「検討中で」 ▶p.105
- 訳　Marco Cusackはその仕事のために検討されている最終候補者の一人である。
- 解説　熟語の問題。〈be under＋動作名詞〉「～されつつある」をおさえたい(p.105 **Point!**)。(A) confirmation「確認，承認」(p.72)、(B) recognition「認識，承認」(p.94)、(C) elimination「除外」。

☐☐☐

77. (D) options; option「選択(の自由)(＝ choice)」 ▶p.106
- 訳　支払いに利用できる選択肢を知りたいです。今現金がないのです。
- 解説　空所の前のwhatは「どんな」という意味の疑問形容詞で、空所の名詞を修飾している。(A) changes「変化」、(B) discounts「割引」(p.15)、(C) quantities「量」(p.209)。

☐☐☐

78. (D) reminder「(思い出させるための)注意，催促，督促状」 ▶p.107
- 訳　現在の会員に対して、期限が切れる7日前にメンバーシップを更新するようお知らせが送られます。
- 解説　文中のexpire「期限が切れて無効になる，終了する」(p.153)は重要単語。(A) purpose「目的」(p.27)、(B) conclusion「結論；結末」(p.266)、(C) question「質問」。

UNIT 014　**KEY PHRASES**

MP3▶014-01.mp3　CD▶TRACK:15

■ the stock of **merchandise**	**商品**の在庫
■ National **Institute** of Justice	国立司法**研究所**
■ a **complimentary** drink	**無料の**飲み物
■ **expertise** in medicine	医学の**専門知識**
■ **complain** *about* a job	仕事のことで**不平を言う**

391
merchandise

[mə́ːrtʃəndaiz]

图 **商品**（= goods）
★集合的に「商品」をいい、不可算名詞として使う。
　例 five pieces of merchandise「5つの商品」
◇mérchant　　图 商人, 業者

392
institute

[ínstətjuːt]

图 **研究所, 協会, 学会**
◇institútion　　图 機関, 施設
★公共機関, 大学, 銀行など比較的大きな組織をいう。

393
complimentary

[kɑmpləméntəri]

形 **無料の**
★TOEIC最重要単語！
◇cómpliment　　图 賛辞, ほめ言葉
◆give one's compliment to 〈人〉
　　　　　　　　　　　「〈人〉によろしく伝える」
　= give one's best regard [wishes] to 〈人〉
　　　　　　　　　　　★こちらが日常的。

394
expertise

[ekspəːrtíːz]

图 **専門知識[技能]；鑑定**
◇éxpert　　图 専門家

395
complain

[kəmpléin]

動 (+ about [of] A) **Aのことで不満を言う**
◇compláint　　图 不満, 苦情

UNIT 014　*KEY PHRASES*

The roads have been **cleared** *of* snow.	道路は 除雪された
cater for a party	パーティーに 料理を出す
He was **transferred** to Osaka.	彼は大阪に 転勤した
The battery **last**s a day.	電池は一日 持つ
The car is small and **therefore** cheap.	その車は小さい。それゆえ 安い

396
□ **clear**
[klíər]

動 〜から取り除く
形 澄んだ，晴れた
◆clear 〈場所〉of A 「〈場所〉からA(不要物)を取り除く」

397
□ **cater**
[kéitər]

動 料理を提供する
◆catering service 「仕出し，出前」

398
□ **transfer**
[trænsfə́:r]

動 〜を移す(＝move)；転勤する
名 移転，譲渡
語源 trans(越えて)＋fer(運ぶ)　trans-は移動，変化を表す。
★transferには「(バス・地下鉄などを)乗り換える；乗り換え」の意味もある。

399
□ **last**
[lǽst]

動 持続する，続く，持つ
形 最後の
★動詞用法では期間を表す語句を伴うことが多い。

400
□ **therefore**
[ðéərfɔ:r]

副 それゆえ，従って(＝so)
★thereforeの前に原因・理由が述べられ，後に結果が述べられる。

111

UNIT 014　**KEY PHRASES**

MP3▶014-03.mp3　CD▶TRACK:15

on the green **lawn**	緑の芝生の上で
I **intend** *to* change my job.	私は仕事を変えるつもりだ
the basic business **function**s	基本的なビジネス機能
not **necessarily** true	必ずしも本当でない
a **connecting** flight	乗り継ぎ便

---

401 lawn
[lɔ́:n]

图 芝生
◇ mów　　動 〈芝生・草〉を刈る

402 intend
[inténd]

動 ～を意図する, (+ to V) Vするつもりだ
源 in(中に)+tend(伸ばす)
◇ inténtion　　图 意図, 意志

403 function
[fʌ́ŋkʃən]

图 機能；職務, 役割
動 機能する, 作用する
例 the function of a teacher 「教師の職務」

(同?) 動 p_____ = perfórm　　動 ～を行う, ～を遂行する　　▶p.12
◇ fúnctional　　形 職務上の, 機能上の

404 necessarily
[nesəsérəli]

副 必ず, 必然的に
◇ nécessary　　形 必要な；必然の
◆ if necessary 「必要ならば」
◇ necéssity　　图 必要(性), 必需品

405 connect
[kənékt]

動 (～を)つなぐ, 接続する
◇ connéction　　图 結びつき, 関係

UNIT 014　KEY PHRASES

MP3▶014-04.mp3　CD▶TRACK:15

seek new employees	新しい従業員を求める
resolve the problem	問題を解決する
sales **figure**s	売上高
work **along** *with* other people	他の人たちと一緒に働く
coordinate a project	プロジェクトをまとめる

406
seek
[síːk]

動 ～を求める，得ようとする
活用形 seek – sought – sought
◆seek to V　　　「Vしようと努める」(＝try to V)

407
resolve
[rizálv]

動 ①〈問題など〉を解決する(＝solve)
②～と決心する　★②は少ない。
源 re(強意)＋solve(解く)
◇resolútion　　　名 解決；決議，決心

408
figure　〈多義〉
[fígjər]

名 ①数字　②人物，人の姿，人影　③図
例 historical figures「歴史上の人物」
◆figure A out　　「Aを理解する，Aがわかる」

409
along
[əlɔ́(ː)ŋ]

副 沿って，進んで
前 ～に沿って
◆along with A　　「Aと一緒に，Aと同時に」
◆get along with A　「Aと仲良くする」

410
coordinate
[kouɔ́ːrdəneit]

動 ～を統合する，まとめる
源 co(一緒に)＋ordinate(並べる)
◇coórdinator　　　名 取りまとめ役，進行係

UNIT 014 *KEY PHRASES*

MP3▶014-05.mp3 CD▶TRACK:15

■ a new **branch** *office*	新しい支店[支部]
■ a best-selling **author**	ベストセラーの著者
■ the meeting of the **trustee**s	理事の会議
■ This shop **carries** various items.	この店はさまざまな商品を置いている
■ the **scene** of the accident	事故の現場

411
□ **branch**
[bræntʃ]

图 支店, 部門; 枝

412
□ **author**
[ɔ́ːθər]

图 著者, 作者, 作家

413
□ **trustee**
[trʌstíː]

图 理事, 評議員
◆ the board of trustees 「理事会, 評議員会」
◇ trúst　　　　動 〜を信用する, 信頼する
　　　　　　　　图 信用, 信頼
◇ mistrúst　　图 不信, 疑惑
◇ trústworthy　形 信用できる, 当てになる

414
□ **carry**　　(多義)
[kǽri]

動 ①(在庫として)〈商品〉を置いている
　 ②〜を運ぶ
◆ carry A out 「〈計画など〉を実行する」
◇ cárry-on　　图 (飛行機の)機内持ち込み荷物
　　　　　　　　★可算名詞。
　　　　　　　　形 機内持ち込みの

415
□ **scene**
[síːn]

图 ①場面, 現場　②眺め, 光景
★sceneは可算名詞だが、sceneryは不可算名詞だ。
◇ scénery　　图 風景, 景観
◇ scénic　　　形 風景の, 景色のよい

UNIT 014 KEY PHRASES

■ **revise** the plan	計画を修正する
■ be **relevant** *to* the question	その問題に関係がある
■ a man of high **rank**	高い地位の人
■ private **property**	私有財産
■ visit some Paris **landmark**s	パリの名所を訪ねる

416 revise
[riváiz] (名?)

動 ~を修正する；〈本など〉を改訂する
源 re(=again)+vise(見る)
◇revísion   名 修正；改訂

417 relevant
[réləvənt] (反?)

形 関連のある；適切な
⇔irrélevant   形 不適切な, 無関係な
◇rélevance   名 関連(性)
◆immediate relevance 「直接的な関連性」

418 rank
[ræŋk]

名 地位, 階級
動 ~を評価する, 順位をつける；位置する

419 property
[prápərti]

名 ①財産, 資産；地所, 不動産, 所有地
　②(物質の持つ科学的な)特性
★②は少ない。「所有地」の意味では可算名詞扱いなので要注意。
例 have a small property in the suburbs
「郊外に小さな土地を持っている」
◆property manager 「建物[資産]管理人」

420 landmark
[lǽndmɑːrk]

名 目印；名所
源 land(陸地)+mark(目印)
◇lánd   名 土地　動 着陸する

PRACTICE TEST

79. MN Partners offer several kinds of technical ------- in the areas of infrastructure, networking, and e-commerce.

    (A) expert
    (B) expected
    (C) expertly
    (D) expertise

80. High quality batteries ------- almost twice as long as standard batteries.

    (A) continue
    (B) last
    (C) have
    (D) hold

81. This hotel provides every amenity ------- for a pleasant stay.

    (A) necessarily
    (B) necessary
    (C) necessity
    (D) necessitate

82. Please send your application via e-mail ------- a copy of your passport and all other documents.

    (A) in case
    (B) along with
    (C) in spite of
    (D) notwithstanding

83. Amigo Foods ------- everything customers need.

    (A) carries
    (B) carries out
    (C) carries off
    (D) carrying

84. If you want an idea of how big the estate is, you can get a good view of the grounds from this window.

    (A) owners
    (B) elements
    (C) evidence
    (D) property

PRACTICE TEST UNIT014

ANSWER KEY

☐☐☐

79. (D) expertise「専門知識[技能]」 ▶p.110
- 訳 MNパートナーズはインフラ，ネットワーク，電子商取引の分野における技術的専門知識を提供します。
- 解説 空所の直前にof technicalとあるが，technicalは形容詞なので空所には名詞が入る。(A) expert「専門家」(p.110)は意味が合わず，(B) expected「予期された」は形容詞，(C) expertly「うまく，専門的に」は副詞なので不可。

☐☐☐

80. (B) last「持つ，続く」 ▶p.111
- 訳 高品質のバッテリーは標準的なバッテリーのおよそ倍近く持つ。
- 解説 「電池が持つ」という意味ではlastを使う。(A) continue「(〜を)続ける，続く」(p.97)，(C) have「〜を持つ」，(D) hold「〜を保つ」。

☐☐☐

81. (B) necessary「必要な；必然の」 ▶p.112
- 訳 心地よい宿泊のために必要なあらゆる設備を当ホテルは提供します。
- 解説 every amenityを後ろから修飾する形容詞necessaryを選ぶ。(p.139 文法Check!)。(A) necessarily「必ず，必然的に」(p.112)，(C) necessity「必要(性)，必需品」，(D) necessitate「〜を必要とする」。

☐☐☐

82. (B) along with A「Aと一緒に，Aと同時に」 ▶p.113
- 訳 パスポートのコピーと他の全ての文書と一緒にeメールで申請書を送ってください。
- 解説 「パスポートのコピーと他の全ての文書」を送るという意味になるのは(B)のみ。(A) in case = if(p.118)は接続詞のように使う。(C) in spite of「〜にもかかわらず」(p.186)，(D) notwithstanding「〜にもかかわらず」。

☐☐☐

83. (A) carries; carry「(在庫として)〈商品〉を置いている」 ▶p.114
- 訳 アミーゴ・フーズはお客様が必要とする全ての物を置いています。
- 解説 Amigo Foods ------ everything の空所には述語動詞を入れる。このcarryは「〈商品〉を置いている」という意味だ。everything (that) customers need.と，everythingの後ろに関係詞が省略されている。(B)のcarry outは「〈計画など〉を実行する」という意味の重要熟語。(C)のcarry offは「〈賞など〉を勝ち取る」の意味だが，TOEICには不要。

☐☐☐

84. (D) property「財産，資産，地所，不動産，所有地」 ▶p.115
- 訳 この土地がどれくらい大きいか知りたければ，この窓から敷地を十分見ることができます。
- 解説 grounds「土地；敷地」と同意の単語を選ぶ。(A) owners「所有者」(p.90)，(B) elements「要素」，(C) evidence「証拠」(p.205)。

117

UNIT 015　**KEY PHRASES**　MP3▶015-01.mp3 CD▶TRACK:16

generate electricity and heat	電力と熱を生み出す
explain the situation *to* him	彼に状況を説明する
take proper **exercise**	適当な運動をする
In **case** you missed it, I have attached a link below.	あなたが見逃したときのために下にリンクを貼り付けました
work **downtown**	商業地区で働く

---

421 generate
[dʒénəreit]

動 ～を**生み出す**，～を引き起こす

源 gener-は「産む」。generous「気前のよい」(p.179)と同語源。

◇generátion　　　图 世代

422 explain
[ikspléin]

動 ～を説明する

◆explain A to 〈人〉　「〈人〉にAを説明する」
◇explanátion　　　图 説明

423 exercise
[éksərsaiz]

图 運動
動 運動する

424 case
[kéis]

图 場合, 事例；箱

◆(just) in case～　「①もし～なら, 万一～には(= if)
　　　　　　　　　　②～する場合に備えて,
　　　　　　　　　　　　～だといけないから」

★in caseでひとつの接続詞と考えてよい。
★①は主に《米》。

◆just in case　「まさかの場合のために, 念のため」

425 downtown
[dáuntáun]

副 形 商業地区で(の), 繁華街へ(の)

★街の中心部をいい,「下町」ではない。

UNIT 015　*KEY PHRASES*

dental health	歯科衛生
congratulate him *on* his award	彼の受賞を祝う
compete *with* large companies	大企業と競争する
innovative technology	革新的な技術
challenge the decision	決定に異議を唱える

426
dental
[déntl]

形 歯の
◇déntist　　　图 歯科医師
◆dental clinic　「歯科診療所」

427
congratulate
[kəngrǽdʒəleit]

動 ～を祝う
源 con(共に)+gratul(喜びを表す)+ate(にする)
◆congratulate〈人〉on A　「〈人〉をAのことで祝う」
◇congratulátions　图 祝いの言葉；
　　　　　　　　　(C～s)おめでとう

428
compete
[kəmpíːt]

動 (+with A)(Aと)競争する
源 com(=with)+pete(求める)　このpeteはappetite「食欲」のpetと同じ。
◇competítion　　图 競争　　　　　　▶p.86
◇compétitive　　形〈価格などが〉他社に負けない，
　　　　　　　　　競争力がある　　　▶p.193
◇compétitor　　图 競争相手　　　　　▶p.154

429
innovative
[ínəveitiv]

形 革新的な
◇innovátion　　图 革新
◇ínnovate　　動 ～を革新する，刷新する

430
challenge 多義
[tʃǽlindʒ]

動 ～に異議を唱える；～に挑戦する
图 難題，難問；挑戦
◇chállenging　　形 やりがいのある，骨の折れる

UNIT 015　KEY PHRASES

the **CEO** of the company	会社の最高経営責任者
authorize the use of the data	データの使用を許可する
visual information	視覚情報
temporary workers	臨時の労働者
history and **tradition**	歴史と伝統

431
□ **CEO**
[síːiːou]

图 最高経営責任者（＝ chief executive officer）

432
■ **authorize**
[ɔ́ːθəraiz]

動 ～を許可する, 権限を与える
◆authorize A to V　「AがVするのを承認する, AがVする権限を与える」

433
□ **visual**
[víʒuəl]

形 視覚の, 視覚による
源 vis（見る）
◇vísible　　形 目に見える, 明白な
◇vísion　　图 ①理想（像）, 未来図
　　　　　　　　②洞察力, 見通す力
　　　　　　　　③視力, 視覚
　　　　　　　　④幻, 幻覚
例 vision for business「ビジネスの展望」

434
□ **temporary**
[témpəreri]

形 一時的な, 臨時の, つかの間の
源 tempo（時間）
◇temporárily　　副 一時的に

435
□ **tradition**
[trədíʃən]

图 伝統, しきたり；言い伝え, 伝承
◇tradítional　　形 伝統的な, 慣習的な

UNIT 015 *KEY PHRASES*

MP3▶015-04.mp3 CD▶TRACK:16

- Could you give me a **ride**? 車に**乗せて**もらえますか
- a **physician** at the hospital その病院の**医者**
- the **ingredient**s for the cake ケーキの**材料**
- Have you **ever** been to Thailand? **これまでに**タイに行ったことはありますか
- cotton **fabric**s 綿**織物**

---

436 ride
[ráid]

名 (車などに)**乗ること**
動 〈車など〉に**乗る, 乗っていく**
活用形 ride – rode[róud] – ridden[rídn]
◆give 〈人〉a ride 「〈人〉を車に乗せる」

437 physician
[fizíʃən]

名 **内科医, 医者**
◇súrgeon 名 外科医
◇phýsical 形 肉体の ▶p.237

438 ingredient
[ingrí:diənt]

名 **材料, 原料, 構成要素**

439 ever
[évər]

副 **これまで, 今まで, かつて**
★疑問・否定文, あるいは最上級と共に用いることが多い。

440 fabric
[fæbrik]

名 ①**織物, 布**
　②(社会などの)**構造, 組織**
★clothよりもかたい語。

121

UNIT 015 *KEY PHRASES*

MP3▶015-05.mp3 CD▶TRACK:16

- **explore** every possibility — あらゆる可能性を調査する
- the **estimated** delivery date — 配達予定日
- She failed **despite** her efforts. — 努力にもかかわらず彼女は失敗した
- the **latest** news from China — 中国からの最新のニュース
- put the meat in the **refrigerator** — 肉を冷蔵庫に入れる

---

441 explore [iksplɔ́ːr]
動 ~を探検する；~を調査する, 探る
例 explore a city「街を散策する」
◇exploration　名 探検, 探究

442 estimate [éstəmeit]
動 ~を推定する, 見積もる
◇overestimate　動 ~を過大評価する
◇underestimate　動 ~を過小評価する

> **Point!** 過去分詞の名詞修飾
> KEY PHRASEのように, 名詞を修飾する過去分詞に注意！
> estimated time「予定時刻」, estimated amount「推定量」
> など, 名詞を修飾する用法に注意。

443 despite [dispáit]
前 ~にもかかわらず（= in spite of）

444 latest [léitist]
形 最新の　★late「遅い」の最上級。
◆at the latest　「遅くとも」
例 Come home by nine at the latest.
「遅くとも9時には帰りなさい」
◇lately　副 最近　▶p.253
◇later　副 あとで, のちほど　▶p.139
◆the latter　「後者（の）」

445 refrigerator [rifrídʒəreitər]
名 冷蔵庫（= fridge（略語））
源 re（下げる）+friger（冷やす）+ator
◇frigid　形 寒冷な；冷淡な

UNIT 015 **KEY PHRASES**

MP3▶015-06.mp3 CD▶TRACK:16

- give top **priority** to safety — 安全を最**優先**する
- a **legal** document — **法律関連の**書類
- ask a **coworker** for assistance — **同じ職場の人**に助けを求める
- **exceed** the budget — 予算**を超える**
- the company's annual **banquet** — その会社の例年の**宴会**

---

446 priority
[praiɔ́(:)rəti]

名 優先

◇ príor　形 前の
◆ prior to A 「Aより前の」　▶p.195

---

447 legal
[líːgl]　反?

形 法律の, 法的な, 合法の

⇔ illégal　形 違法の

---

448 coworker
[kóuwəːrkər]

名 同じ職場の人, 仕事仲間, 同僚

★coworkerは同じ職場で働く人で、上司や部下を含まないことが多い。colleague(p.64)はcoworkerと同様に使うこともあるが、他の会社などの同じ資格や地位を持つ専門職の人をいうこともある。

---

449 exceed
[iksíːd]

動 ～を超える, 上回る

語 ex(超えて)+ceed(行く)

◇ excéss　　　名 超過, 過剰
◇ excéssive　 形 過度の, 度を越した
◇ excellent　 形 すばらしい　▶p.89

---

450 banquet
[bǽŋkwət]

名 宴会, 晩餐会

PRACTICE TEST

85. Please save the order number ------- you need to contact us.

    (A) as much as
    (B) due to
    (C) because
    (D) in case

86. Engineering departments should always be looking for ways to design ------- solutions.

    (A) innovatively
    (B) innovation
    (C) innovates
    (D) innovative

87. The company has ------- halted its production due to problems in its supply chain.

    (A) energetically
    (B) vacantly
    (C) consecutively
    (D) temporarily

88. This is the largest company on the New York Stock Exchange ------- to be purchased by its employees.

    (A) ever
    (B) before
    (C) quite
    (D) well

89. Signed applications must be sent by 25 February at the -------.

    (A) oldest
    (B) best
    (C) latest
    (D) lowest

90. Bags ------- the weight limit will be subject to extra fees.

    (A) exceed
    (B) exceeded
    (C) exceeding
    (D) excessive

PRACTICE TEST UNIT015

ANSWER KEY

☐☐☐

85. (D) in case「〜する場合に備えて」 ▶p.118
訳 こちらにご連絡頂く場合に備えて注文番号を保存してください。
解説 空所の前にも後ろにもSV関係があるので,接続詞を入れる。in caseは一つの接続詞として機能する。(A) as much as 〜「〜と同じくらい」, (B) due to A「A(原因・理由)のために,Aのせいで」(p.49) , (C) because〜「〜なので」。

☐☐☐

86. (D) innovative「革新的な」 ▶p.119
訳 技術部は常に革新的な解決を設計する方法を探しているべきだ。
解説 solutionsを修飾する形容詞を選ぶ。(A) innovatively「革新的に」は副詞, (B) innovation「革新」(p.119)は名詞, (C) innovatesは動詞「〜を革新する,刷新する」(p.119)の3単現。

☐☐☐

87. (D) temporarily「一時的に」 ▶p.120
訳 供給プロセスに問題があるため,その会社は生産を一時的に停止している。
解説 halt「〜を止める」を修飾する副詞を選ぶ。(A) energetically「精力的に」, (B) vacantly「ぼんやりと」, (C) consecutively「連続して」。supply chainは「サプライチェーン,供給プロセス」の意味。

☐☐☐

88. (A) ever「これまで」 ▶p.121
訳 これはこれまでニューヨーク株式市場で従業員によって買い取られた最大の企業である。
解説 ever to be purchased ... がひとかたまりで,前のthe largest companyを修飾する。このように最上級を強めるため,everで修飾することがよくある。to be ever purchasedとすることもあるが,本問の語順の方が自然。

☐☐☐

89. (C) latest; at the latest「遅くとも」 ▶p.122
訳 署名した申込用紙は遅くとも2月25日までに送らなければいけません。
解説 期限を言うときの決まり文句。no later than 25 Februaryとしてもよい。

☐☐☐

90. (C) exceeding; exceed「〜を超える,上回る」 ▶p.123
訳 重量制限を超過した荷物は追加料金が課せられる。
解説 文の主語はBagsで述語動詞はwill beなので,exceedは現在分詞にしてBagsを修飾するとよい。

125

Tips TOEICテスト最重要の基本動詞の熟語

MP3▶045-02.mp3 CD▶TRACK:49

- Can I **call back**? Something **has come up**.
  電話をかけ直してもいいですか? ちょっと用事ができたんだ

- He **came up with** new product ideas.
  彼は新製品のアイデアを思いついた

- Please **feel free to** call me anytime.
  いつでも気楽に電話してください

- **Are** you **done** (with it)? = **Are** you **through** (with it)?
  君(の仕事)は終わりですか ★doneは形容詞で「終わっている」の意味。

- **Let me check** it.
  確認します

- "Is it all right if we change the meeting room?" "Yes, **that works**."
  「会議室を変更していいですか」「うん,それでうまく行くよ」

- I'm **work**ing **on** a Christmas project.
  クリスマス計画に取り組んでいます

- Why don't you come on Wednesday, **if that works for you**?
  もし都合がよかったら,水曜日に来ませんか

- **Please let me know** if that works for you.
  それで都合がよいかお知らせください

- "May I use the phone?" "Yes, **go ahead**."
  「電話を使ってもいいですか」「はい,どうぞ」 ★許可・承諾を表す。

- The change will **go into effect** next month.
  その変更は来月実施されるでしょう

- I'll **go over** the contract.
  契約を調べるつもりです

UNIT 16～30

Stage 2

このStageでは学校英語ではなじみのない語句も多くなってくるが，TOEICには必須だ。また，意外な意味や用法のある単語もあるので，多義や★マークに注意して確認したい。

Tips リスニングで気をつけたい数字〜ゼロが「オウ」〜

　数字と固有名詞は外国語学習でも最も難しいことの一つだ。たとえば九九を英語で言おうとすると，それだけでもやっかいかもしれない。more than <u>one</u> person「2人以上」(moreやless は日本語の「以上」「以下」と違ってイコールを含まない)など比較の表現にも注意をしなければならないし，<u>a</u> third「3分の1」と<u>the</u> third「3番目」なども勘違いしやすい。

　また，0 の読み方にも注意したい。0 はzero[zí rou]の代わりにoh[ou]と読まれることが多い。たとえば，608 号室なら，Room six <u>oh</u> eight となる。小数点はpoint と読み，0.5％はzero <u>point</u> five percent という。

UNIT 016　*KEY PHRASES*　　MP3▶016-02.mp3 CD▶TRACK:18

the **valid** period	**有効**期間
overlook the fact	事実**を見逃す**
be involved **in** the project	その計画**に参加している**
search *for* the stolen car	盗難車**をさがす**
the rice **harvest**	米の**収穫**

451
□ **valid**
[vǽlid]

形 ①〈切符・文書などが〉**有効な, 効力がある**
　②〈議論・理由などが〉**妥当な, 正当な**

452
□ **overlook**
[òuvərlúk]　(同?)

動 ①～**を見逃す,** ～**を見落とす**　②～**を見渡す**
★②は少ない。
＝míss
◆ look over A　「Aを調べる」(＝examine A)

453
□ **involve**
[inválv]

動 ～**を伴う, 含む；**～**を巻き込む, 関係させる**
◆ be involved in[with] A　「Aに関係する, 参加する」
◇ invólvement　名 関わり合い, 関与

454
□ **search**
[sə́ːrtʃ]

動 (＋for A) A**をさがす；**〈場所〉**を調べる**
名 **調査**
◆ search A　　　「A(場所)をさがす」
◆ search for A　「Aを求めてさがす」

Q search him と search for him の違いは？

A search him　　　「彼のボディチェックをする」
　 search for him　「彼をさがす」
例 search his pockets for a key
　 「鍵を求めて彼のポケットをさがす」
◆ in search of A　「Aをさがして, 求めて」
◇ séarchable　名 検索できる

455
□ **harvest**
[háːrvist]

名 **収穫(期)**
動 ～**を収穫する**

UNIT 016　**KEY PHRASES**　MP3▶016-03.mp3　CD▶TRACK:18

move to the **exit**	出口に進む
a popular tourist **destination**	人気の観光目的地
adversely affect employment	雇用に悪影響を与える
be **among** *the* best candidates	最高の候補者の一人だ

456 exit
[égzit]　反?
图 出口
⇔ éntrance　图 入口

457 destination
[dèstənéiʃən]
图 目的地, 行き先
源 de(=away)+stina(=stand)+tion=「離れて立っているところ」

458 adversely
[ædvə́ːrsli]
副 不利に
◇ advérse　形 不利な, 不都合な, 反対する, 敵意を持つ

459 among
[əmʌ́ŋ]
前 ～の間に, 中に
◆ among the+最上級　「最も～の一つ」
　　　　　　　　　(= one of the+最上級)

文法Check!　名詞を修飾するVing / Ved

1) Vingは能動態, Vedは受動態

the changing colors　←　The colors are changing. （能動態）
the lost data　←　The data is lost. （受動態）

★分詞と修飾される名詞の間には, SV関係が成り立つ。

2) 後置修飾

a typhoon approaching Taiwan　（台湾に接近する台風）
the shelf attached to the wall　（壁に取り付けられた棚）

★2語以上の語句が名詞を修飾する場合は, 後ろから修飾する。

UNIT 016 **KEY PHRASES**   MP3▶016-04.mp3 CD▶TRACK:18

a large **portion** of your salary	給料の大部分
my allergy **medication**	私のアレルギーの治療
household equipment	住宅設備
improve patient **care**	患者の治療を改善する
It's a great **honor** to meet you.	お会いできて大変光栄です

460
□ **portion**　　　　　　　图 部分, 一部
　[pɔ́ːrʃən]

461
□ **medication**　　　　　图 薬物, 薬剤；(投薬)治療, 医薬
　[medikéiʃən]　　　　　◇médical　　　形 医学の, 医療の；内科の　▶p.66

462
□ **household**　　　　　图形 家庭(の), 世帯(の), 家事(の)
　[háushould]　　　　　◇hóusekeeping　图 家事
　　　　　　　　　　　◇hóusewares　　图 家庭用品

463
□ **care**　　　　　　　　图 ①世話, 介護, 治療　②心配, 気がかり
　[kéər]　　　　　　　　動 気づかう, 心配する
　　　　　　　　　　　◆personal care　「日常の介護, 身の回りの世話」
　　　　　　　　　　　◆take care of A　「Aの世話をする」
　　　　　　　　　　　◆care to V　「Vしたい」
　　　　　　　　　　　例 I don't care to have coffee.「コーヒーを飲みたくない」
　　　　　　　　　　　◇cáreful　　　　形 注意深い

464
□ **honor**　　　　　　　图 名誉, 栄誉
　[ánər]　　　　　　　　動 〜の栄誉をたたえる
　　　　　　　　　　　◆in honor of A　「Aに敬意を表して, Aのために」
　　　　　　　　　　　◇hónorable　　　形 立派な, 名誉な

UNIT 016　KEY PHRASES

gather information and data	情報とデータ を集める
examine documents	文書 を調べる
enroll *in* a 12-week course	12週の講座に 登録する
found a new company	新会社 を設立する
accomplish the goal	目標 を達成する
score 10 goals	10点 を取る

465
□ **gather**
[gǽðər]

動 ～を集める
◇gáthering　名 集会, 集まり

466
□ **examine**
[igzǽmin]　同熟? 3つ

動 ～を調べる
＝ look into, look over, go over
◇examinátion　名 試験；調査

467
□ **enroll**
[enróul]

動 (＋in A)(Aに)入学する, 入会する, 名前を登録する
◇enróllment　名 登録, 入学, 入会

468
□ **found**
[fáund]

動 〈会社・学校など〉を設立する(＝establish)
◇foundátion　名 ①財団法人　②基礎, 土台
▶p.154

469
□ **accomplish**
[əkάmpliʃ]

動 ～を達成する
源 ac(強意)＋complish(満たす)
◇accómplishment　名 完遂, 達成；業績
◇accómplished　形 熟練した

470
□ **score**
[skɔ́:r]

動 〈点数〉を得点する
名 得点
◆scores of A　「たくさんのA」
★scoreには「20」の意味があり, そこから派生した表現。

UNIT 016　KEY PHRASES

■ pay an **outstanding** bill	未払いの勘定を支払う
■ **observe** birds in nature	自然の鳥を観察する
■ an important **matter**	重要な問題
■ I'll leave tomorrow **unless** it rains.	明日雨が降らない限り出発する
■ drive in the fast **lane**	追い越し車線を走る

471
□ **outstanding**
[autstǽndiŋ]

形 ①未払いの, 未処理の
　②目立った, 際だった
★②の方が数は多いが, TOEICやビジネスでは①に注意。
◆ stand out 　　　　「目立つ」

472
□ **observe**　多義
[əbzə́ːrv]

動 ①～を観察する
　②～と述べる
　③〈規則など〉を守る
◇observátion　　　　名 観察
◇obsérvatory　　　　名 観測所, 天文台

473
□ **matter**　多義
[mǽtər]

名 ①問題, 事柄
　②故障, 異常
　③物質
動 重要である
◆subject matter　　　「(研究などの)主題, 題目」
◆as a matter of fact　「実際は, 実は」

474
□ **unless**
[ənlés]

接 ～しない限り, ～する場合を除いて
★except if ～「～する場合を除いて」と同じような意味。
★節中は未来のことでも現在時制を用いる。

475
□ **lane**
[léin]

名 車線；通り
★streetと交差する街路名で使う。

UNIT 016 KEY PHRASES

MP3▶016-07.mp3 CD▶TRACK:18

a **freight** elevator	荷物用エレベーター
the global **environment**	地球環境
draw up a plan	計画を作成する
receive financial **assistance**	経済援助を受ける
A famous **architect** designed this hotel.	有名な建築家がこのホテルをデザインした

476 freight
[fréit]

名 貨物輸送, 貨物

★freightは列車・トラックなど, cargoは船・飛行機で運ぶ荷。load (p.233)は一般に荷を表す語。

477 environment
[enváiərnmənt]

名 環境

◇environméntal　　　　　　形 環境の
◆environmental pollution　「環境汚染」
◇environméntalist　　　　　名 環境保護主義者

478 draw
[drɔ́ː]

動 〈物・注意など〉を引く；〈文書など〉を作成する；〈絵・図など〉を描く

活用形 draw – drew – drawn

源 原義は「引く」。そこから「線を引く」→「絵を描く」と意味が広がった。

◇dráwer　　　　　　　　　名 引き出し
◇dráwing　　　　　　　　 名 ①線画
　　　　　　　　　　　　　　　②抽選, くじ引き

479 assistance
[əsístəns]

名 援助, 支援

◇assístant　　　　　　　　名 助手；《英》店員
◇assíst　　　　　　　　　　動 〜を手伝う

源 as(に)+sist(=stand)=(横に立つ)

480 architect
[áːrkətekt]

名 建築家

◇árchitecture　　　　　　名 建築

133

PRACTICE TEST

91. SDJ Website Image Library is ------- by name, technique, genre, etc.

    (A) searchable
    (B) searches
    (C) searcher
    (D) search

92. The American Museum of Natural History is ------- the most notable museums in the world.

    (A) among
    (B) primarily
    (C) considered
    (D) especially

93. On receiving medical ------- members pay 30% of the fee to the care provider.

    (A) carefully
    (B) caring
    (C) cared
    (D) care

94. ------- by James Mason and Charles Grodin more than fifty years ago, JC Financial group offers financial services to small businesses.

    (A) Finds
    (B) Finding
    (C) Found
    (D) Founded

95. Her employer says that ------- she arrives at work on time consistently, she will lose her job.

    (A) regardless
    (B) while
    (C) unless
    (D) rather

96. Johnson Finance offers customized ------- to help you develop a strong business strategy.

    (A) authority
    (B) assistance
    (C) expectations
    (D) significance

PRACTICE TEST UNIT016

ANSWER KEY

☐☐☐

91. (A) searchable「検索できる」 ▶p.128
- 訳 SDJウェブサイト・イメージ・ライブラリーは名前，技術，ジャンルなどで検索できます。
- 解説 isの後なので，形容詞を選ぶ。(B)(D) の search「～を探す；〈場所〉を調べる；調査」(p.128)は動詞または名詞。(C) searcher「捜索者，検査者」は名詞。

☐☐☐

92. (A) among; among the＋最上級(＋複数形の名詞)「最も～のーつ」 ▶p.129
- 訳 アメリカの自然史博物館は世界で最も有名な博物館の一つだ。
- 解説 空所の後ろがthe most notable museumsと複数形になっていることに注意。among the＋最上級＝one of the＋最上級。(B) primarily「主に」(p.228), (C) のconsiderは「～を考える，熟慮する」(p.105), (D) especially「特に」。

☐☐☐

93. (D) care「世話，介護，治療」 ▶p.130
- 訳 医療を受ける際に会員は医療機関に30％の費用を支払う。
- 解説 medical care「医療」は，頻出表現。On receiving medical care「医療を受けるときには」でひとかたまりの句。

☐☐☐

94. (D) Founded; found「〈会社・学校など〉を設立する」の過去分詞 ▶p.131
- 訳 ジェームズ・メイソンとチャールズ・グロディンによって50年以上前に設立されたJCフィナンシャルグループは中小企業に金融サービスを提供する。
- 解説 もともと, JC Financial Group was founded by James … という文が，分詞構文 (Founded by …) になって文頭に置かれている。foundはfindとは全く別の動詞だ。

☐☐☐

95. (C) unless「～しない限り，～する場合を除いて」 ▶p.132
- 訳 彼女がずっと定刻に仕事に来なければ，彼女は仕事を失うだろうと雇い主は言っている。
- 解説 that節の中にunless節がある形。選択肢の中で接続詞は (B) while と (C) unlessだけ。(A) regardlessはふつうregardless of A「Aに関係なく」(p.165)という形で使う。(D) rather「かなり」(p.136)は副詞。

☐☐☐

96. (B) assistance「援助，支援」 ▶p.133
- 訳 ジョンソン・ファイナンスは強い事業戦略を作るのに役立つよう特別な支援を提供します。
- 解説 offer「～を提供する，与える，申し出る」(p.4)の目的語として適切な名詞を選ぶ。(A) authority「権威，権力；官庁，機関，局」(p.267), (C) expectations「予期，期待」(p.27), (D) significance「重要性，意味」(p.103)。

UNIT 017　*KEY PHRASES*

MP3▶017-01.mp3 CD▶TRACK:19

a **joint** project	**共同**事業
walk along a mountain **trail**	山の**小道**を歩く
thoroughly enjoy the party	パーティーを**徹底的に**楽しむ
We had better go home *rather* *than* wait here.	ここで待つ**よりも**帰る方が良い
on special **occasion**s	**特別な場合に**

481
joint
[dʒɔ́int]

形 共同の, 合同の
名 関節, 継ぎ目
◆joint venture　「共同事業, 合弁」

482
trail
[tréil]

名 小道, 通った跡

483
thoroughly
[θə́:rouli]

副 完全に, すっかり
◇thórough　　形 完全な, 徹底的な, 十分な

484
rather
[rǽðər]

副 ①(A rather than B) BよりもむしろA
　★A, Bは文法上同等のもの。
　②(形容詞・副詞を修飾して)かなり
◆would rather V　「Vしたい」
★want to Vよりもていねい。
★would rather S V(原形)という形もある。

485
occasion
[əkéiʒən]

名 ①場合, 機会
　②行事(＝event)
◆on occasion(s)　「時々」(＝occasionally)　▶p.157

UNIT 017　KEY PHRASES

be **enthusiastic** about recycling	リサイクルに熱心である
a private **enterprise**	民間企業
on a **crowded** train	満員電車で
approve the payment	支払いを承認する
attend an awards **ceremony**	授賞式に出席する

486
enthusiastic
[enθjuːziǽstik]

形 熱心な, 熱狂的な
◇enthúsiasm　　　　图 熱狂, 熱中, 情熱
源 en(=in)+thus(神)+asm(状態)=(心の中に神がいる状態)

487
enterprise
[éntərpraiz]

图 企業, 会社; 企て, 事業(体)

> **Point!** 「会社」を表す単語
> 「会社」の意味ではcompanyが一般的な語で, firmは小さな事業体に使われることが多い。corporationは大きな会社に対して使われることが多く, enterpriseは公文書やビジネス誌などでよく使われるかたい言葉。

488
crowded
[kráudid]

形 混み合った, 満員の
◇crówd　　　　图 群衆

489
approve
[əprúːv]　反?

動 ～を承認する
◆approve of A　　　「Aに賛成する」
⇔disappróve　　　動 ～に反対する
◇appróval　　　　图 賛成, 承認

490
ceremony
[sérəmouni]

图 儀式, 式典
◆wedding ceremony　「結婚式」

UNIT 017　**KEY PHRASES**　　MP3▶017-03.mp3　CD▶TRACK:19

- **on** a weekly **basis** ｜ 週一回の原則で
- **achieve** large sales ｜ 大きな売上げを達成する
- have musical **talent** ｜ 音楽の才能がある
- **rely** **on** their power ｜ 彼らの力に頼る
- a **source** of information ｜ 情報源
- take a book from the **shelf** ｜ 棚から本を取る

---

491 basis
[béisis]

名 基礎, 論拠；原則
◆on the basis of A　「Aに基づいて」
◆on a first-come, first-served basis　「先着順で」
◆be based on A　「Aに基づいている」　▶p.40

492 achieve
[ətʃíːv]

動 〜を達成する, 〜を獲得する
語源 ac(=to)+chieve(頂点)=(頂点に達する)
◇achíevement　名 達成；業績

493 talent
[tǽlənt]

名 才能, 才能のある人
★日本語の「テレビタレント」はpersonalityで, talentとは言わない。
◇tálented　形 才能のある

494 rely
[rilái]

動 (rely on A)Aに頼る, Aを信頼する
◆rely on A for B　「Aに頼ってBを求める」
◇relíable　形 信頼できる, 当てになる
◇relíance　名 依存, 信頼

495 source
[sɔ́ːrs]

名 源, 出所, もと

496 shelf
[ʃélf]

名 棚　★複数形はshelves。
◆shelving unit　「棚」
★いくつかの棚のまとまり。

UNIT 017　KEY PHRASES

- a **sharp** rise in prices　　物価の 急激な 上昇
- **postpone** mak*ing* a decision　　決定するの を延期する
- *no* **later** *than* May 9　　5月9日 までに
- the cold war **period**　　冷戦 時代

497
sharp
[ʃáːrp]

形 鋭い, 急な
副 正確に；急に

498
postpone
[poustpóun]　同熟?

動 ～を延期する
= put off
★postponeは, 不定詞(to V)を目的語にできない。
源 post(後に)+pone(置く)

499
later
[léitər]

副 あとで, のちほど
◆no later than ～　「～までに, ～より遅くならずに」

500
period
[píəriəd]

名 期間；時代
◇periódical　　名 定期刊行物, 雑誌

文法Check!　形容詞句の後置修飾

a different life from this one 「今とは違う生活」
= a life different from this one

★上の例のように, differentは前置詞句from this oneと切り離してもよいし, まとめて後ろから名詞を修飾することもできる。ただし, 下のように, 前置詞句と切り離すと意味がわかりにくい場合は, 前置詞句とつなげて後置修飾の形を取る。

a man good at tennis 「テニスの上手な人」　(×a good man at tennis)

UNIT 017　*KEY PHRASES*　MP3▶017-05.mp3　CD▶TRACK:19

■ Never **mention** it again.	二度とそのこと**を口にする**な
■ a health **insurance** company	健康**保険**会社
■ Japan is **surrounded** by the sea.	日本は海**に囲まれている**
■ an **initial** response	**最初の**対応
■ a **decade** ago	**10年**前に

501 mention
[ménʃən]

動 ～のことを言う, 述べる
- ◆mention A to 〈人〉　「〈人〉にAのことを述べる」
- ◆Don't mention it.　「どういたしまして」
  （礼やわびに対する返答）（＝ You are welcome.）
- ◆not to mention A　「Aは言うまでもなく」
  （＝ to say nothing of A）

502 insurance
[inʃúərəns]

名 保険
- ◇insúre　　動 ～に保険をかける

源 ensure「～を確実にする」(p.146)と同語源。

503 surround
[səráund]

動 ～を取り囲む
- ◇surróundings　名 環境, 周囲の状況

504 initial
[iníʃl]

形 最初の, 初めの
- ◇inítiate　　動 ～を始める, 着手する

505 decade
[dékeid]

名 10年間

源 dec＝「10」
- ◇déciliter　名 デシリットル　★1/10リットル。
- ◇décimal　　名 形 小数(の), 10進法(の)

UNIT 017	***KEY PHRASES***	MP3▶017-06.mp3 CD▶TRACK:19

■ **book** a room online	インターネットで部屋を予約する
■ the company's twentieth **anniversary**	会社の20周年記念日
■ arrange hotel **accommodation**	ホテルの宿泊を手配する
■ ***pay*** attention ***to*** the traffic	交通に注意をはらう
■ protect **wildlife**	野生生物を保護する

506
□ **book**
[búk]

動 ～を予約する（＝reserve）
★日本語では「ホテルを予約する」と言うが英語では×book a hotelとは言わず, book [reserve] a (hotel) roomと言う。

507
□ **anniversary**
[æ̀nəvə́ːrsəri]

名 …周年記念日, 結婚記念日
源 anni（年）＋verse（回る）

508
□ **accommodation**
[əkɑmədéiʃən]

名 宿泊(施設), 客室
◇accómmodate　　動 ～を収容する　　⊃p.91

509
□ **attention**
[əténʃən]

名 注意, 配慮
◆pay attention to A 「Aに注意をはらう」
★give A one's attention = give one's attention to Aという形もある。

510
□ **wildlife**
[wáildlaif]

名 野生生物
★不可算名詞。

PRACTICE TEST

97. Many people choose to cross the bridge ------- use the ferry.

    (A) so as
    (B) in case
    (C) rather than
    (D) provided that

98. Mobile Enterprises is waiting for government ------- to construct a new building.

    (A) approve
    (B) approved
    (C) approval
    (D) approving

99. We provide you with most ------- and courteous service in Liverpool.

    (A) possible
    (B) numerous
    (C) previous
    (D) reliable

100. Please arrive no ------- than 15 minutes before the closing time.

    (A) late
    (B) latter
    (C) latest
    (D) later

101. A lovely garden ------- the house and a balcony stretches over two sides of the property.

    (A) surround
    (B) surrounds
    (C) surrounding
    (D) surrounded

102. During the museum renovation, special ------- was given to the decoration.

    (A) attendance
    (B) introduction
    (C) attention
    (D) attempt

PRACTICE TEST UNIT017

ANSWER KEY

□□□

97. (C) rather than; A rather than B「BよりもむしろA」 ▶p.136
- 訳 フェリーを使うよりも橋を渡ることを選ぶ人が多い。
- 解説 A rather than Bでは、AとBに文法上同等の語句(名詞,形容詞,動詞など)が置かれる。(A) so asの後にtoがあればso as to V「Vするために」, (B) in case「もし〜なら,万一〜には」(p.118), (D) provided「もし〜ならば」(p.4)。

□□□

98. (C) approval「賛成,承認」 ▶p.137
- 訳 モバイルエンタープライズは新しい建物を建設するために政府の許可を待っている。
- 解説 空所には名詞が入る。approve「〜を承認する」は動詞だ。government approval = governmental approval。

□□□

99. (D) reliable「信頼できる,当てになる」 ▶p.138
- 訳 我々はリバプールで最も信頼できていねいなサービスを提供します。
- 解説 serviceを修飾する形容詞を選ぶ。(A) possible「可能な」(p.26), (B) numerous「たくさんの」(p.157), (C) previous「前の,以前の」(p.32)。

□□□

100. (D) later; no later than 〜「〜までに,〜より遅くならずに」 ▶p.139
- 訳 閉店時間の15分前までに来てください。
- 解説 空所の後にthanがあるから比較級を選べばよい。(B) latter「後の,後半の」(p.104), (C) latest「最新の」(p.122)。

□□□

101. (B) surrounds; surround「〜を取り囲む」の3単現。 ▶p.140
- 訳 美しい庭が家を取り囲み,その両側にバルコニーが伸びていた。
- 解説 空所の後ろが現在時制の動詞stretchesなので, (B) surroundsが正解。

□□□

102. (C) attention「注意;配慮」 ▶p.141
- 訳 美術館の改装の間,装飾には特別注意が払われた。
- 解説 (A) attendance「出席」(p.24), (B) introduction「紹介,導入,序論」(p.33), (D) attempt「試み,企て」(p.169)。give attention to A「Aに注意を払う」(= pay attention to A)を受動態にした文。

143

UNIT 018 *KEY PHRASES*

MP3▶018-01.mp3 CD▶TRACK:20

vice president of the company	会社の副社長
a street **vendor**	屋台商人
sit down in a **vacant** seat	空いている席に座る
attract many customers	多くの客を引きつける
changes in social **structure**	社会構造の変化

511
vice 〈多義〉
[váis]

形 副… 图 悪徳 ⇔ virtue 图 美徳, 美点
◇vícious　　　　　形 悪意ある, 冷酷な, 悪徳の

512
vendor
[véndər]

图 物売り, 売り子, 行商人
◆vending machine 「自動販売機」
◇vénd　　　　　　動 行商する, 売り上げる

513
vacant
[véikənt]

形〈家・座席などが〉空いている, 使用されていない
(⇔ occupied)
◇vácancy　　　　图 空虚 ; 空いたところ, 空室

514
attract
[ətrækt]

動 ~を引きつける
源 at(=to)+tract(引っぱる)
◇attráctive　　　 形 魅力的な
◇attráctively　　 副 魅力的に
◇attráction　　　图 魅力 ; 引きつけるもの

515
structure
[strʌ́ktʃər]

图 構造, 構成
◇restrúcture　　 動 ~を再編成する, 再構成する
◇restrúcturing　 图 再構築, リストラ
★組織などを効率よくするための再編でしばしば人員削減を伴う。

UNIT 018　KEY PHRASES

judge a person by his looks	外見で人を判断する
a musical **instrument**	楽器
the weather **forecast**	天気予報
a girl from a **respectable** family	ちゃんとした家の娘
add a rich **flavor** to food	食品に豊かな風味を加える

516 judge
[dʒʌ́dʒ]

動 ～を判断する
◆judging from A　「Aから判断すると」(独立分詞構文)
◇júdgment　图 判断(《英》judgement)

517 instrument
[ínstrəmənt]

图 道具, 器具
源 in(中に)＋stru(建てる)＋ment
例 medical instruments「医療器具」

518 forecast
[fɔ́ːrkæst]

图 (天気)予報, 予測
源 fore(＝before)＋cast(投げる)

519 respectable
[rispéktəbl]

形 ちゃんとした, 立派な；下品でない
★「尊敬に値する」の意味はなく、「社会的に受け入れられる」の意味。
◇respéct　　　動 ～を尊敬する
　　　　　　　　图 尊敬, 敬意
◇respéctful　　形 敬意を表する
例 be respectful to the elders「年上の人を敬う」
◇respéctive　　形 それぞれの
例 schools in the respective areas「それぞれの地域の学校」

520 flavor
[fléivər]

图 風味
★taste「味」とsmell「香り」を合わせた風味がflavor。自然の食材にはtasteを使うことが多いが, 人の作った料理にはtasteもflavorも使う。
例 four flavors of ice cream「4つの味のアイスクリーム」

UNIT 018 KEY PHRASES

one hour before the **departure**	**出発**一時間前に
the New York City **Council**	ニューヨーク市**議会**
compare oneself *with* others	自分と他人**を比較する**
ensure *that* everything is going well	**確実に**万事順調に進む**ように****する**
You can pay *in* **cash** or by card.	**現金**でもカードでも支払えます

521 departure
[dipáːrtʃər]

名 **出発**
◇ depárt 動 〈人・乗り物が〉出発する ▶p.91
⇔ arríval 名 到着

522 council
[káunsl]

名 (地方自治体の)**議会**, (公の)**会議**

523 compare
[kəmpéər]

動 ~を**比較する**
◆ compare A with B 「AとBを比較する」
◇ compárison 名 比較, たとえ
◇ compáratively 副 比較的, かなり
◇ compárative 形 比較による；かなりの

524 ensure
[enʃúər]

動 (+that ~)~を**確実にする**, 保証する (= make sure)
語源 en (= make) + sure

語源Check! 〈en+形容詞〉で「~にする」
◇ enlárge 動 ~を大きくする
◇ enrích 動 ~を豊かにする

525 cash
[kæʃ]

名 **現金**
◆ in cash 「現金で」
◇ cashíer 名 レジ係, 会計係
★ cashier は人のことを言う。レジは cash register。 ▶p.17

UNIT 018 *KEY PHRASES*

The job **suit**s you.	その仕事は君**に合っている**
20 **square** miles	20 **平方**マイル
shift gears	ギア**を変える**
the **receipt** of an order	注文の**受領**
negotiate prices	価格を**交渉する**

526
□ **suit**
[súːt]

動 ～に合う，適する；〈服装・色などが〉〈人〉に似合う
◇súitable　形 適した，ふさわしい

527
□ **square**
[skwéər]

名 形 ①正方形(の)
　　②(面積の単位)平方(の)
　　③(四角い)広場
◇tríangle　名 三角形
◇cúbe　名 立方体，立方

528
□ **shift**
[ʃíft]

動 ～を変える，移す
名 変化，移動，交替

529
■ **receipt**
[risíːt]

名 受領；領収書
★動詞receive「受け取る」の名詞形だ。
◇recípient　名 受取人，受領人；
　　　　　　　(臓器などの)被移植者　　▶p.229

530
□ **negotiate**
[nigóuʃieit]

動 ①交渉する　②～を取り決める
◇negotiátion　名 交渉，話し合い

147

UNIT 018 KEY PHRASES

MP3▶018-05.mp3 CD▶TRACK:20

evaluate the quality of products	製品の品質を評価する
give product **demonstration**s	製品の実演をする
set the **agenda** for the meeting	会議の協議事項を決める
arrive late **owing** *to* rain	雨のため遅れて着く
remember *to* take medicine	忘れずに薬を飲む

---

531 evaluate
[ivǽljueit]

動 ～を評価する
◇evaluátion　图 評価

532 demonstration
[demənstréiʃən]

图 ①実演, 実証
②(集会・行進などによる)デモ
◇démonstrate　動 ～を示す, 証明する　▶p.80

533 agenda
[ədʒéndə]

图 協議事項, 議事(日程)
★もともとagendaはagendumの複数形であったが, 今ではagendumはあまり使わず, agendaを単数扱いで使う。また, まれにagendasを複数形として使うこともある。

534 owing to A

A(原因・理由)のために
★because of Aの方が口語的。

535 remember
[rimémbər]

動 ～を思い出す, 覚えている
◆remember Ving　「Vしたことを覚えている」
◆remember to V　「忘れずにVする」　▶p.19 3)
◆remember A to B　「AのことをBによろしく伝える」
◇remémbrance　图 記憶, 思い出, 形見

148

UNIT 018 KEY PHRASES

regret leav*ing* home	家を出たの**を後悔する**
enhance the quality of products	商品の質**を向上させる**
copyright protection	**著作権**の保護
play an important **role**	重要な**役割**を果たす
convince him *of* her abilities	彼に彼女の能力を**確信させる**

536 regret
[rigrét]
- 動 〜を後悔する；残念に思う　▶p.19 3)
- 名 後悔, 遺憾
- ◇regrétful　形〈人が〉後悔している
- ◇regréttable　形〈物事が〉残念な, 悲しむべき

537 enhance
[enhæns]
- 動 〜を高める, 向上させる
- 源 en(=make)+hance(=high)=(高くする)

538 copyright
[kápirait]
- 名 著作権
- 動 〜の著作権を取る
- ◇róyalty　名 印税, 著作[特許]権使用料

539 role
[róul]
- 名 役, 役割 (=part)
- ◆play a role in A　「Aで役割を果たす」
- ★roll「転がる」[róul]は同音語。

540 convince
[kənvíns]
- 動 〜に確信させる
- ◆convince 〈人〉 of A　「〈人〉にAを確信させる」
- ◆be convinced of A　「Aを確信している」
- ◆convince 〈人〉 that〜　「〈人〉に〜と確信させる」
- ◆be convinced that〜　「〜と確信している」
- ◇convíction　名 確信
- ◇convíncing　形 説得力のある

PRACTICE TEST

103. Any product sells better if it is ------- displayed in the store.

    (A) attracting
    (B) attractive
    (C) attractively
    (D) attracted

104. Those girls were given presents according to their ------- ages.

    (A) respective
    (B) respectable
    (C) respected
    (D) respectful

105. Please return the attached payment coupon along with your payment. This will ------- that your payment is processed accurately.

    (A) prove
    (B) clarify
    (C) ensure
    (D) include

106. It is your responsibility to inspect all of your items upon ------- of the shipment.

    (A) receive
    (B) received
    (C) receivable
    (D) receipt

107. The buyer shall not be entitled to cancel the contract ------- delays in delivery.

    (A) negotiable
    (B) ahead of
    (C) owing to
    (D) regrettable

108. Education plays an important ------- in transforming society.

    (A) task
    (B) piece
    (C) role
    (D) work

PRACTICE TEST UNIT018

ANSWER KEY

☐☐☐
103. (C) attractively「魅力的に」　▶p.144
- 訳　どんな商品も店で魅力的に並べられていればよく売れる。
- 解説　空所にはbe displayedという受動態の動詞を修飾する副詞が入る。(A)(D)は動詞attract「～を引きつける」の活用形, (B) attractiveは「魅力的な」という意味の形容詞。

☐☐☐
104. (A) respective「それぞれの」　▶p.145
- 訳　その女の子たちはそれぞれの年齢に応じて贈り物をもらった。
- 解説　(B) respectable「ちゃんとした, 立派な；下品でない」, (C) respected「尊敬されて」, (D) respectful「敬意を表す」。

☐☐☐
105. (C) ensure; ensure that ～「～を確実にする, 保証する」　▶p.146
- 訳　添付のクーポンをお支払いの際にお返しください。そうすれば確実に支払いが正しく処理されます。
- 解説　ensureはしばしばthat節を目的語にとることに注意。(A) prove「～を証明する」(p.343), (B) clarify「～を明らかにする」(p.323), (D) include「～を含む」(p.5)。

☐☐☐
106. (D) receipt「受領；領収書」　▶p.147
- 訳　発送品を受領してすぐに全ての品物を調べるのは, あなたの責任です。
- 解説　upon receipt「受領してすぐに」。〈upon [on] ＋動作の名詞/Ving〉はas soon as節と同じように「～してすぐに」の意味を表す。shipmentは「発送, 積み荷」(p.15)。

☐☐☐
107. (C) owing to A「A(原因・理由)のために」　▶p.148
- 訳　買い手は配達の遅延のために契約をキャンセルする権利はありません。
- 解説　空所の後のdelaysという名詞に続けられるよう, 前置詞が必要。owing toは一つの前置詞のようにとらえればよい。(A) negotiable「交渉できる」, (B) ahead of「～の前に」, (D) regrettable「〈物事が〉残念な, 悲しむべき」(p.149)。

☐☐☐
108. (C) role「役, 役割(＝part)」　▶p.149
- 訳　社会を変える際に教育は大切な役割を果たす。
- 解説　play a role in A [Ving]「A(Vすること)で役割を果たす」。role＝partと考えてよい。(A) task「仕事, 作業」(p.263), (B) piece「一片」, (D) work「仕事」。

UNIT 019　*KEY PHRASES*　MP3▶019-01.mp3 CD▶TRACK:21

My train was delayed and **consequently** I missed the flight.	電車が遅れ，結果として私は飛行機に乗れなかった
combine shopping *with* amusement	ショッピングと娯楽を組み合わせる
depend on **agriculture** for his income	彼の収入は農業に依存する
on a large **scale**	大規模に
useful travel **tip**s	有益な旅行の情報
the **textile** industry	織物工業

541
consequently
[kánsəkwentli]

副 その結果として（＝as a result）
◇cónsequence　名 結果

542
combine
[kəmbáin]

動 〜を結合する，組み合わせる
源 com(＝with)＋bi(2)＝(2つを合わせる)
◇combinátion　名 結合，組み合わせ

543
agriculture
[ǽgrikʌltʃər]

名 農業
◇agricúltural　形 農業の

544
scale
[skéil]

名 ①規模，スケール
②尺度，基準

545
tip　多義
[típ]

名 ①助言，秘けつ，秘密情報
②チップ
③(指などの)先，先端
◆the tip of the iceberg　「氷山の一角」

546
textile
[tékstail]

名 織物，布地
★clothよりかたい語。

UNIT 019 *KEY PHRASES*

MP3▶019-02.mp3　CD▶TRACK:21

■ a **rare** stamp	**珍しい**切手
■ the New York City **mayor**	ニューヨーク**市長**
■ This card **expire**s in July.	このカードは7月に**期限が切れる**
■ offer **laundry** service	**クリーニング**サービスを提供する
■ look for **alternative** methods	**代わりになる**手段を探す

547
rare
[réər]

形 まれな, 珍しい
◇rárely　　　副 めったに…ない (= seldom)

548
mayor
[méiər]

名 市長
★英国では市長は名誉職で, 行政権はない。

549
expire
[ikspáiər]

動 期限が切れて無効になる, 終了する (= run out)
語源 ex(=out)+spire(呼吸する)=(息を切らす)
◇expirátion　　　名 終了, 満期
◆expiration date 「有効期限」(= expiry date《英》)

550
laundry
[lɔ́:ndri]

名 洗濯, クリーニング(店); (the+)洗濯物

> **Point!** cleaningはクリーニングではない!
> do the cleaningは, ふつう「掃除をする」ということ。
> cleaning serviceは「清掃サービス」。もっともドライクリーニング
> はdry cleaningだ。

551
alternative
[ɔ:ltə́:rnətiv]

形 代わりになる, 新しい
名 代わるもの, 選択肢
語源 alternate(代わる)+tive(力を持つ)
◇álternate　　　動 (二つのことを)交互にする
　　　　　　　　形 交互の

153

UNIT 019　KEY PHRASES

MP3▶019-03.mp3　CD▶TRACK:21

- *have* an impact *on* the economy　経済に影響を与える
- Medical Research Foundation　医学研究財団
- at an international convention　国際会議で
- He worked hard; otherwise he would have failed.　彼は努力した。さもなければ失敗しただろう
- a business competitor　商売敵

---

552 impact
[ímpækt]

名 影響, 衝撃
動 ～に影響を与える

553 foundation
[faundéiʃən]

名 ①財団法人　②基礎, 土台
◇fóund　動〈会社・学校など〉を設立する（＝establish）
▶p.131

554 convention
[kənvénʃən]

名 ①(代表者)会議, 大会, 集会　②慣習, しきたり
★TOEICでは②は少ない。
◇convéntional　形 平凡な, 慣習的な

555 otherwise　多義
[ʌ́ðərwaiz]

副 ①さもなければ（＝if not）
　②別のやり方で, 違って（＝differently）
　③他の点では
形 他の, 違う（＝different）
★どの意味もTOEICで重要！
◆unless otherwise specified
「他の規定がない限り, 特別な定めがない限り」▶p.95

556 competitor
[kəmpétətər]

名 競争相手
◇compéte　動（＋with A）（Aと）競争する
◇competítion　名 競争　▶p.86
◇compétitive　形〈価格などが〉他社に負けない, 競争力がある　▶p.193

UNIT 019 **KEY PHRASES**

MP3▶019-04.mp3 CD▶TRACK:21

- **beverage**s and snacks — 飲み物とスナック
- the latest **version** of the software — ソフトの最新版
- sit in the front **row** — 最前列に座る
- meet consumer **demand** *for* new products — 新商品を求める消費者の需要を満たす
- **relatively** few people — 比較的少数の人々

---

557 beverage
[bévəridʒ]

名 飲み物
★水以外の飲み物。

558 version (多義)
[vəːrʒən]

名 ①型, …版　②翻訳, 脚色　③(個人的な)説明
★③は少ない

559 row
[róu]

名 列, 並び　★縦の列はline。
動 (ボートを)こぐ
◆in a row 「①1列に　②連続して」

560 demand
[dimǽnd]

名 需要, 要求
動 ～を要求する, 請求する
源 de(強意)+mand(命令する)

◆demand that S+(should)原形V
「SがVするのを要求する」

Point! that節中で動詞の原形またはshould V①
request「要求する」, demand「要求する」, ask「頼む」, order「命令する」, propose「提案する」などの目的語となるthat節の中では, 原形の動詞またはshould Vが用いられる。これはessential, necessary, imperativeのような「必要だ」という意味の形容詞などの後のthat節中と同じことだ。▶p.165

561 relatively
[rélətivli]

副 比較的 (= comparatively)
◇relative　形 比較上の, 相対的な　名 親戚
◆relative to A 「Aに比べて」

UNIT 019　**KEY PHRASES**

MP3▶019-05.mp3　CD▶TRACK:21

- fill out a **questionnaire** / アンケートに記入する
- call a **plumber** to replace a pipe / パイプを取り替えるため配管工を呼ぶ
- This flight is **overbooked**. / このフライトは予約超過です

562
questionnaire
[kwèstʃənéər]

图 アンケート(用紙), 質問票, 調査票

563
plumber
[plʌ́mər]

图 配管工
◇plúmbing　　图 配管工事

564
overbook
[òuvərbúk]

動 定員以上の予約を取る

語源Check! over-「過度に」

◇óverwork　　图 過労　動 働きすぎる
◇overchárge　　動 過剰請求する
◇óverweight　　形 太りすぎの　图 肥満
◇oversléep　　動 寝過ごす, 朝寝坊する
◇overflów　　動〈川などが〉氾濫する, あふれる
◇overcrówded　　形〈場所が〉混み合った, 混雑した
◇overdó　　動 ～をやりすぎる
◇overdúe　　形（支払い・返却などの）期限が過ぎた
　　　　　　源 over + due（期限がきた）
◇overéstimate　　動 ～を過大評価する
　反? ⇔underéstimate　動 ～を過小評価する
◇overpopulátion　　图 人口過剰
◇overfísh　　動 魚を乱獲する
◇overstáte　　動 ～を大げさに言う
　反? ⇔understáte　動 控えめに述べる
◇overúse　　動 ～を乱用する

UNIT 019　KEY PHRASES

MP3▶019-06.mp3 CD▶TRACK:21

track shipment status	配送状況 を追う
I **occasionally** go to the theater.	私は たまに 芝居を見に行く
numerous species of birds	たくさんの 種の鳥
a detailed **itinerary**	詳細な 旅程
inventory control	在庫 管理
our **initiative** to reduce costs	我々のコストを減らす 取り組み

565
□ **track**
[trǽk]

動 ～の(足)跡を追う
名 小道, 足跡, (鉄道の)軌道
◆keep track of A　「Aの跡をたどる,Aを見失わない」
◆lose track of A　「Aを見失う」

566
□ **occasionally**
[əkéiʒənəli]

副 たまに, 時々
◇occásional　　形 時々の, 時折の
◇occásion　　　名 ①場合, 機会
　　　　　　　　　②行事(＝event)　▶p.136
◆on occasion(s)　「時々」(＝occasionally)

567
□ **numerous**
[njúːmərəs]

形 たくさんの(＝many; numberless)

568
■ **itinerary**
[aitínəreri]

名 旅程(表), 旅行計画　★TOEICで重要!
語 itiner(←journey 旅)+ary(に関して)

569
■ **inventory**
[ínvəntɔːri]

名 在庫品, 在庫一覧表, 在庫調べ
語 invent(見つける)+ory(もの)

570
■ **initiative**　(多義)
[iníʃətiv]

名 ①(問題への)取り組み　②主導権
◇inítial　　　形 最初の, 初めの
◇inítiate　　 動 ～を始める, 着手する

PRACTICE TEST

109. We hope to create original products that can compete on a global -------.

    (A) series
    (B) locale
    (C) scale
    (D) progress

110. You should renew your passport before travel if it ------- in less than six months.

    (A) decreases
    (B) expires
    (C) resolves
    (D) arrives

111. You can request an ------- payment plan.

    (A) alternate
    (B) alternates
    (C) alternative
    (D) alternatively

112. Unless ------- specified, the following terms and conditions apply to all bookings made on this website.

    (A) nothing
    (B) none
    (C) neither
    (D) otherwise

113. There are several proposals which address the present ------- for commuter parking space.

    (A) instrument
    (B) denial
    (C) demand
    (D) blame

114. Keeping ------- of your search history can help you do a more thorough and systematic search.

    (A) track
    (B) to track
    (C) tracking
    (D) tracked

PRACTICE TEST UNIT019

ANSWER KEY

□□□

109. (C) scale; on a global scale「地球規模で」 ▶p.152
- 訳　地球規模で競争できる独創的な製品を作りたいと思っています。
- 解説　前置詞onに続く名詞を選ぶ。(A) series「連続」, (B) locale「場所, 場面」, (D) progress「進歩」。

□□□

110. (B) expires; expire「期限が切れて無効になる, 終了する」 ▶p.153
- 訳　パスポートが6ヵ月以内に期限が切れるなら, 旅行前に更新するべきだ。
- 解説　空所の前のitはyour passportを指す。(A)のdecreaseは「減少する, 〜を減らす」(p.225), (C)のresolveは「〈問題など〉を解決する；〜と決心する」(p.113), (D)のarriveは「到着する」。

□□□

111. (C) alternative「代わりになる, 新しい」 ▶p.153
- 訳　別の支払い計画を頼むことができます。
- 解説　an ------ payment planの空所にはpayment planを修飾する形容詞が入る。(A), (B)は動詞alternate「(二つのことを)交互にする」, (D) alternatively「代わりに」は副詞。

□□□

112. (D) otherwise; unless otherwise specified「他の規定がない限り, 特別な定めがない限り」 ▶p.154
- 訳　他の規定がない限り, 次の条件はウェブサイトでなされた全ての予約に適応する。
- 解説　unless「〜しない限り, 〜する場合を除いて」(p.132)は接続詞だから, ふつうは後ろにSVが続くはずだが, unless otherwise specifiedは成句として覚えておくべき。

□□□

113. (C) demand「需要, 要求」 ▶p.155
- 訳　通勤者の駐車場を求める現在の需要に対応する提案がいくつかある。
- 解説　demand for A「Aを求める需要」のforに注意したい。(A) instrument「道具, 器具」(p.145), (B) denial「否定」, (D) blame「非難」。空所の前の動詞addressは「〈問題など〉を扱う, 〈人〉に話をする」(p.23)という意味。

□□□

114. (A) track; keep track of A「Aの跡をたどる, Aを見失わない」 ▶p.157
- 訳　検索履歴の跡をたどることは, より徹底的で系統だった検索をすることに役立ちます。
- 解説　文頭の動名詞句Keeping track of your search historyが文の主語。〈help O C〉のCには動詞の原形やto不定詞を置くことができる。

159

UNIT 020 KEY PHRASES

- be located in the business **district** ｜ 商業地区にある
- The quality **corresponds** *to* the price. ｜ 質は価格に一致する
- a network **administrator** ｜ ネットワークの管理者
- Prices **depend** *on* costs. ｜ 価格はコストしだいだ
- **activate** brain cells ｜ 脳細胞を活性化する

---

571 district
[dístrikt]

图 地区, 地域
★行政・司法などの目的で区分された地域や, ある特徴のある地域をいう。

572 correspond
[kɔːrəspánd]

働 (+ to [with] A) (Aに)一致する, 合う, 同等である
◇correspóndence 图 通信 (= communication), 一致

573 administrator
[ədmínəstreitər]

图 (ネットワークシステムなどの)管理者, 役員, 経営者
◇admínister 働 ～を管理する
◇administrátion 图 ①経営, 管理 ②行政 ▶p.227
◇admínistrative 形 行政の, 管理上の ▶p.51

574 depend
[dipénd]

働 依存する, 頼る
◆depend on A 「①Aしだいだ, Aに左右される ②Aに依存する」
◇depéndent 形 依存する
◇depéndence 图 依存
◇depéndable 形 信頼できる, 当てになる

575 activate
[æktəveit] 反?

働 ～を活性化する
◇áctive 形 活動的な
⇔pássive 形 消極的な
◇áctivist 图 活動家, 運動家
★「もの言う株主」はactivist shareholder。

UNIT 020 **KEY PHRASES**

MP3▶020-02.mp3 CD▶TRACK:22

worry *about* money	お金のことを心配する
pay taxes on the land	その土地にかかる税金を払う
be superior *to* others	他の人よりすぐれている
accept donations from industry	産業界から寄付を受ける
strive to survive	生き残るために努力する

576
worry
[wə́:ri]

動 心配する；～に心配させる
名 心配(事)
◆be worried about A 「Aのことを心配する」

577
tax
[tǽks]

名 税金
動 ～に税金を課す

578
superior
[supíəriər]

形 よりすぐれている, まさっている
名 上役, 上司
◆be superior to A   「Aよりすぐれている」

反?
⇔inférior   形 より劣っている
◇superiórity   名 優越, 優勢

579
donation
[dounéiʃən]

名 寄付；提供
◇dónate   動 ～を寄付する；〈臓器〉を提供する
◇dónor   名 寄贈者；(血・臓器の)提供者

580
strive
[stráiv]

動 努力する, 奮闘する
★しばしば, strive to V 「Vしようと励む」(=try to V)の形で使われる。

161

UNIT 020　KEY PHRASES

MP3▶020-03.mp3　CD▶TRACK:22

a **sensible** diet	理にかなった食事
a **narrow** street	狭い道
insert a disc into the drive	ドライブにディスクを差し込む
approximately ten minutes	およそ10分
Each guest *is* **entitled** *to* free drinks.	宿泊客は無料で飲み物をもらえます

581 sensible
[sénsəbl]

形 賢明な、分別のある、理にかなった

◇sénsitive　　形 敏感な

例 Her skin is sensitive to sunlight.
「彼女の肌は日光に敏感だ」

◇sensitívity　　名 感受性、敏感さ

582 narrow
[nǽrou]

形 狭い、細い(⇔broad; wide)；かろうじて
動 ~を狭くする

◆a narrow escape　「かろうじて逃れること(危機一髪)」

◇nárrowly　　副 ①かろうじて、危うく(＝barely)
　　　　　　　　　②狭く

583 insert
[insə́ːrt]

動 ~を差し込む、挿入する

584 approximately
[əpráksəmətli]

副 およそ、約

◇appróximate　　形 およその

585 entitle
[entáitl]

動 ~の権利を与える

源 en(与える)＋title(称号)

◆be entitled to A　「Aをもらう権利がある」
★be entitled to V「Vする権利がある」も可。

UNIT 020 KEY PHRASES

emphasize the importance	重要性 を強調する
security **deposit**	保証金
learn English for its **utility**	実用のため英語を学ぶ
the restaurant's **reputation**	そのレストランの 評判
have **trouble** find*ing* a job	仕事を見つけるのに 苦労する

586
emphasize
[émfəsaiz]

動 ~を強調する, 力説する (= stress)
◇émphasis　　　　　　　　名 強調
源 em(を) + phasis(= show 示す)

587
deposit
[dipázət]

名 (銀行)預金, 手付金, 保証金
動 ~を預ける, 預金する; ~を手付金として支払う
源 de(= down) + posit(置かれた) = (下に置いたもの)

588
utility　　(多義)
[ju:tíləti]

名 ①役に立つこと, 実用
　　②(ガス・電気などの)公益[共]事業
★米国では, ガス・電気などは民間企業であることが多い。
◆a public utility　　　　「公益[共]事業体」
◆utility rate　　　　　　「公共料金」
◇útilize　　　　　　　　動 ~を利用する

589
reputation
[repjətéiʃən]

名 評判, 名声
◇répŭtable　　　　　　　形 評判のよい
★TOEICで重要!

590
trouble
[trʌ́bl]

名 悩み, 苦労; もめごと
◆have no trouble Ving　「Vするのに苦労しない」
◆The trouble is that ~　「困ったことに~」
◇tróublesome　　　　　形 やっかいな, 骨の折れる

163

UNIT 020　*KEY PHRASES*

MP3▶020-05.mp3 CD▶TRACK:22

transcribe a text	テキストを書き写す
a railroad **terminal**	鉄道の終点
stress the need for information	情報の必要性を強調する
express concern about security	セキュリティへの懸念を表明する
serious social problems	深刻な社会問題

591
transcribe
[trænskráib]

動 ～を書きかえる，書き写す，転記する
源 trans(越えて)＋scribe(書く)
◇transcríption 名 書き写すこと，写し，写本

592
terminal
[tə́ːrmənl]

名 ①(バスなどの)終点，ターミナル
②(コンピュータなどの)端末
形 末期の，終わりの，終点の
◇términate 動 ～を終わらせる；終わる
◇terminátion 名 (契約などの)終結，終了

593
stress
[strés]

動 ～を強調する
名 緊張，ストレス；強調

同? 動 ＝emphásize　▶p.163

594
express
[iksprés]

動 ～を表現する
名 形 急行(の)，速達(の)
◇expréssion 名 表現
◇expréssive 形 表現力に富む

595
serious
[síəriəs]

形 ①深刻な，重大な
②真剣な，まじめな

Q a (　) illness
①heavy ②serious

A ②「重病」

UNIT 020　**KEY PHRASES**

MP3▶020-06.mp3　CD▶TRACK:22

painting and **sculpture**	絵と彫刻
the **rest** of his life	彼の残りの人生
take a **rest**	休息を取る
regardless *of* age	年齢に関係なく
minerals **essential** to health	健康に不可欠なミネラル
the **province** of Quebec	ケベック州

596
□ **sculpture**
[skʌ́lptʃər]

图 彫刻
◇scúlptor　图 彫刻家

597
□ **rest**　多義
[rést]

图 ①残り　②休息, 休み
動 休む
◇réstless　形 落ち着かない, 不安な, 休めない

598
□ **regardless of A**

Aに関係なく, Aにかまわず

599
□ **essential**
[isénʃl]

形 必要不可欠な, 最も重要な

◆It is essential that S+(should)原形V
　　　　　　　　　　「〜することは必要不可欠だ」

Point!　that節中で動詞の原形またはshould V②
essential, necessary, imperativeのような「必要だ」という意味の形容詞などの後のthat節の中では, 原形の動詞(仮定法現在)またはshould Vが用いられる。これはrequest「要求する」などの動詞の後のthat節中と同じことだ。▶p.155

◇éssence　图 本質

600
□ **province**
[právins]

图 (カナダなどの)州；地方
◇préfecture　图 (フランス, 日本などの)県, 府

PRACTICE TEST

115. Pal Air Company is known for its ------- service.

    (A) depends
    (B) dependable
    (C) depending
    (D) depended

116. We would like to express our sincere gratitude for the generous ------- and support of our sponsors.

    (A) influences
    (B) donations
    (C) expectations
    (D) testimonies

117. The construction of a new shop will take ------- six months to complete.

    (A) approximative
    (B) approximate
    (C) approximately
    (D) approximation

118. A ------- company will be concerned about maintaining their image.

    (A) reputable
    (B) overseas
    (C) affordable
    (D) priority

119. Customers surveyed expressed a strong ------- in using new mobile services.

    (A) interest
    (B) progress
    (C) worth
    (D) output

120. The most ------- task in our work is to maintain accurate records.

    (A) enclosed
    (B) eligible
    (C) exclusive
    (D) essential

PRACTICE TEST UNIT020

ANSWER KEY

☐☐☐

115. (B) dependable「信頼できる，当てになる」 ▶p.160
訳　パル・エア社はその信頼できるサービスで知られている。
解説　for its ------ serviceとあるから，空所にはserviceを修飾する形容詞が入る。正解以外の選択肢は動詞depend「依存する，頼る」の活用形。なお，be known for＋〈理由〉「〜で知られている」は重要。

☐☐☐

116. (B) donations; donation「寄付；提供」 ▶p.161
訳　スポンサーの寛大なご寄付とご支援に対して，深謝を申し上げたいと思います。
解説　generous「気前のよい」(p.179)で修飾する名詞を選ぶ。(A) influences「影響」(p.217)，(C) expectations「予期，期待」(p.27)，(D) testimonies「証言，証拠」(p.287)。

☐☐☐

117. (C) approximately「およそ，約」 ▶p.162
訳　新しい店の建設には完成するのにおよそ6ヵ月かかるでしょう。
解説　(A) approximative「近似の」，(B) approximate「およその」，(D) approximation「近似」。approximatelyは後ろに数字が来ることが多く，aboutよりかたい語。

☐☐☐

118. (A) reputable「評判のよい」 ▶p.163
訳　評判のよい会社は自分たちのイメージを維持することを気にかけるだろう。
解説　companyを修飾する形容詞を選ぶ問題。不定冠詞のAがついているので，(B) overseas「海外の」，や(C) affordable「購入しやすい，手ごろな」(p.170)のように母音で始まる単語は不可。(D) priority「優先」(p.123)は名詞。

☐☐☐

119. (A) interest「関心」; express an interest in A「Aに関心を示す」
訳　調査された客たちは新しいモバイルサービスを利用することに，大いに関心を示した。
解説　express「〜を表現する」(p.164)の目的語で文意が通る名詞を選ぶ。(B) progress「進歩」，(C) worth「〜の価値がある，〜する価値がある；価値」(p.188)，(D) output「生産高」。

☐☐☐

120. (D) essential「必要不可欠な，最も重要な」 ▶p.165
訳　私たちの仕事で最も重要な職務は，正確な記録を取ることである。
解説　taskを修飾する形容詞を選ぶ。(A) enclosed「同封の」，(B) eligible「選ばれるのにふさわしい，資格のある」(p.168)，(C) exclusive「独占的な」(p.202)。

UNIT 021　KEY PHRASES

lack of food	食糧**不足**
an **ideal** candidate for the position	その地位の**理想的な**候補
hang a sign on the door	ドアに掲示**を掛ける**
be **eligible** to receive a bonus	ボーナスをもらう**資格がある**

601 lack
[lǽk]

名 不足, 欠乏　動 ～を欠いている, 不足する
- ◆for lack of A　「Aの不足のために」
- ◆be lacking in A　「Aを欠いている」(＝lack A)

602 ideal
[aidíːəl]

形 理想的な
名 理想

603 hang
[hǽŋ]

動 ～を掛ける, つるす
活用形 hand – hung – hung
- ◆hang up　「電話を切る」

604 eligible
[élidʒəbl]

形 選ばれるのにふさわしい, 資格のある
- ◆be eligible for A　「A(地位)にふさわしい」

語源Check!　in[un]＋V＋able「Vできない」

◇incrédible	形 信じられない
◇inévitable	形 避けられない
◇indispénsable	形 欠くことのできない, 絶対必要な(＝essential)
	◆dispense with A　「Aなしですます」
◇irresístible	形 抵抗できない, 抑えられない
◇unaváilable	形 入手できない
◇unavóidable	形 避けられない
◇unbéarable	形 耐えられない
◇unbelíevable	形 信じられない

UNIT 021　KEY PHRASES

MP3▶021-02.mp3　CD▶TRACK:23

- **foster** a sense of fairness 　　　　公平感を促進する
- update online **content** 　　　　　　オンラインコンテンツをアップデートする
- a formal request for a **bid** 　　　正式な入札の依頼
- have a **background** in advertising 　広告分野での経歴がある
- **assign** work *to* other staff 　　他のスタッフに仕事を割り当てる
- I **attempted** *to* get a clear answer. 　明快な答えを得ようとした

605
□ **foster**
[fɔ́stər]　同? 2つ

動 ～を促進する，助長する，育成する
= encóurage, promóte

606
□ **content**　多義
[kántent]

图 内容，コンテンツ，中身
形 満足している
◆be content with A 　「Aに満足している」

607
■ **bid**
[bíd]

图 入札　動 入札する，値を付ける
◆bid A (to) V 　「AにVすることを要求する」

608
□ **background**
[bǽkgraund]

图 ①経歴　②背景
◆academic background 　「学歴」
◇báckdrop 　图 背景
源 劇の背景の幕が語源。

609
□ **assign**
[əsáin]

動〈仕事・場所など〉を割り当てる
◆assign A to B = assign B A 　「AをBに割り当てる」
◆be assigned to V 　「Vするよう任じられている，Vする担当である」
◇assígnment 　图 仕事，役職，(仕事などの)割り当て，宿題　▶p.82

610
□ **attempt**
[ətémpt]

動 ～を試みる，(+ to V) Vしようとする
图 試み，企て

UNIT 021　*KEY PHRASES*

MP3▶021-03.mp3　CD▶TRACK:23

- an Olympic **athlete** | オリンピックの**運動選手**
- a breakfast **voucher** | 朝食**券**
- pay college **tuition** | 大学の**授業料**を支払う
- at an **affordable** price | **手ごろな**価格で
- as a **token** of appreciation | 感謝の**印**として

---

611 athlete [ǽθliːt]
图 **運動選手**
◇athlétic　形 運動の
例 an athletic meeting「運動会」

612 voucher [váutʃər]
图 (商品・サービスの)**引換券**, **クーポン券**, **割引券**
◆gift voucher「商品券」

613 tuition [tjuː(ː)íʃən]
图 **授業料** (= tuition fees); 授業, 指導

614 affordable [əfɔ́ːrdəbl]
形 **購入しやすい**, **手ごろな**
◇affórd　動 ～を持つ余裕がある　▶p.87

615 token [tóukn]　多義
图 ①**印**; 記念品
　　②(地下鉄の切符にあたる)**トークン**
★地下鉄などの切符として使われるコインのこともtokenという。

語源Check! 名詞+ly=形容詞「～のような, らしい」
◇dáily　形 毎日の, 日々の　▓day+ly
◇friéndly　形 親切な, 仲のよい; 人なつっこい
◇mónthly　形 月一回の, 毎月の

UNIT 021 KEY PHRASES

MP3▶021-04.mp3 CD▶TRACK:23

the **theme** of the book	その本の主題
substitute margarine *for* butter	マーガリンをバターの代わりに用いる
a movie **script**	映画の台本
have **access** *to* information	情報を利用できる
receive a **scholarship**	奨学金をもらう

---

616 theme
[θíːm]
（発音?）

名 主題, テーマ

---

617 substitute
[sʌ́bstətjuːt]

動 ～を代わりに用いる
名 代用品, 代理人

源 sub(下に;副)+stitute(置く)

◆ substitute A for B 「AをBの代わりに用いる」

---

618 script
[skrípt]

名 台本, 脚本

◇ mánuscript　　　名 原稿, 文書;手書き
源 manu(手で)+script(書いたもの)

---

619 access
[ǽkses]

名 利用(の権利), 接近(方法)
源 ac(=to)+cess(行く)=(～に行くこと)

◆ have access to A　「Aを利用できる」
◇ accéssible　　　形 利用できる
◇ inaccéssible　　形 利用できない

---

620 scholarship
[skálərʃip]

名 奨学金
◇ schólar　　　　名 学者

UNIT 021　KEY PHRASES

a **rapidly** changing environment	**急速に**変わる環境
make a **photocopy** of the document	その文書の**コピー**を取る
verify the accuracy of information	情報の正確性**を確かめる**
organic vegetables	**有機**野菜
rising **fuel** costs	増えている**燃料**コスト

621 rapidly
[rǽpidli]

副 急速に
◇rápid　　　形 速い, 急速な

622 photocopy
[fóutoukɑpi]

名 コピー
動 (〜を)コピーする
★photocopyは機械でのコピーをいい、単にcopyだと、手で書き写した複製も含む。
源 photo(光の)＋copy
◇photosýnthesis　名 光合成
源 photo＋synthesis(合成)
◇phóton　　　名 光子
源 photo＋on

623 verify
[vérəfai]

動 〜を確かめる, 〜を真実だと証明する
◇verificátion　名 証明, 確認, 検証

624 organic
[ɔːrgǽnik]

形 有機の, 有機的な;生物の
★人工的な化合物を使わず、有機肥料で育てることを言う。

625 fuel
[fjúːəl]

名 燃料
◆nuclear fuel　「核燃料」

UNIT 021　*KEY PHRASES*

improve **existing** contracts	現行の契約を修正する
make an **excuse** *for* leaving early	早退の言い訳をする
I'm sorry to **cause** you so much trouble.	ご迷惑をおかけして申し訳ありません
genetically engineered **crop**s	遺伝子組み換え作物
meet him *by* **chance**	偶然彼に会う

626
□ **existing**
[igzístiŋ]

形 現行の, 現在の
◇exíst　　動 存在する
◇exístence　名 存在；生存, 生活

627
□ **excuse**
[ikskjú:s]

名 言い訳, 弁解
動 ～を許す
◆Excuse me.　「すみません；ちょっと失礼します」
◆excuse A for B　「AのBを許す」
例Please excuse me for being late.
「遅くなったことを許してください」

628
□ **cause**
[kɔ́:z]

動 ～を引き起こす, 〈損害など〉をもたらす
名 原因, 理由；主義, 運動
★上のKEY PHRASEはお詫びを言うときの決まり文句。

629
□ **crop**
[kráp]

名 作物, 収穫物, 穀物；収穫高, 生産高

630
□ **chance**　(多義)
[tʃǽns]

名 ①機会　②可能性　③偶然
◆by chance　「偶然に」

173

PRACTICE TEST

121. Patients may be ------- to receive medically necessary health care services at a reduced charge.

    (A) liable
    (B) tolerable
    (C) comprehensive
    (D) eligible

122. Ms. Ellen Lee and Mr. Greg Ward ------- to address questions on the new products.

    (A) have been assigned
    (B) have been assigning
    (C) are assigning
    (D) have assigned

123. We help you to choose the ------- plan to fit your needs.

    (A) more affordable
    (B) most affordable
    (C) affording
    (D) afforded

124. This highway is not -------- by Exit 3B due to road construction.

    (A) accessible
    (B) occupied
    (C) possible
    (D) exposed

125. We shall process your request for a refund upon ------- of the payment details.

    (A) verification
    (B) verifies
    (C) verify
    (D) verified

126. We apologize for any inconvenience this ------- you.

    (A) may cause
    (B) to cause
    (C) to have caused
    (D) causing

PRACTICE TEST UNIT021

ANSWER KEY

☐☐☐

121. (D) eligible「選ばれるのにふさわしい, 資格のある」 ▶p.168
訳 患者は医学的に必要な医療サービスを割引料金で受ける資格があることもある。
解説 be eligible to V「Vする資格がある」が正解。(A) liable（＋to V）「(V)しがちである」(p.335), (B) tolerable「我慢できる」, (C) comprehensive「包括的な, 広範囲な, 幅広い」(p.203)。

☐☐☐

122. (A) have been assigned; assign「〈仕事・場所など〉を割り当てる」 ▶p.169
訳 エレン・リーさんとグレッグ・ウォードさんが新しい製品に関する質問に対応する担当です。
解説 assignは「〈仕事・場所など〉を割り当てる」という意味の動詞だが, ここでは受動態にして, be assigned to V「Vするよう任じられている, Vする担当である」を現在完了形にした形が正解。

☐☐☐

123. (B) most affordable「最も手ごろな」 ▶p.170
訳 あなたの必要に合わせて, 最もお手ごろなプランを選ぶお手伝いをします。
解説 選択肢は形容詞のaffordable「購入しやすい, 手ごろな」と, 動詞のafford「～を持つ余裕がある」の活用形だ。the ------ planとなっているから, 形容詞の最上級を選ぶ。

☐☐☐

124. (A) accessible「利用できる」 ▶p.171
訳 この高速道路は道路工事のため3B出口が利用できません。
解説 この文のbyは受動態の動作主を表すのではなく,「～を通って」の意味。(B) occupied「占領された」, (C) possible「可能な」(p.26), (D) exposed「さらされた」。

☐☐☐

125. (A) verification「証明, 確認, 検証」 ▶p.172
訳 支払いの詳細が確認されればすぐに, 払い戻しのご要望を処理致します。
解説 空所には名詞が入る。〈(up)on＋動作の名詞/Ving〉は「～するとすぐに」(＝as soon as ～)の意味になる。verifyは動詞で,「～を確かめる, ～を真実だと証明する」の意味。

☐☐☐

126. (A) may cause ▶p.173
訳 ご不便をおかけして申し訳ありません。
解説 この文はお詫びで使う決まり文句。inconvenienceの後に関係詞が省略されている。This may cause you inconvenience.(このためにあなたにご不便をかけるかもしれない)という文のinconvenienceが関係詞になり, 省略されたと考える。

UNIT 022 *KEY PHRASES* MP3▶022-01.mp3 CD▶TRACK:24

☐ **borrow** a book *from* the library	図書館から本を借りる
☐ consumer **behavior** research	消費者行動の研究
☐ **balance** due upon completion	完成時に支払う差額
☐ **notify** customers *of* price changes	客に価格変更を通知する
☐ a 10,000-**volume** library	蔵書1万冊の図書館

631 ☐ borrow
[bɔ́(:)rou]

動 ~を借りる

★ふつう無料で持ち運び可能な物に使う。トイレなど持ち運びできない物を借りるときにはMay I use the toilet?のようにuseを使う。また、お金を払って借りるときにはrent(p.32)を使う。ただし、「お金を借りる」は金利を伴う場合もborrow moneyという。

反? ⇔ lend   動 ~を貸す   ▶p.253

632 ☐ behavior
[bihéivjər]

图 行動

◇ beháve   動 ふるまう
◆ behave oneself   「行儀よくする」

633 ☐ balance
[bǽləns]

图 差額；預金残高

★「はかり、バランス」の意味から派生。

◆ check one's account balance
   「口座の残高を調べる」
◆ outstanding balance   「未払金、(負債などの)残高」

634 ☐ notify
[nóutəfai]

動 ~に通知する、発表する、公示する

★inform, tellよりもかたい語で、ビジネスや公示などで使われる。

◆ notify〈人〉of A   「〈人〉にAを通知する」
              (= notify A to〈人〉)
◆ unless notified otherwise   「違う通知がなければ」

635 ☐ volume
[válju(:)m]

图 ①本、書物；1巻、1冊
   ②量、容積

UNIT 022　KEY PHRASES

treat him like a child	彼を子どものように扱う
according to official **statistics**	公式の統計によると
a **stationery** store	文房具店
anticipate the future	未来を予想する
stack the books on the table	テーブルに本を積む

636
treat　(多義)
[tríːt]

動 ①～を扱う；～を手当てする　②おごる，ごちそうする
名 ①楽しみ，喜び　②おごり
例 I'll treat you to dinner.「食事をごちそうするよ」
例 This is my treat.　「ここは私がおごります」
◇tréatment　　名 取り扱い，待遇；治療

637
statistics
[stətístiks]

名 統計
★statisticsは複数扱いで，無冠詞で使われることが多い。
◇statístical　　形 統計の，統計上の

638
stationery
[stéiʃəneri]

名 文房具
◇státioner　　名 文房具店
◇státionary　　形 動かない，静止した
★stationeryと同音語。

639
anticipate
[æntísəpeit]

動 ～を予想する，見越す
源 anti(前，先)+cip(=take 取る)+ate=(先取りする)
◇anticipátion　　名 期待；予想

640
stack
[stǽk]

動 ～を(きれいに)積む，(きちんと)重ねる
名 積み重ね，山，多数
◆a stack of A　「山のようなA」

UNIT 022　*KEY PHRASES*　MP3▶022-03.mp3　CD▶TRACK:24

■ *be* similar *to* each other	お互いに似ている
■ relinquish the position	地位を手放す
■ the payroll department	給与課
■ *be* familiar *with* the project	プロジェクトにくわしい
■ overnight delivery	翌日配達

641
☐ **similar**
[símələr]

形 似ている，類似した
◆be similar to A 「Aに似ている」
◇similárity 名 類似(点)

642
☐ **relinquish**
[rilíŋkwiʃ]

動 〜を手放す，捨てる，あきらめる（＝give up）
源 re(＝back あとに)＋linqu(置いていく)＋ish

643
☐ **payroll**
[péiroul]

名 ①給与支払い
　②従業員名簿，給与支払い簿
源 roll「巻物，出席簿」から。
◇páycheck 名 給料，給料支払小切手
▶p.233

644
☐ **familiar**
[fəmíljər]

形 よく知っている；知られている
◆〈人〉be familiar with A 「〈人〉がAをよく知っている」
＝A be familiar to〈人〉 「Aが〈人〉によく知られている」
◇familiárity 名 親しい関係，熟知

645
☐ **overnight**
[óuvərnait]

形 翌日の；夜通しの，一晩中の
副 夜通し，一晩中

UNIT 022　*KEY PHRASES*　　MP3▶022-04.mp3　CD▶TRACK:24

- open a new **outlet** 　　　　　新しい **直販店** を開く
- What does she **imply**?　　　彼女は何を **ほのめかして** いるのか
- have a **generous** attitude　 **気前のよい** 態度で接する
- the Tokyo **stock** market　　 東京 **株式** 市場
- an **excerpt** from an interview　インタビューからの **抜粋**

646
outlet
[áutlet]

图 ①直販店，アウトレット，販売店
　②はけ口
◆media outlet 「報道機関，メディアの支局」
◆let out A 「Aを解放する；〈声・音など〉を出す」

647
imply
[implái]

動 ～を(暗に)意味する，ほのめかす
◇implicátion 图 ①影響，効果
　　　　　　　　　②(隠れた)意味，暗示　▶p.303

648
generous
[dʒénərəs]

形 気前のよい
源 genr-(産む)　generate「～を生み出す」(p.118)と同語源。
◇generósity 图 気前のよさ

649
stock
[sták]

图 ①株式
　②在庫品；蓄積，貯蔵
◇stóckholder 图 株主
◆in stock 「在庫の」
◆out of stock 「品切れの」

650
excerpt
[éksəːrpt]

图 抜粋，引用
源 ex(外へ)+cerpt(引き抜く)

UNIT 022　KEY PHRASES

effective advertisements	効果的な広告
perform one's **duty**	自分の義務を果たす
deal *with* a problem	問題に対処する
make a **deal** with him	彼と取引をする
make every **effort** to improve quality	質を改善しようとあらゆる努力をする
a **culinary** school	料理学校

651 effective
[iféktiv]

形 効果的な, 有効な
例 New prices effective April 1「新価格は4月1日より有効」
◇efféct　图 影響, 効果
◆have effect on A　「Aに影響[効果]を与える」
◆side effects　「副作用」
◆go into effect　「〈法律などが〉発効する」

652 duty
[djúːti]

图 ①義務　②税金, 関税
★②はdutiesとすることが多い。
◇dúty-frée　形 免税の
◆be on duty　「任務についている」

653 deal 　多義
[díːl]

動 (+with A)(Aに)対処する
图 商取引, 契約
◇déaler　图 販売店, 販売人, 業者

654 effort
[éfərt]

图 努力, 奮闘；努力の成果
源 ef(=ex 外に)+fort(力)
◆in an effort to V　「Vしようと努力して」

655 culinary
[kjúːləneri]

形 料理の, 台所の
★ラテン語由来の語で, cookingよりformal。

UNIT 022 KEY PHRASES

collect personal information	個人情報を集める
calculate an average	平均を計算する
tell them *a little* bit about you	彼らにほんの少し君について話す
I'm **delighted** to have you here.	お越しいただいてうれしいです
I **assure** you *that* I will do my best.	最善を尽くすと保証する

656 collect
[kəlékt]

動 ~を集める
例 collect garbage「ごみを収集する」
◇ colléction   图 収集, コレクション

657 calculate
[kǽlkjəleit]

動 ~を計算する
◇ calculátion   图 計算

658 bit
[bít]

图 少し, わずか
源 「かみ(bite)取られた部分」が源義。
◆ a bit of A   「わずかな A」
★ A は不可算名詞。
例 a bit of time「わずかな時間」

659 delighted
[diláitəd]

形〈人が〉喜んでいる
★ happy, pleased より強い喜びを表す。
◇ delíghtful   形〈人を〉楽しませる
◇ delíght   图 喜び

660 assure
[əʃúər]

動 ~と保証する
◆ assure〈人〉+ that~ 「〈人〉に~と保証する, 請け負う」
◆ rest assured that~ 「~と安心している」
★ この rest は動詞で「~のままでいる」の意。

PRACTICE TEST

127. Please note that unless ------- otherwise, the prices of our products do not include delivery charges.

    (A) notified
    (B) realized
    (C) achieved
    (D) searched

128. We discussed an ------- outcome of the merger.

    (A) anticipate
    (B) anticipation
    (C) anticipated
    (D) anticipating

129. You should be ------- with all the software running on your computer.

    (A) adapted
    (B) alert
    (C) familiar
    (D) generous

130. The products on this list are currently in ------- and ready to ship.

    (A) cash
    (B) progress
    (C) style
    (D) stock

131. Some firms were planning to pay more than minimum wage ------- an effort to attract and retain their workforces.

    (A) of
    (B) by
    (C) in
    (D) from

132. We are ------- that you have chosen us to provide health care to you.

    (A) delight
    (B) delighted
    (C) delightful
    (D) delightfully

PRACTICE TEST UNIT022

ANSWER KEY

127. (A) notified; notify「〜に通知する，発表する，公示する」 ▶p.176
- **訳** 特に通知がなければ，我が社の商品価格は輸送費を含まないということにご注意ください。
- **解説** unlessの後，you areが省略されている。unless (you are) notified otherwise「違う通知がなければ」はビジネスでよく使う表現。(B)のrealizeは「〜を悟る，理解する；〜を実現する」(p.208)，(C)のachieveは「〜を達成する，〜を獲得する」(p.138)，(D)のsearchは「〜をさがす；〈場所〉を調べる」(p.128)。

128. (C) anticipated ▶p.177
- **訳** 合併によって予想される結果について我々は議論した。
- **解説** anticipateは「〜を予想する，見越す」という意味の動詞。an ------ outcomeとあるので，outcomeを修飾する過去分詞を入れる。an anticipated outcome「予想される結果」が正解。

129. (C) familiar; be familiar with A「Aをよく知っている」 ▶p.178
- **訳** あなたのコンピュータで作動する全てのソフトをよく知っているべきだ。
- **解説** 空所の直後の前置詞withに注意したい。たとえばalertならtoやforと相性がいい。(A) adapted「適合した」，(B) alert「警戒している」(p.298)，(D) generous「気前の良い」(p.179)。

130. (D) stock; in stock「在庫の」 ▶p.179
- **訳** このリストの製品は現在在庫がありすぐに発送できます。
- **解説** ship「〜を送る，輸送する」(p.15)。「すぐに発送できる」のだから，in stockが適切。(A) cash「現金」(p.146)，(B) progress「進歩」，(C) style「スタイル」。

131. (C) in; in an effort to V「Vしようと努力して」 ▶p.180
- **訳** 労働者を引きつけて雇っておこうと，最低賃金以上の支払いをしようと計画していた会社もあった。
- **解説** 熟語表現の問題。〈in＋名詞〉で動作を表す表現としては，in search of A「Aをさがして，求めて」(p.128)，in pursuit of A「Aを求めて」(p.232)などがある。

132. (B) delighted「〈人が〉喜んでいる」 ▶p.181
- **訳** あなたの医療管理に我々を選んでくださったことを喜んでいます。
- **解説** 空所には人を主語にできる形容詞が入る。(A) delight「喜び」(p.181)，(C) delightful「〈人を〉楽しませる」(p.181)，(D) delightfully「楽しく」。

183

UNIT 023 *KEY PHRASES* MP3▶023-01.mp3 CD▶TRACK:25

- financial **aid** to students — 学生への経済的 援助
- **withdraw** the proposal — 提案を撤回する
- **supplement** your diet — 食事を補う
- a **substantial** number of people — 多くの人々
- **accurate** information — 正確な情報

661
aid
[éid]

图 援助, 助力
動 ～を助ける, 手伝う
◆first aid 「応急処置」

662
withdraw
[wiðdrɔ́ː]

動 ①～を取り消す, 撤回する, 引っ込める
　　②〈預金〉を引き出す
源 with(=back)+draw(引く)
例 withdraw $500 from the bank 「銀行から$500を引き出す」
◇withdráwal　图 引っ込めること；撤退；撤回

663
supplement
[sʌ́pləmənt]

動 ～を補う
图 補充, 付録, 追加

664
substantial
[səbstǽnʃl]

形 ①たくさんの, 多大な
　　②実質的な, 重要な
◇súbstance　图 物質；中身

665
accurate
[ǽkjərət]

形 正確な
源 ac(=to)+curate(=care 注意)
◇áccuracy　图 正確さ
◇áccurátely　副 正確に
◇ináccurate　形 不正確な

UNIT 023　*KEY PHRASES*

MP3▶023-02.mp3 CD▶TRACK:25

the **shape** of her nose	彼女の鼻の形
breathe a sigh of **relief**	安堵の息をつく
object *to* his proposal	彼の提案に反対する
diversify the range of products	製品の範囲を多様化する
miscellaneous expenses	雑費

666
shape
[ʃéip]

- 名 形, 姿
- 動 ～を形作る
- ◆in shape 「体調がよい, よい状態で」

667
relief
[rilí:f]

- 名 ①安心, 安堵　②除去, 軽減
- 例 a relief from stress「ストレスの解放(除去)」
- ◇relieve　動 ～を取り除く, ～を安心させる
- 例 relieve overcrowding「混雑を緩和する」

668
object　多義
[əbdʒékt]

- 動 反対する
- 名 もの, 物体; 対象, 目的 [ábdʒikt]
- ◆object to A 「Aに反対する」(＝oppose A)
- ◇objéctive　名 目標, 目的　▶p.213

669
diversify
[dəvə́ːrsəfai]

- 動 ～を多様化する; 活動分野を広げる
- ◇divérse　形 多様な, 種々の
- ◇divérsity　名 多様性(＝variety)
- ★人種, 性別, 宗教, 意見などの多様性をいう。

670
miscellaneous
[misəléiniəs]

- 形 種々雑多な, 多方面の

185

UNIT 023　KEY PHRASES

■ **managerial** strategy	経営戦略
■ **lean** against the wall	壁に**もたれる**
■ **in spite of** these efforts	こうした努力**にもかかわらず**
■ No **admission** fee is required.	**入場**無料
■ work a **flexible** *schedule*	**フレックスタイム**で働く

---

671 managerial
[mǽnədʒíəriəl]

形 経営の
◇mánage　動 ①~を管理する；~に対処する
　　　　　　　②（+to V）なんとかVする　▶p.13

672 lean
[líːn]

動 寄りかかる, もたれる；~を傾ける
◆lean over　「前かがみになる」

673 in spite of A

前 Aにもかかわらず
★spiteは常にこの形で使い, in spite ofで一つの前置詞と見なす。

同?　＝despite A　前 Aにもかかわらず　▶p.122

674 admission
[ədmíʃən]

名 入学（許可）, 入場（料）, 入会（金）
◇admít　動 ①~を認める
　　　　　　②~に入場[入会・入学]を認める
　　　　　　　　　　　　　　　▶p.251

675 flexible
[fléksəbl]

形 柔軟な
◆flexible schedule　「フレックスタイム」（＝flextime）
◇flexibílity　名 柔軟性

186

UNIT 023 KEY PHRASES

an **empty** office	誰もいないオフィス
traditions and **custom**s	伝統と習慣
custom designs	あつらえのデザイン
100 **cubic** meters	100立方メートル
take **prompt** action	すばやい行動をとる
a traditional **crafts** store	伝統工芸品店

676
empty
[émpti]

形 誰もいない；空の　動 ～を空にする

Point! emptyとvacant
an empty houseは一時的に人がいない、あるいは家具などがない家のことだが、a vacant houseは「(契約者がいない)空き家」だ。

677
custom (多義)
[kʌ́stəm]

名 ①習慣　②関税
形 あつらえの、オーダーメイドの
◆customs officer 「税関監査官」
◇cústomary　　形 習慣的な、慣例の
◇cústomer　　　名 (商店などの)顧客、客　　▶p.3

678
cubic
[kjú:bik]

形 立方の、立方体の、3次の
◇cúbicle　名 (一人用に仕切られた)ブース、小スペース

679
prompt
[prάmpt]

形 すばやい、敏速な　動 ～を促す
例prompt him to speak「彼に話をするよう促す」
◇prómptly　　　副 すばやく

680
craft
[krǽft]

名 工芸(品)、技術、技巧
◇áircraft　　　　名 航空機
◇cráftsman　　 名 職人

187

UNIT 023 *KEY PHRASES*

MP3▶023-05.mp3　CD▶TRACK:25

commitment *to* a company	会社への献身
acquire new skills	新しい技術を獲得する
guarantee you complete satisfaction	あなたに完全な満足を保証する
The book is **worth** read*ing*.	その本は読む価値がある
the **warranty** period	保証期間

681
□ **commitment**
[kəmítmənt]

图 献身, 打ち込むこと
◇commít　動 ①〈罪など〉を犯す　②～を委ねる
源 com(=with)+mit(=put, send)=(一緒に置く→委ねる)
◆be committed to A 「Aに専心する, 打ち込む」
▶p.259

682
□ **acquire**
[əkwáiər]

動 ～を獲得する
源 ac(=to)+quire(求める)
◇acquisítion　图 獲得, 習得;(会社などの)買収 ▶p.309
◇acquíred　形 習得された, 後天的な

683
□ **guarantee**
[gærəntí:]

動 ～を保証する　图 保証
◆guarantee〈人〉A　「〈人〉にAを保証する」

684
□ **worth**
[wə́:rθ]

形 (be worth A) Aの価値がある, Aする価値がある
图 価値
◆be worth (A's) while
　　　　　「(Aが)時間[労力]をかける価値がある」
★このwhileは名詞で「時間」の意味。
◆be worthy of A　「Aの価値がある」

685
■ **warranty**
[wɔ́(:)rənti]

图 保証(書)
◇wárrant　　　　　動 ～を保証する
　　　　　　　　　图 認可, 許可書

UNIT 023 *KEY PHRASES*

the concert **venue**	コンサート会場
monitor gas **usage**	ガスの使用を監視する
the **proper** use of words	言葉の適切な使い方
steady economic growth	着実な経済成長
go **sightseeing** in Venice	ベニスに観光に行く

686 venue
[vénjuː]

名 (イベントの)開催地, 会場　　▶p.212 語源Check!

687 usage
[júːsidʒ]

名 使用(法), 取り扱い；語法
★useの名詞形だ。

688 proper
[prápər]

形 適切な, ふさわしい；礼儀正しい
◇próperly　　副 適切に, きちんと

689 steady
[stédi]　　同?

形 着実な, しっかりした；変わらない, 一定の
= cónstant
◆a steady job 「定職」
◇stéadily　　副 着々と, 絶えず

690 sightseeing
[sáitsiːiŋ]

名 観光
★go sightseeing ×to Veniceとしてはならない。
go＋Ving「Vしに行く」はVingとのつながりで後に続く前置詞を選ぶ。
例 go fishing in the river
「川に釣りをしに行く」

PRACTICE TEST

133. We should answer the questions as ------- as possible.

    (A) accurate
    (B) accuracy
    (C) accuracies
    (D) accurately

134. OLY Corporation began a rapid expansion of the business, acquiring new companies abroad and ------- its range of products.

    (A) diverse
    (B) diversity
    (C) diversify
    (D) diversifying

135. ------- to the health club is free for all the employees.

    (A) Preparation
    (B) Insertion
    (C) Admission
    (D) Imposition

136. If you are aware of a danger in your workplace, you should report it ------- to your supervisor.

    (A) promptly
    (B) promptness
    (C) prompting
    (D) prompt

137. A financial services company must be able to ------- its clients complete privacy and confidentiality.

    (A) request
    (B) admit
    (C) agree
    (D) guarantee

138. If this pump is not functioning ------- under normal weather conditions, you will need to reset it.

    (A) properly
    (B) officially
    (C) literally
    (D) rightfully

PRACTICE TEST UNIT023

ANSWER KEY

☐☐☐

133. (D) accurately「正確に」 ▶p.184
訳 私たちはできるだけ正確に質問に答えるべきだ。
解説 (A) accurate「正確な」, (B) accuracy「正確さ」。answerを修飾する副詞accuratelyが正解。

☐☐☐

134. (D) diversifying; diversify「~を多様化する;活動分野を広げる」 ▶p.185
訳 OLY社は事業を急拡大し始め, 海外の新しい会社を買収し, 製品を多様化した。
解説 分詞構文acquiring new companies abroad とand以下がつながれているので, 空所にも現在分詞を選ぶ。(A) diverse「多様な, 種々の」, (B) diversity「多様性」。

☐☐☐

135. (C) Admission「入学(許可), 入場(料), 入会(金)」 ▶p.186
訳 全ての従業員はそのヘルスクラブへの入会が無料である。
解説 (A) preparation「準備, 用意」, (B) insertion「追加, 挿入」, (D) imposition「課税, 負担」。admission to A「Aへの入会, 入場」のtoにも注意したい。

☐☐☐

136. (A) promptly「すばやく」 ▶p.187
訳 職場に危険があるとわかれば, すぐに監督者に報告すべきです。
解説 report itを修飾する副詞を選ぶ。選択肢の中で副詞は(A)のみ。(B) promptness「すばやさ」は名詞, (C) promptingは動詞prompt「~を促す」の-ing形, (D) prompt「すばやい, 敏速な」は形容詞。

☐☐☐

137. (D) guarantee 〈人〉A「〈人〉にAを保証する」 ▶p.188
訳 金融会社は依頼人に完全なプライバシーと守秘義務を保証できなければならない。
解説 〈V+〈人〉+A〉のVOOの文型を取れる動詞は選択肢の中でguaranteeだけ。(A) request「~を頼む」, (B) admit「~を認める」(p.186), (C) agree「同意する, 賛成する」(p.96)。

☐☐☐

138. (A) properly「適切に, きちんと」 ▶p.189
訳 もしこのポンプが普通の気象条件下で適切に作動していなければ, リセットする必要があるでしょう。
解説 function「機能する, 作用する」(p.112)を修飾する副詞を選ぶ。(B) officially「公式に」, (C) literally「文字通りに;まったく」(p.216), (D) rightfully「正当に」。

UNIT 024 *KEY PHRASES*

MP3▶024-01.mp3 CD▶TRACK:26

- a **showcase** for Japanese arts — 日本美術の展示
- have **revenue** of $100,000 — 10万ドルの収入がある
- the future **prospect**s — 将来の見通し
- **mistake** salt *for* sugar — 塩を砂糖と間違える

691
showcase
[ʃóukeis]

名 陳列ケース；展示
動 ～を見せる

692
revenue
[révənjuː]

名 収入（＝income）
源 re（＝back）＋venue（＝come）

> **Point!** incomeとrevenueはどう違う？
> incomeとrevenueは日常生活では同じように使われることもあるが，会計などの用語としては別の意味になるから要注意だ。revenueは売上などの「収入」，incomeはrevenueから必要経費などを差し引いた「所得」の意味だ。
> Income（所得）＝Revenue（収入）－Expenses（経費）

反？　⇔ expénditure　名 支出

693
prospect
[práspekt]

名 見込み，見通し，期待
源 pro（前を）＋spect（見る）

◇ prospéctive　形 見込みのある，期待される，予想される

694
mistake
[mistéik]

動 ～を間違える　名 間違い
◆ mistake A for B 「AをBと間違える」
◇ mistáken　形 〈人が〉誤った，間違っている
◇ mistákenly　副 間違って
★① He is often mistaken for his brother.
「彼はよく弟と間違われる」
② You are mistaken about it.
「それに関してあなたは誤っている」
①は動詞mistakeの受動態だが，②のmistakenは形容詞。

UNIT 024　**KEY PHRASES**　MP3▶024-02.mp3　CD▶TRACK:26

have **plenty** *of* time	十分な時間がある
outgrow one's clothes	大きくなって服が着られなくなる
nearly 30 years ago	30年近く前に
at **competitive** prices	他社に負けない価格で
municipal governments	地方自治体

695
plenty
[plénti]

名 (肯定文で) **たくさん**, 多数, 多量

696
outgrow
[autgróu]

動 **〜よりも大きくなる**;
〈服など〉に**合わなくなるほど大きくなる**

> **語源Check!** out-「〜よりも, 〜にまさる」
> ◇outwít　動 〜を出し抜く
> ◇outnúmber　動 〜よりも数が多い
> ◇outlíve　動 〜よりも長生きする
> ◇outpáce　動 〜を追い越す
> ◇outspéak　動 〜を言い負かす

697
nearly
[níərli]

副 ①**ほとんど, ほぼ**(= almost)
　　②**危うく〜するところで**

★nearly は almost と同様, ある状態にまだ達していないことを意味する。たとえば, nearly 60 も almost 60 も, 60 より少ないことを表す。

◆not nearly　「とうてい…ではない」(= not at all)

698
competitive
[kəmpétətiv]

形 〈価格などが〉**他社に負けない**, 競争力がある
◇compéte　動 (+ with A) (Aと)競争する ▶p.119
◇competítion　名 競争　▶p.86
◇compétitor　名 競争相手　▶p.154

699
municipal
[mju:nísəpl]

形 **市の, 町の, 地方自治の**, 市営の, 町営の
源 muni(役目)+cip(=take 引き受ける)+al(の)

UNIT 024　KEY PHRASES

MP3▶024-03.mp3　CD▶TRACK:26

funding from **multiple** sources	複数の所からの資金調達
be **motivated** by a sense of duty	義務感によって動機づけられている
an **imaginative** story	想像力に富む物語
exactly the same way	まったく同じように
a restaurant **critic**	レストラン評論家

---

700 multiple
[mʌ́ltəpl]

形 複数の, 多様な

◇múltiply　動 ①～を増やす, 増える(＝increase)
②(multiply A by B)
A(数)にB(数)を掛ける
③(動・植物が)繁殖する

701 motivate
[móutəveit]

動 〈人〉に動機[刺激]を与える(＝stimulate)

◇motivátion　名 動機づけ, 刺激

702 imaginative
[imǽdʒənətiv]

形 想像力のある

接尾 -tive(力のある)

◇imáginary　形 架空の
例 an imaginary world「架空の世界」

703 exactly
[igzǽktli]

副 まったく, 正確に, 厳密に

◇exáct　形 正確な, まさにその

704 critic
[krítik]

名 評論家, 批評家

◇críticize　動 ～を批評する, 批判する
◇críticism　名 批評

UNIT 024　*KEY PHRASES*

within walking **distance**	歩ける**距離**の範囲で
interact *with* customers	お客様と**ふれあう**
an office **complex**	オフィス**ビル**
improve blood **circulation**	血液の**循環**を良くする
the period **prior** *to* the war	戦争より**前**の時代

705 distance
[dístəns]

图 距離
源 dis(離れて)＋stance(立つこと)
◇dístant　　形 遠い

706 interact
[intəːrǽkt]

動 ふれあう, 交流する；影響する
源 inter(相互に)＋act(作用する)
◇interáctive　　形 双方向の, 対話形式の
◇interáction　　图 ふれあい, 交流；相互作用, 影響

707 complex
[kámpleks]

图 総合ビル, 施設
形 複雑な
◆a housing complex　　「集合住宅, 団地」
◇compléxity　　图 複雑さ

708 circulation
[səːrkjəléiʃən]

图 循環；(雑誌などの)発行部数, (図書館の)貸し出し
◆circulation clerk　　「(図書館などの)貸し出し係」
◇círculate　　動 循環する, 流通する
◇círcular　　形 円形の；循環的な

709 prior
[práiər]

形 前の
◆prior to A　　「Aより前の」
◇prióri ty　　图 優先　　▶p.123

UNIT 024 *KEY PHRASES* MP3▶024-05.mp3 CD▶TRACK:26

cast a shadow of doubt	疑いの影**を落とす**
get 20% of the **vote**	20%の**票**を得る
a **typical** American family	**典型的な**アメリカの家族
a **reward** *for* hard work	努力の**報酬**
a new employee **orientation**	新入社員**研修**
occupy a good position	よい地位**を占める**

---

710 **cast** [kǽst]
- 動 ～を投げる（＝throw）　名 (劇などの)**キャスト**
- ◆cast an eye on A 「Aにさっと目を通す, 調べる」

711 **vote** [vóut]
- 名 投票, 選挙権
- 動 投票する

712 **typical** [típikl]
- 形 典型的な, 特有の
- ◆be typical of A 「典型的なAである；A特有だ」

713 **reward** [riwɔ́ːrd]
- 名 報酬, ほうび, 懸賞金　動 ～に報いる
- ★動詞も多い。
- ◇rewárding 形 やりがいのある, やる価値のある

714 **orientation** [ɔːriəntéiʃən]
- 名 説明会, オリエンテーション, 研修
- ◇óriented 形 関心がある；志向している
- ★orientedは, 元々orient「～を方向づける」の過去分詞だが, 動詞はまれ。
- 例 an information-oriented society「情報志向の社会」

715 **occupy** [ákjəpai]
- 動 〈場所・地位など〉を**占める**
- ◇occupátion 名 ①職業　②占拠, 占有　▶p.293
- ◇óccupancy 名 (部屋・土地などの)占有
- ◆double occupancy 「二人部屋, 二人共用」

UNIT 024 *KEY PHRASES*

MP3▶024-06.mp3 CD▶TRACK:26

- **retrieve** information — 情報を検索する
- accurately **reproduce** the sound — 正確に音を再生する
- **persist** throughout life — 生涯を通じて残る
- Read the following **passage**. — 次の一節を読みなさい
- take **appropriate** measures — 適切な手段を講じる

---

716 retrieve
[ritríːv]

動 ～を検索する；～を取り戻す
◇retrieval 名 (情報)検索, 回復

717 reproduce
[riːprədjúːs]

動 ①〈音・場面など〉を再生する, 複製する(＝copy)
② 繁殖する, 〈子〉を繁殖させる
◇reprodúction 名 ①再生, 複製 ②生殖作用

718 persist
[pərsíst]

動 ①持続する, 残る
②(persist in A) Aを辛抱強く続ける
源 per(＝through ずっと)＋sist(立っている)
◇persístent 形 持続する；ねばり強い, しつこい
◇persístence 名 持続する事, ねばり強さ

719 passage (多義)
[pǽsidʒ]

名 ①一節, 引用された部分
②(時の)経過
③通行, 通路

720 appropriate
[əpróupriət]   (反?)

形 適切な
源 ap(＝to に)＋propri(＝proper 適切な)＋ate
⇔inapprópriate 形 不適切な

PRACTICE TEST

139. The report ------- included incorrect details for the stock options.

    (A) mistaking
    (B) to mistake
    (C) mistaken
    (D) mistakenly

140. We need to work harder to remain ------- with other companies.

    (A) competed
    (B) competition
    (C) competitive
    (D) competing

141. E-Theater Magazine has come to life in the digital edition with enhanced, ------- features.

    (A) interacted
    (B) interacts
    (C) to interact
    (D) interactive

142. All expenditures over $250 must receive ------- approval from the company.

    (A) late
    (B) close
    (C) past
    (D) prior

143. The staff will receive a one-day ------- to ensure they know what their role is in an emergency.

    (A) option
    (B) version
    (C) orientation
    (D) direction

144. A long-term investment strategy seems ------- in light of the company's financial condition.

    (A) alternative
    (B) appropriate
    (C) authentic
    (D) alert

PRACTICE TEST UNIT024

ANSWER KEY

□□□
139. (D) mistakenly「間違って」 ▶p.192
訳　この報告にはストックオプションに関して不正確な詳細が間違って含まれていた。
解説　空所の後の動詞includedを修飾する副詞を選ぶ。

□□□
140. (C) competitive「他社に負けない，競争力がある」 ▶p.193
訳　我々は他社と競争に負けないでいられるようにもっと努力する必要がある。
解説　remain C「Cのままでいる」のCに入れる形容詞を選ぶ。(A)(D)はcompete「競争する」の活用形，(B) competitionは名詞で「競争」の意味。

□□□
141. (D) interactive「双方向の，対話形式の」 ▶p.195
訳　Eシアターマガジンは充実したインタラクティブ機能を持ったデジタル版で活気づいた。
解説　with enhanced, ------ features「充実した------な機能を持つ」でひとまとまりの句になっており，空所に入るのは形容詞。選択肢の中で形容詞は(D)だけ。come to life「活気づく」は重要。

□□□
142. (D) prior「前の」 ▶p.195
訳　250ドルを超えるあらゆる支出は事前に会社の承諾を得なければならない。
解説　approval「賛成，承認」(p.137)を修飾する形容詞を選ぶ。(A) late「遅い」，(B) close「近い」，(C) past「過ぎた，過去の」。

□□□
143. (C) orientation「説明会，オリエンテーション，研修」 ▶p.196
訳　スタッフは緊急時に自分の役割が何かを知っているか確かめるためオリエンテーションを1日受けるだろう。
解説　receiveの目的語の名詞を選ぶ。(A) option「選択(の自由)」(p.106)，(B) version「型，…版」(p.155)，(D) direction「指示」。

□□□
144. (B) appropriate「適切な」 ▶p.197
訳　この会社の財務状況を考慮すると長期的な投資戦略が適切であるように思われる。
解説　(A) alternative「代わりになる，新しい」(p.153)，(C) authentic「本格的な，本物の，真の」(p.236)，(D) alert「警戒している」(p.298)。in light of A「Aを考慮すると」は重要熟語。

199

UNIT 025　KEY PHRASES

MP3▶025-01.mp3　CD▶TRACK:27

- the **loan** application process　　　ローン申請の手続き
- the contract for the **lease**　　　賃貸借契約
- a **jewelry** store　　　宝石店
- Nature **inspire**s art.　　　自然は芸術に霊感を与える
- **remark** that he is kind　　　彼は親切だと述べる

---

721 **loan**
[lóun]

图 ローン, 貸し付け
◆ (be) on loan 「〈ものが〉貸し出し中である；〈人が〉出向している, 派遣されている」

722 **lease**
[líːs]

图 賃貸借（契約）
動 〈土地・建物など〉を賃貸する, 賃借する
★「借りる」と「貸す」の違いはrentと同様に文脈や前置詞（from; to）で判断する。

723 **jewelry**
[dʒúːəlri]

图 宝石類, アクセサリー
◇jéwel　　图 宝石

語源Check! -ryは集合を表す
◇machínery　图 （集合的に）機械設備
◇póetry　　　图 （集合的に）詩, 詩歌

724 **inspire**
[inspáiər]

動 ～を促す, 奮起させる；～に霊感を与える
★過去分詞が多い。
例 a work of art inspired by nature
「自然によって霊感を与えられた芸術作品」
◇inspirátion　图 霊感, 激励, 鼓舞

725 **remark**
[rimáːrk]

動 (～と)述べる, 言う（= say）
图 意見, 言葉
◇remárkable　形 注目すべき, すばらしい；珍しい

UNIT 025　KEY PHRASES

infer the meanings of unfamiliar words	知らない言葉の意味を推測する
income tax	所得税
illustrate the importance	重要性を説明する
healthy daily **routine**	健康的ないつもの日課
wear a cotton **garment**	綿の衣服を着る

726 infer
[infə́:r]

動 ～を推測する, 推察する
源 in(中へ)＋fer(運ぶ)

727 income
[ínkʌm]　同?

名 所得, 収入
＝révenue　　▶p.192 Point!

728 illustrate
[íləstreit]

動 ～を説明する
◆be illustrated 「さし絵が入っている」
◇illustrátion　名 イラスト, さし絵；例, 説明

729 routine
[ru:tí:n]

名 決まりきった仕事, 日課
形 決まりきった, 型どおりの

730 garment
[gá:rmənt]

名 衣服, 衣装
源 gar(保護する)＋ment　guard「保護する」と同語源。

UNIT 025　KEY PHRASES　　MP3▶025-03.mp3　CD▶TRACK:27

☐ a key **factor** in business growth	企業成長の重要な**要因**
☐ **expose** the skin *to* the sun	日光に肌**をさらす**
☐ a well-balanced **diet**	バランスの良い**食事**
☐ the **exclusive** right to the technology	その技術の**独占**権
☐ **decline** in the quality of goods	商品の質が**低下する**

731 factor
[fǽktər]

名 要因, 要素
語源 fact(作る)+or(もの)　factory「工場」と同語源。

732 expose
[ikspóuz]

動 ～をさらす
★受動態が多い。
◆expose A to B 「AをBにさらす」
◇expósure 名 露出, 暴露

733 diet
[dáiət]

名 食事；ダイエット, 減食, (治療などのための)規定食
◆go on a diet 「ダイエットする」

734 exclusive
[iksklú:siv]

形 独占的な
◇exclúsively 副 もっぱら, …のみ；独占的に, 排他的に
★形容詞も副詞もTOEIC重要語！
◇exclúde 動 ～をしめ出す, 除外する
語源 ex(外へ)+clude(閉じる)=(閉め出す)

735 decline 〔多義〕
[dikláin]

動 ①低下する, 衰退する
　　②～を控える, 断る
名 低下, 衰退
★「断る」意味ではrefuseよりもていねい。
例 decline to comment on details
「詳細はコメントするのを控える」

UNIT 025　KEY PHRASES

■ serve French **cuisine**	フランス**料理**を出す
■ **core** business	**中核**事業
■ He'**s dedicated** *to* help*ing* children in need.	困っている子どもたちを助けるのに彼は**身を捧げている**
■ a **cookware** designer	**調理器具**のデザイナー
■ a **comprehensive** approach	**包括的な**取り組み

---

736 cuisine
[kwizíːn]

图 **料理(法)**；(地域や店の)**料理**
例 a local cuisine「郷土料理」

737 core
[kɔ́ːr]

图 **核心, 中心部, 芯**

738 dedicate
[dédikeit]

動 (+A to B) (AをBに)**捧げる**
源 de(=down)+dicate(言う, 宣言する)

◆be dedicated to A [Ving]
　　　　　　　「A[Vすること]に献身している」
◇dédicated　　形 熱心な；専門の
◇dedicátion　　图 献身, 専念

739 cookware
[kúkweər]

图 **調理器具**
源 cook+ware(製品)
例 software「ソフトウェア」, glassware「ガラス製品」

740 comprehensive
[kɑmprihénsiv]

形 **包括的な, 広範囲な, 幅広い**

203

UNIT 025　*KEY PHRASES*　　　MP3▶025-05.mp3　CD▶TRACK:27

block the traffic	交通 をさまたげる
pass the safety **assessment**	安全性 評価 に合格する
pay bills **via** the Internet	インターネット 経由で 代金を払う
on **behalf** **of** users	ユーザー の代わりに
a market **trend**	市場の 傾向

741
□ **block**
　[blák]

動 ～をふさぐ
名 区画
★blockは4方を道路に囲まれた1区画のことで, walk three blocks「3ブロック歩く」のように, 距離の単位のように使うことが多い。

742
□ **assessment**
　[əsésmənt]

名 評価
◇asséss　　　動 ～を評価する
源 a(に)+sess(座る)=(横に座る→評価する)

743
□ **via**
　[váiə]

前 ～経由で(= by way of)

744
□ **behalf**
　[bihǽf]

名 味方, 支持, 利益
★下の熟語がほとんど。
◆on behalf of A 「Aの代わりに, Aを代表して」

745
□ **trend**
　[trénd]

名 傾向, 風潮, 流行
◇tréndy　　　形 最新流行の

UNIT 025 *KEY PHRASES*

MP3▶025-06.mp3 CD▶TRACK:27

survive in the jungle	ジャングルで**生き残る**
a **superb** view	**すばらしい**景色
a **seasoned** instructor	**経験豊かな**指導者
evidence of global warming	地球温暖化の**証拠**
retain the employees	従業員**を保持する**

746
□ **survive**
[sərváiv]

動 **生き残る**；〜より**長生きする**；
〈危機など〉を**切り抜けて生き残る**
◇survíval　图 生存(者), 生き残ること

747
□ **superb**
[supə́ːrb]　同?

形 **すばらしい**, 見事な, 荘厳な
＝éxcellent　形 すばらしい　▶p.89

748
■ **seasoned**
[síːznd]

形 **経験豊かな**, ベテランの
◇séason　動 ①〜を味付けする
　　　　　　②〈人〉を鍛える, 習熟させる
　　　　　图 季節

749
□ **evidence**
[évidns]

图 **証拠**
◇évident　形 明らかな
源 e(外に)+vident(見えている)

750
□ **retain**
[ritéin]　名?

動 〜を**保つ**, 保持する(＝preserve; hold)
源 re(手元に)+tain(＝hold 保つ, 持つ)
◇reténtion　图 保持, 保存, 維持

205

PRACTICE TEST

145. Dean Calloway, CEO of Human Resources, has announced that the firm will host a ------- event on May 9 from 7:30 to 9:00 pm.

    (A) remarkable
    (B) eligible
    (C) individual
    (D) infinite

146. Our trainer will show you a fifteen-minute exercise ------- suitable for all ages.

    (A) discussion
    (B) routine
    (C) study
    (D) exchange

147. These researchers focus ------- on tropical diseases like malaria.

    (A) exclusively
    (B) exclusive
    (C) exclusives
    (D) exclusivity

148. AIS Company is ------- to protecting your privacy.

    (A) dedicating
    (B) dedicated
    (C) dedication
    (D) dedicatedly

149. Speaking ------- behalf of the president, Mr. Williams thanked all the employees.

    (A) at
    (B) on
    (C) by
    (D) for

150. Applicants need to be able to demonstrate ------- of their potential to become a good researcher.

    (A) evidence
    (B) evident
    (C) evidently
    (D) evidential

PRACTICE TEST UNIT025

ANSWER KEY

☐☐☐

145. (A) remarkable「注目すべき,すばらしい；珍しい」 ▶p.200
- 訳 ヒューマン・リソースのCEOであるディーン・キャロウェイは,同社が5月9日午後7時30分から9時まですばらしいイベントを主催すると発表した。
- 解説 eventを修飾する形容詞を選ぶ。(B) eligible「選ばれるのにふさわしい,資格のある」(p.168), (C) individual「個々の」(p.46), (D) infinite「無限の」。空所の前にaがあるので, (C), (D)は不可。

☐☐☐

146. (B) routine「決まりきった仕事,日課」 ▶p.201
- 訳 我々のトレーナーはあらゆる年齢の人に適した15分の運動の日課を示してくれるでしょう。
- 解説 空所の後のsuitable for all ages「あらゆる年齢の人に適している」は前の名詞routineを修飾している(p.139 文法Check!)。(A) discussion「議論」, (C) study「勉強」, (D) exchange「交換」(p.58)。

☐☐☐

147. (A) exclusively「もっぱら,…のみ」 ▶p.202
- 訳 この研究者たちはもっぱらマラリアのような熱帯病に取り組んでいる。
- 解説 focus on A「Aに焦点を合わせる」(p.74)を修飾する副詞を選ぶ問題。(B) exclusive「独占的な」, (C) exclusives「独占記事；排他的な人たち」, (D) exclusivity「独占権」。

☐☐☐

148. (B) dedicated; dedicate ▶p.203
- 訳 AIS社はあなたのプライバシーを守るのに全力を尽くします。
- 解説 be dedicated to Ving「Vすることに献身している」が正解。toは前置詞であってto不定詞ではないので, to Vingの形になる。(C) dedication「献身,専念」, (D) dedicatedly「献身的に,ひたむきに」。

☐☐☐

149. (B) on
- 訳 社長に代わって話をしたウィリアム氏が全従業員に感謝した。
- 解説 behalfはTOEICではほとんどがon behalf of A「Aの代わりに,Aを代表して」(p.204)の形で使われる。

☐☐☐

150. (A) evidence「証拠」 ▶p.205
- 訳 応募者は良い研究者になる潜在力があるという証拠を示すことができる必要がある。
- 解説 demonstrate「～を示す；証明する」(p.80)の目的語となる名詞を選ぶ。evidenceは不可算名詞で使われることが多い。(B) evident「明らかな」, (C) evidently「明らかに」, (D) evidential「証拠の」。

207

UNIT 026 *KEY PHRASES*

MP3▶026-01.mp3 CD▶TRACK:28

realize the error	その間違いを悟る
quote the Bible	聖書を引用する
prevent him *from* go*ing* out	彼が外出するのをさまたげる
resist outside pressure	外部の圧力に抵抗する
pour wine into the glass	グラスにワインを注ぐ

---

751 realize
[ríːəlaiz]

動 ①~を悟る、理解する
　②~を実現する

---

752 quote　多義
[kwóut]

動 ①~を引用する、持ち出す
　②〈値段〉を付ける
◆quoted price 「見積価格」 ★TOEICで重要!
◇quotátion　图 ①引用 ②見積もり(書)
例 a free price quotation「無料の価格見積もり」

---

753 prevent
[privént]

動 ~をさまたげる、防ぐ、させない
◆prevent A from Ving 「AがVするのをさまたげる」
源 pre(前に)+vent(来る)
◇prevéntion　图 防止、予防

---

754 resist
[rizíst]

動 ~に抵抗する；〈誘惑など〉に耐える
源 re(反対)+sist(立つ)
◇resístance　图 抵抗(力)
◇resístant　形 抵抗する、耐性のある　形?
★TOEICで重要!　例 heat-resistant「耐熱の」
◇irresístible　形 抵抗できない、抑えられない

---

755 pour
[pɔ́ːr]

動 ~を注ぐ、~をつぐ

208

UNIT 026 **KEY PHRASES**

an influential **politician**	有力**政治家**
pay the bus **fare**	バスの**運賃**を払う
He was **elected** chairman of the board.	彼は取締役会長に**選ばれた**
large **quantities** of data	ぼう大な**量**のデータ
oil market **disruption**	石油市場の**混乱**

756
politician
[pɑlətíʃən]

图 **政治家**
◇ pólitics — 图 政治；政策；政治学
◇ polítical — 形 政治的な

757
fare
[féər]

图 **運賃** ▷p.18 Point!

758
elect
[ilékt]

動 **〜を選ぶ，選挙する**
圞 e(外へ)+lect(選ぶ)=「選び出す」
◇ eléction — 图 選ぶこと，選挙
◆ elect A (as [to be]) C 「AをCに選ぶ」
★Cの役職が議長など1名に限られる場合はふつう無冠詞。

759
quantity
[kwántəti]

图 **量**
同? = vólume
反? ⇔ quálity — 图 質，性質，良質 ▷p.25

760
disruption
[disrʌ́pʃən]

图 **混乱；分裂**
圞 dis(分離)+rupt(=break)=(混乱させる) abruptly「急に，不意に，突然に」(p.358)と同語源。

209

UNIT 026 *KEY PHRASES*

MP3▶026-03.mp3 CD▶TRACK:28

operate a **cruise** ship	観光船を運航する
a baggage **compartment**	手荷物入れ
commute to work by train	電車で通勤する
Don't **hesitate** to contact me.	遠慮なくご連絡ください
check the **bulletin** board	掲示板を確かめる

761
cruise
[krúːz]

图 巡航, 船旅
動 巡航する

762
compartment
[kəmpáːrtmənt]

图 区画, 分室, ロッカー；車室
源 com(強意)+part(分ける)+ment=(完全に仕切られた所)

763
commute
[kəmjúːt]

動 通勤する, 通学する
◇commúter　　图 通勤[学]者

764
hesitate
[héziteit]

動 ためらう, 躊躇する
◇hesitátion　　图 ためらい
◇hésitant　　形 ためらっている(+to V)

765
bulletin
[búlətn]

图 掲示, 告示, 速報
◆news bulletin 「臨時ニュース」

UNIT 026 *KEY PHRASES*

MP3▶026-04.mp3 CD▶TRACK:28

- **breathtaking** landscapes 息をのむような風景
- an **approach** *to* starting a business 事業を立ち上げる方法
- an **acceptance** letter 採用通知書
- energy-**efficient** lighting エネルギー効率のよい照明
- delivery to the **warehouse** 倉庫への配達

---

766 breathtaking
[bréθteikiŋ]

形 息をのむような, すごい, ワクワクさせる
語 breath(息)+taking(を奪うような)
◇ bréathe 動 呼吸する
◇ bréath 名 息, 呼吸

767 approach
[əpróutʃ]

名 (+ to A)(Aのための)方法
動 ~に近づく
★toは前置詞で, Aには名詞や動名詞がくる。上のフレーズでもto startではなく, to startingとする。

768 acceptance
[əkséptəns]

名 受け入れ, 容認
◇ accépt 動 ~を引き受ける, 受け入れる ▶p.51
◇ accéptable 形 容認できる, 一応満足できる
▶p.284

769 efficient
[ifíʃənt]

形 効率のよい, 有能な
語 ef(外へ)+fici(作る)+ent(形容詞語尾)=(作り出すような)
◇ efficiency 名 能率

770 warehouse
[wéərhaus]

名 倉庫, 商品保管所
語 wareは「商品」。

211

UNIT 026　*KEY PHRASES*

a **tentative** schedule	仮のスケジュール
a **souvenir** shop in Hong Kong	香港のみやげ物屋
without the **slightest** doubt	少しの疑いもなく
a **defective** product	不良品
reverse the position	立場を逆転する

---

771 tentative
[téntətiv]

形 仮の, 試験的な, 暫定的な

772 souvenir
[suːvəníər]

名 みやげ, 記念品
源 sou(=up)+venir(来る)

> **語源Check!**　ven, vent「来る」=come
> ◇vénue　　　　名 開催地, 会場　　　▶p.189
> ◇ádvent　　　　名 出現
> ◇convéntion　　名 会議, 大会；慣習　▶p.154
> ◇prevént　　　　動 ～をさまたげる　　▶p.208

773 slight
[sláit]

形 わずかな, 少しの
◆not ～ in the slightest 「全然～ない」

774 defective
[diféktiv]

形 欠陥のある, 欠点のある
◇défect　　　　名 欠陥, 欠点, 短所

775 reverse
[rivə́ːrs]

動 ～を反対にする；～を完全に変える
形 名 逆(の), 反対(の)
◆in reverse 「反対に, 逆に」
◇revérsal　　　　名 逆転, 反転

UNIT 026　*KEY PHRASES*

MP3▶026-06.mp3　CD▶TRACK:28

- **resort** *to* violence — 暴力**に訴える**
- newspaper **publicity** — 新聞**広告**
- on the company's **premises** — 会社の**敷地**内で
- She was cooking. **Meanwhile**, I was drinking. — 彼女は料理をしていた。**その間**, 私は酒を飲んでいた
- achieve the **objective** — **目標**を達成する

776
resort
[rizɔ́ːrt]

動 (resort to A) A(手段)に訴える
图 行楽地, リゾート
◆as a last resort　「最終手段として, 結局」
　　　　　　　　　　　(＝in the last resort)

777
publicity
[pʌblísəti]

图 ①宣伝, 広告　②評判, 知名度
◇publicátion　　图 発表, 公表；出版, 刊行
　　　　　　　　　　　　　　　　　　▶p.13

778
premise
[prémis]

图 ①(〜s)敷地, 建物　②前提
源 pre(前に)＋mise(置く)→(前に置かれたもの)

779
meanwhile
[míːnwail]

副 ①その間に　②一方では
源 mean(中間)＋while(時間)　whileには「時間(＝time)」の意味がある。
◇méantime　　图 その間
◆in the meantime　「その間(に)」

780
objective
[əbdʒéktiv]

图 目標, 目的
◇objéct　　動 反対する
　　　　　　　图 もの, 物体；対象, 目的　▶p.185

213

PRACTICE TEST

151. Our products are highly ------- to chemicals, meeting strict safety standards.

    (A) resistant
    (B) resisted
    (C) resistance
    (D) resist

152. Although the volume of exports has declined, home appliances remain an important category.

    (A) sound
    (B) edition
    (C) weight
    (D) quantity

153. As mentioned earlier, companies have been ------- to hire full-time personnel.

    (A) hesitate
    (B) hesitated
    (C) hesitation
    (D) hesitant

154. The new design and production process at Kenny Manufacturing is very -------.

    (A) efficient
    (B) efficiency
    (C) efficiently
    (D) efficiencies

155. We are very sorry that the binoculars you ordered were -------. We will send you a new pair.

    (A) underactive
    (B) defective
    (C) inaccurate
    (D) overdue

156. This website is being updated. -------, please contact us at brian@dddesig.com.

    (A) Instead
    (B) Besides
    (C) In contrast
    (D) Meanwhile

PRACTICE TEST UNIT026

ANSWER KEY

☐☐☐

151. (A) resistant「抵抗する，耐性のある」 ▶p.208

訳 我が社の製品は化学物質に対して高い耐性があり，厳しい安全基準に適合しています。

解説 空所には形容詞が入る。(C) resistance「抵抗(力)」は名詞，(D) resist「～に抵抗する；〈誘惑など〉に耐える」は動詞。

☐☐☐

152. (D) quantity「量」 ▶p.209

訳 輸出量は減少しているが，家電は重要な品目であり続ける。

解説 volume「量」と同意語を選ぶ問題。(A) sound「音」，(B) edition「(出版物の)版」(p.40)，(C) weight「重さ，体重」(p.88)。

☐☐☐

153. (D) hesitant; be hesitant to V「Vするのをためらっている」 ▶p.210

訳 先に述べたように，会社はフルタイムの社員を雇うことをためらっている。

解説 have beenの後に形容詞のhesitantを入れる。hesitate「ためらう，躊躇する」はふつう受動態にしない。

☐☐☐

154. (A) efficient「効率の良い，有能な」 ▶p.211

訳 ケニー・マニュファクチャリングの新しいデザインと生産の工程は非常に効率が良い。

解説 空所には形容詞を入れるのが適切。(B) efficiency「能率」は名詞，(C) efficiently「適切に」は副詞，(D) efficienciesは名詞の複数形。

☐☐☐

155. (B) defective「欠陥のある，欠点のある」 ▶p.212

訳 ご注文の双眼鏡に欠陥があり申し訳ありません。新しいものをお送りします。

解説 (A) underactive「不活発な」，(C) inaccurate「不正確な」(p.184)，(D) overdue「〈支払い・返却などの〉期限が過ぎた」(p.156)。この文ではthe binoculars (that) you orderedと，関係詞が省略されている。

☐☐☐

156. (D) Meanwhile「その間は」 ▶p.213

訳 今このウェブサイトをアップデートしております。その間はbrian@dddesig.comにご連絡ください。

解説 前後の文の内容をつなぐ副詞を選ぶ。(A) Instead「その代わりに」(p.55)，(B) Besides「その上」，(C) In contrast「これに対して」(p.286)。

UNIT 027　*KEY PHRASES*　MP3▶027-01.mp3　CD▶TRACK:29

- a **notable** exception　　　　注目すべき 例外
- There's **literally** nothing there.　そこには 文字通り 何もない
- computer **literacy**　　　　コンピュータを 扱う能力
- a joint **venture** with Taiwan　台湾との共同 事業
- **praise** him for his work　仕事のことで彼 をほめる

781
□ **notable**
[nóutəbl]

形 注目すべき
◇ nóte　　動 ～に注意する；～を書き留める
　　　　　名 覚え書き, メモ　　▶p.54

782
□ **literally**
[lítərəli]

副 文字通りに；まったく
◇ líteral　　形 文字どおりの；文字の
◇ líterate　　形 読み書きのできる；教養のある
例 literate people in India「インドの読み書きができる人々」
⇔ illíterate　　形 読み書きのできない

783
□ **literacy**　多義
[lítərəsi]

形 ①読み書きの能力
　②(ある分野の)能力, 知識
◇ líterature　　名 文学
◇ líterary　　　形 文学の
例 literary history「文学の歴史」

784
□ **venture**
[véntʃər]

名 冒険；冒険的事業
動 危険をおかして行く, ～を思い切ってする
★危険性を伴う事業をventureという。adventureは一般的な「冒険」。

785
□ **praise**
[préiz]

動 ～をほめる, ～を賞賛する
名 ほめること, 賞賛

UNIT 027　KEY PHRASES

have an influence *on* people	人々に影響を与える
fulfill the requirements	必要条件を満たす
a considerable amount of money	かなりの金額
a common practice	一般的なやり方
contribute money to charity	慈善のために寄付する

---

786 influence
[ínfluəns]

名 影響
動 影響を与える
◆have (an) influence on A 「Aに影響を与える」
◇influéntial　　　　　形 影響力のある

787 fulfill
[fulfíl]

動 〈要求・目的〉を満たす；〈義務・約束〉を果たす, 実行する
語源 ful(十分に)+fill(満たす)
◇fulfíllment　　　　　名 遂行, 実行, 達成

788 considerable
[kənsídərəbl]

形 かなりの, 相当な
★large, manyの控えめな表現。
◇consíderably　　　　副 かなり

789 common
[kámən]

形 共通の, 共有の；一般的な, ふつうの, ありふれた
◆have A in common 「Aを共有する」
◆common sense 「常識(的判断力)」
◇cómmonly　　　　　副 ふつう, 一般に

790 charity
[tʃærəti]

名 慈善(行為), 慈善施設
◇cháritable　　　　　形 寛容な, 情け深い

217

UNIT 027　**KEY PHRASES**

MP3▶027-03.mp3　CD▶TRACK:29

the largest U.S. **carrier** to Asia	アジア行きのアメリカ最大の航空会社
a large storage **capacity**	大きな記憶容量
undergo great changes	大きな変化を経験する
boost the local economy	地域経済を活気づける
barring unexpected delays	予期せぬ遅れがなければ

791
carrier
[kǽriər]

图 運送業者；通信会社
★「保菌者」の意味もある。

792
capacity
[kəpǽsəti]

图 能力；容量
◇cápable　　形 能力のある，有能な，可能性のある ▶p.285
◆at capacity　「フル稼働で」

793
undergo
[ʌ̀ndərgóu]

動 ～を経験する（＝experience, go through），〈苦難・変化〉を受ける

794
boost
[bú:st]

動 ～を促進する，増加させる，上げる（＝push up, increase）

795
barring
[bá:riŋ]

前 ～がなければ（＝except for ～）
◇bár　　動 ～を防ぐ，禁止する
★元々bar「棒」が，「かんぬきをかける」という意味になり，このような意味が出て来た。

UNIT 027 KEY PHRASES

an internationally **acclaimed** painter	国際的に**賞賛される**画家
the average **temperature** in Paris	パリの平均**気温**
strict rules	**厳しい**規則
match the needs of a client	顧客のニーズ**に合う**
a heavy **storm**	激しい**嵐**

796 acclaim
[əkléim]

動 ～を賞賛する
名 賞賛, 拍手かっさい
源 ac(に)+claim(声をあげる)

797 temperature
[témpərtʃər]

名 温度, 気温, 体温
例 take one's temperature「体温を計る」

798 strict
[stríkt]

形 厳しい, 厳密な
★「厳しい冬」はsevere winterだ。
◇strictly　　　副 厳しく, 厳密に
◆strictly speaking　「厳密に言えば」

799 match
[mætʃ]

動 ①～に調和する, 釣り合う
　　②～と似合う(= go with)
◆be no match for A　「Aにかなわない」

800 storm
[stɔ́ːrm]

名 嵐, 暴風(雨)
◇stormy　　　形 嵐の, 激しい

UNIT 027　*KEY PHRASES*　MP3▶027-05.mp3 CD▶TRACK:29

shake the bottle well	ビンをよく振る
run the **risk** of death	死の危険をおかす
the French **Revolution**	フランス革命
an **extremely** difficult problem	非常に難しい問題
restrict freedom of speech	言論の自由を制限する

801 shake
[ʃéik]

動 ～を振る；震える；～を動揺させる
◆shake hands (with A)　「(Aと)握手する」
◆shake one's head　「首を横に振る」　★否定の身振り。

802 risk
[rísk]

名 危険, 危険性
動 〈命など〉を賭ける；～を覚悟でやる
★dangerと異なり, riskは「目的のため覚悟しておかす危険」も表す。
◆at the risk of A　「Aの危険をおかして」
◆run a risk　「危険をおかす」(= take a risk)
◇risky　形 危険な

803 revolution
[rèvəljúːʃən]

名 ①革命　②回転
◆the Industrial Revolution　「産業革命」
◇revolútionary　形 革命の, 革命的な
◇revólt　名 動 反乱(を起こす), 暴動
◇revólve　動 回転する, 循環する

804 extremely
[ikstríːmli]

副 極めて, 極度に, 極端に
◇extréme　形 極端な, 過激な　名 極端

805 restrict
[ristríkt]

動 ～を制限する, 限定する(= limit)
◇restríction　名 制限(条件), 限定

UNIT 027 *KEY PHRASES*　MP3▶027-06.mp3 CD▶TRACK:29

prescription drugs	処方薬
I *am* **willing** *to* help her.	喜んで彼女を助けるつもりだ
the safety of **pedestrian**s	歩行者の安全
be **polite** to ladies	女性に対して礼儀正しい
provide an **overview** of our business	我が社の事業の概略を述べる

---

806 prescription
[prɪskrípʃən]

名 ①処方せん(薬)　②指示
◇prescríbe　動 ①〈薬〉を処方する
　　　　　　　　②〈行為など〉を指示する

807 willing
[wílɪŋ]

形 (be willing to V) 進んで[喜んで]Vする、Vする用意がある
◇wíllingly　副 進んで、快く

808 pedestrian
[pədéstriən]

名 歩行者
源 pedは「足」。pedal「ペダル」も同語源。
◇pávement　名 歩道

809 polite
[pəláit]　反?

形 ていねいな、礼儀正しい
⇔impolíte　形 不作法な、無礼な
◇políteness　名 礼儀正しさ

810 overview
[óuvərvjuː]

名 概略、概観
★summaryとほぼ同意。ただし、summaryはふつう書かれたり記録されたものだが、overviewはそうとは限らない。

PRACTICE TEST

157. Customers across Europe have ------- the products of Hampton Inc. for years.

    (A) to be praised
    (B) praise
    (C) been praising
    (D) been praised

158. The famous firm of Green Goldwin Cannon, Inc., is ------- referred to as GGC.

    (A) common
    (B) commonness
    (C) commonly
    (D) commonality

159. This area will ------- a number of changes to improve conditions for pedestrians and cyclists.

    (A) underlie
    (B) undermine
    (C) underestimate
    (D) undergo

160. It's important to us that the products we sell ------- our clients' needs.

    (A) repeat
    (B) match
    (C) accumulate
    (D) evaluate

161. Your feedback is ------- important to us and allows us to maintain a high level of service.

    (A) popularly
    (B) barely
    (C) respectably
    (D) extremely

162. We were pleased that Mr. Laurent was ------- to adjust his schedule to ours.

    (A) peculiar
    (B) prone
    (C) busy
    (D) willing

PRACTICE TEST UNIT027

ANSWER KEY

☐☐☐

157. (C) been praising; praise「～をほめる，～を賞賛する」の現在完了進行形　▶p.216
訳　ヨーロッパ中の顧客が長年ハンプトン社の製品を賞賛してきている。
解説　空所の後に目的語の名詞the productsがあるので，本文は能動態が適切。haveの後なので(B)praiseのような原形も置けない。(C)を選び，have been praisingと現在完了進行形の文にする。have praisedと現在完了形を使っても正しい文になるが，選択肢にはない。

☐☐☐

158. (C) commonly「ふつう，一般に」　▶p.217
訳　有名企業であるグリーン・ゴールドウィン・キャノン社はふつうGGCと呼ばれる。
解説　空所にはreferredを修飾する副詞commonly「ふつう」が入る。他の選択肢は副詞ではない。

☐☐☐

159. (D) undergo「～を経験する，〈苦難・変化〉を受ける」　▶p.218
訳　この地域は歩行者と自転車の状況を改善するために大いに変化するだろう。
解説　a number of changesを目的にする動詞を選ぶ。(A) underlie「～の背後にある；〈理論・行動など〉の基礎となる」，(B) undermine「～を弱める」，(C) underestimate「～を過小評価する」(p.122)。

☐☐☐

160. (B) match「～に調和する，釣り合う」　▶p.219
訳　私たちにとって，私たちが売る商品が顧客のニーズに合っていることが重要である。
解説　「商品がニーズと合っている」という意味でmatchを選ぶ。(A) repeat「～を繰り返す」，(C) accumulate「(～を)蓄積する」(p.286)，(D) evaluate「～を評価する」(p.148)。

☐☐☐

161. (D) extremely「極めて，極度に，極端に」　▶p.220
訳　あなたのフィードバックは私たちにとって極めて大切ですし，そのおかげをもちまして高いレベルのサービスを維持することができます。
解説　importantを修飾する副詞を選ぶ問題。選択肢はすべて副詞なので，意味と連語関係を考える必要がある。(A) popularly「一般に，広く」，(B) barely「やっと，なんとか，かろうじて」(p.307)，(C) respectably「立派に，まともに」。

☐☐☐

162. (D) willing; be willing to V「進んで[喜んで]Vする，Vする用意がある」　▶p.221
訳　ローレント氏が進んで彼の予定を私たちの予定に合わせようとしてくれてありがたかった。
解説　(A) peculiar「独特の」，(B) be prone to V「Vしがちだ」，(C) busy「忙しい」。×be busy to Vとは言わない(be busy Ving「Vするのに忙しい」が正しい)。

223

UNIT 028　*KEY PHRASES*

- a **mobile** society … 流動的な社会
- give a **keynote** *address* … **基調講演**をする
- I'*m* very **grateful** *for* everything. … 何もかもとても**感謝しています**
- **engage** *in* show business … ショービジネス**に携わる**
- an ambitious young **entrepreneur** … 野心的な若い**起業家**

---

811 mobile
[móubl]

形 動きやすい，移動可能な，携帯の
- ◆mobile phone　「携帯電話」(＝cell phone)
- ◇mobility　　　名 動きやすさ，流動性

812 keynote
[kí:nout]

名 基調，(演説などの)要旨；(音楽の)主音
- ◆keynote address [speech]　「基調講演」

813 grateful
[gréitfl]

形 感謝している
- ◆be grateful to 〈人〉for A
　　「〈人〉にAのことで感謝する」
- ◇grátitude　　　名 感謝の気持ち

814 engage
[engéidʒ]

動 (＋in A)(Aに)携わる，従事する；〜を没頭させる
- ◆be engaged in A　「Aに没頭している」
- ◇engágement　　名 約束，取り決め；婚約；関与

815 entrepreneur
[ɑ:ntrəprəná:r]

名 起業家
源 enterprise「起業」と同語源。

UNIT 028 *KEY PHRASES*

- **enable** robots *to* learn — ロボットが学習すること**を可能にする**
- **earn** money from advertisements — 広告でお金**をかせぐ**
- **demolish** a historic building — 歴史的な建物**を破壊する**
- **incorporate** exercise *into* daily life — 日常生活に運動**を取り入れる**
- Crimes are not **decreasing**. — 犯罪は**減って**いない

---

816 enable [enéibl]
動 ～を可能にする
◆enable A to V 「AがVすることを可能にする」(= make it possible for A to V)

817 earn [ə́ːrn]
動 ～をかせぐ, 得る
◆earn one's living 「生計を立てる」

818 demolish [dimáliʃ]
動〈建物など〉を破壊する, 粉砕する

819 incorporate [inkɔ́ːrpəreit]
動 ～を取り入れる, 組み込む, 合併する
★incorporateには「～を法人組織[株式会社]にする」という意味があり,《米》では会社名の最後にIncorporated(= Inc.)(p.54)と付けることがある。
源 in(に)+corporate(一体となった)

820 decrease [diːkríːs]
動 名 減少(する);～を減らす
源 de(= down)+crease(成長する)
反? ⇔ incréase 動 名 増加(する);～を増やす

UNIT 028　*KEY PHRASES*　MP3▶028-03.mp3　CD▶TRACK:30

dairy products	酪農製品
concentrate *on* your work	仕事に集中する
six **billion** people	六十億の人々
largely because of the problem	主にその問題のせいで
be **aware** *of* the danger	危険に気づいている

821
dairy
[déəri]

图 酪農(業), 乳製品
◇dáily[déili]　　　形 毎日の, 日々の

822
concentrate
[kάnsəntreit]

動 (+ on A) Aに集中する, 専念する
◆concentrate A on B　「AをBに集中させる」
◇concentrátion　　　图 集中, 専念

823
billion
[bíljən]

图 形 10億(の)
◇míllion　　　图 形 100万(の)
◇tríllion　　　图 形 1兆(の)

824
largely
[lάːrdʒli]

副 主に, 主として, 大部分は(= mainly, chiefly)

825
aware
[əwéər]

形 ～に気づいている, 知っている
◆be aware of A　　「Aに気づいている, 意識している」
◆be aware that～　「～ということに気づいている」
◇awáreness　　　图 意識, 認識

UNIT 028 KEY PHRASES

a long-**awaited** moment	長い間 待ち望まれた 瞬間
predict the future	未来 を予言する
business **administration**	企業の 経営
a program **aimed** *at* children	子ども 向けの番組
She is an expert and is paid **accordingly**.	彼女は専門家で, それ相応に 報酬を受けている

826 await
[əwéit]

動 ～を待つ, 待ち受ける
★wait forよりもかたい表現。

827 predict
[pridíkt]

動 ～を予言する, 予測する(＝foretell)
語 pre(以前に)＋dict(言う)
◇prediction　　　名 予言, 予測

828 administration
[ədmìnəstréiʃən]

名 ①経営, 管理　②行政
◇adminíster　　　動 ～を管理する
◇admínistrative　　形 行政の, 管理上の　　▶p.51
◇admínistrator　　名 (ネットワークシステムなどの) 管理者, 役員, 経営者　▶p.160

829 aim
[éim]

動 (＋at A)(Aを)ねらう; ～を向ける
名 ねらい, 目標
◆図＋aimed at A 「A向けの図」

830 accordingly
[əkɔ́ːrdiŋli]

副 それ相応に
◆according to A 「①Aによると　②Aに応じて」
▶p.65

UNIT 028　KEY PHRASES

■ work for low **wage**s	安い**賃金**で働く
■ play a **vital** role	**重要な**役割を果たす
■ a **tenant** and a landlord	**居住者**と家主
■ live **primarily** by fishing	**主に**漁業で生活する
■ pay **sufficient** attention	**十分な**注意を払う

---

831 □ wage
[wéidʒ]

名 **賃金, 給料**
★wageは, 主に肉体労働に対する時間給・日給制の賃金を言う。salaryは, サラリーマンなどの週給・月給・年給などを言う。

動 **～を行う, 遂行する**
例 wage a campaign「キャンペーンを行う」

832 □ vital
[váitl]

形 ①**きわめて重要な, 必要な**　②活気のある
◇vitálity　　名 生命力, 活気

833 □ tenant
[ténənt]

名 (土地・建物などの)**賃借人, 居住者**
◇lándlord　　名 (男性の)家主, 地主, 大家(＝owner)
★女性の家主はlandlady。
◇propríetor　　名 所有者(＝owner), 経営者
★男女を区別せず, 店, ホテル, 企業などの所有者。

834 □ primarily
[praimérəli]

副 **主に**(＝mainly, chiefly)
◇prímary　　形 主要な, 主な

> **語源Check!**　prim, prin, prem「第1の, 最初の」
> ◇príme　　形 最も重要な, 主要な
> ◇prímitive　　形 原始的な, 未開の
> ◇premíer　　形 主要な　名 総理大臣　(★仏, 中, 伊)
> ◇prínciple　　名 原則

835 □ sufficient
[səfíʃənt]　(反?)

形 **十分な**(＝enough)
⇔insufficient　形 不十分な

UNIT 028 KEY PHRASES

get stuck on a crowded train	混んだ列車で動けなくなる
spread the tablecloth	テーブルクロスを広げる
reply *to* his letter	彼の手紙に返事をする
He's kind; **moreover**, he's strong.	彼は親切で、その上強い
a **recipient** of a service	サービスを受ける人

---

836 stick
[stík]

動 刺さる, ~を刺す　(活用形) stick – stuck – stuck
名 棒
◆be [get] stuck 「動けない」
◆stick to A 「A(規則など)を守る；Aから離れない」

stickは元々「棒」の意味だが、そこから「突き刺す」の意味になり、さらに(突き刺さって動かない)とイメージが広がった。get stick to Aも(動かない)イメージだ。

837 spread
[spréd]

動 ~を広げる；広がる　(活用形) spread – spread – spread
名 広がり, 広めること
◇widespread 形 広範囲に及ぶ, 広く行き渡った　　p.275

838 reply
[riplái]

動 返事をする, (~と)答える
名 返事, 答え

839 moreover
[mɔːróuvər] (同?) 2つ

副 その上, さらに
= fúrthermore ; what is more

840 recipient
[risípiənt]

名 受取人, 受領者；(臓器などの)被移植者
◇recéipt 名 受領, 領収書　　p.147

229

PRACTICE TEST

163. SBA Inc. has ------- in talks with General Services to take over part of its business.

    (A) demonstrated
    (B) engaged
    (C) involved
    (D) maintained

164. We have installed equipment ------- the latest in manufacturing technology and automation.

    (A) is incorporating
    (B) that incorporates
    (C) incorporation of
    (D) had incorporated

165. The cost of cotton decreased greatly last year, ------- as a result of a 41.1% increase in cotton production.

    (A) larger
    (B) large
    (C) largest
    (D) largely

166. MMAA's retail sales will fall short of analysts' -------.

    (A) predicted
    (B) predictions
    (C) predict
    (D) predictable

167. The content of this site is provided primarily in English.

    (A) originally
    (B) vitally
    (C) simply
    (D) chiefly

168. The report is badly written; -------, it is not accurate.

    (A) even though
    (B) on the contrary
    (C) instead
    (D) moreover

PRACTICE TEST UNIT028

ANSWER KEY

☐☐☐

163. (B) engaged; engage ▶p.224
- 訳 SBA社は，事業の一部を買収するためジェネラル・サービスと話をしてきた。
- 解説 空所の直後にinがあるので，(B)を選んでengage in A「Aに携わる，従事する」とする。他の選択肢はふつう他動詞なので目的語が必要。(A)のdemonstrateは「～を示す，証明する」(p.80)，(C)のinvolvedは「～を伴う，含む；～を巻き込む，関係させる」(p.128)，(D)のmaintainは「～を維持する，保つ」(p.39)。(C) involvedは，be involved in A「Aに関係する，参加する」(p.128)なら考えられる形だ。

☐☐☐

164. (B) that incorporates; incorporate「～を取り入れる，組み込む，合併する」
▶p.225
- 訳 製造技術やオートメーションにおける最新のものを取り入れた装備を私たちは備え付けた。
- 解説 空所の前の名詞equipment「装備」を修飾する形を選ぶ。すでに述語動詞としてinstalledがあるから，(A)(D)のような形は不可。選択肢の中でequipmentを修飾できるのは関係代名詞thatを使った(B)だけだ。空所の直後のthe latest「最新のもの」はincorporatesの目的語となっている。

☐☐☐

165. (D) largely「主に，主として，大部分は」 ▶p.226
- 訳 主に綿の製造が41.1％増加した結果，去年綿のコストは大いに下落した。
- 解説 largelyは原因や理由を表す副詞要素(because ～，due to Aなど)を修飾することが多い。as a result of A「A(原因)の結果として」。

☐☐☐

166. (B) predictions; prediction「予言，予測」 ▶p.227
- 訳 MMAAの売上げはアナリストの予測に達しないだろう。
- 解説 空所には名詞が入る。(D) predictable「予測できる」は形容詞。文中のfall short ofは「〈期待など〉に達しない」の意味。

☐☐☐

167. (D) chiefly「主に」
- 訳 このサイトのコンテンツは主に英語で提供されている。
- 解説 primarilyと同意語を選ぶ。(A) originally「元は，元来」，(B) vitally「極めて重大に」，(C) simply「単に」。

☐☐☐

168. (D) moreover「その上，さらに」 ▶p.229
- 訳 そのレポートは下手だ。その上，不正確だ。
- 解説 moreoverは情報を追加するときに用いる副詞。(A) even though「～であるとしても」，(B) on the contrary「それどころか」(p.290)，(C) instead「その代わりに」(p.55)。

231

UNIT 029　KEY PHRASES

- **pursue** the American Dream — アメリカンドリーム**を追い求める**
- a **provisional** agreement — **仮の**協定
- **proofread** articles — 記事**を校正する**
- **accompany** the governor — 知事**に同行する**
- a **prominent** scientist — **有名な**科学者

---

841 pursue
[pərsjúː]

動 ①～を**追求する**, 追う
　②〈政策・仕事など〉を**続ける**, 実行する(＝carry out)
◇pursúit　　　　　　　名 追求, 追跡
◆in pursuit of A　　「Aを求めて」

842 provisional
[prəvíʒənl]

形 **仮の**, 暫定の, 一時的な(＝temporary)
◇provísionally　　　　副 仮に, 暫定的に

843 proofread
[prúːfriːd]

動 ～を**校正する**
◇próof　　　　　名 ①証拠　②耐久度　③校正
◇wáterproof　　　形 防水の
◇búlletproof　　　形 防弾の

844 accompany
[əkʌ́mpəni]

動 ～に**同行する**, 一緒に行く
語源 ac(=to)＋company(仲間)＝(仲間として行く)

◆be accompanied by A　「Aをともなう, 連れている」
例 a man accompanied by a dog
　「犬を連れた人」

845 prominent
[prάmɪnənt]

形 **有名な**；目立った
◇próminence　　　　名 目立つこと, 重要

UNIT 029 *KEY PHRASES*

MP3▶029-02.mp3 CD▶TRACK:31

- receive the first **paycheck** — 最初の給料をもらう
- The computer **malfunctioned** again. — コンピュータがまた故障した
- **load** bricks into a truck — トラックにレンガを載せる
- **modify** the plan — 計画を修正する
- an **intensive** course — 集中講座

846
paycheck
[péitʃek]

图 給料, 給料支払小切手
★checkに「小切手」の意味がある。(p.14)
◇páyoff　　　图 報酬；支払い, 払い戻し
★金融機関が破綻したときのペイオフ制度はpayoff systemという。
◇páyroll　　　图 ①給与支払い
　　　　　　　　　②従業員名簿, 給与支払い簿

▶p.178

847
malfunction
[mælfʌ́ŋkʃən]

動 故障する, 誤作動する
图 故障, 誤作動, 機能不全
mal(悪い, 不完全な)+function(機能する)

848
load
[lóud]

動 ～を載せる
图 積荷, 負担　　　　　　　　　　　▶p.133 freight
◇wórkload　　　图 仕事量
◇trúckload　　　图 トラック1台分の荷物
◇unlóad　　　　動〈積荷・人〉をおろす

849
modify
[mádəfai]

動 ～を修正する
◇modificátion　图 修正, 変更

850
intensive
[inténsiv]

形 集中的な, 徹底的な, 強い
◇inténse　　　形 強烈な, 激しい

UNIT 029　*KEY PHRASES*　MP3▶029-03.mp3　CD▶TRACK:31

the earliest **dinosaur**	最古の**恐竜**
calculate **currency** exchange	**通貨**両替の計算をする
amateur **contestant**s	素人の**出場者**
certify brain death	**脳死**を認定する
contemporary art	**現代の**美術

851
dinosaur
[dáinəsɔːr]

图 恐竜
源 dinos(恐ろしい)+saur(トカゲ)

852
currency
[kə́ːrənsi]

图 通貨
源 curr(= run)+ ency(性質)=(流れるもの)
◆foreign currency 　　　　「外貨」
◆currency exchange rate 「外国為替相場(レート)」
◇cúrrent 　　　　　　　　形 現在の

853
contestant
[kəntéstənt]

图 出場者, 競技者
◇cóntest 　　　　图 競技, 競争
　　　　　　　　動 ～を競う[- -]

854
certify
[sə́ːrtifai]

動 ～を証明する, 認定する
源 certi-(確かな)+fy(にする)
◇cértified 　　　　形 認定された, 資格のある, 公認の
◆certified public accountant 「公認会計士」=CPA
◇certificátion 　　　　图 証明(書)

855
contemporary
[kəntémpəreri]

形 現代の, 同時代の
源 con(同)+tempor(時代)+ary(の)

UNIT 029 *KEY PHRASES*

The book **consists** *of* four lessons.	その本は4課で**構成されている**
compensate *for* damage	損害を**賠償する**
claim damages	損害賠償**を請求する**
obtain information about him	彼に関する情報**を得る**
a **civil** *engineer*	**土木技師**

856
consist
[kənsíst]

動 (+of A) **Aで構成されている, 成り立つ**
◇consístent　形 一致した, 安定した　▶p.258
◇consístency　名 一貫性, 安定性

857
compensate
[kámpənseit]

動 (+for A) **Aを賠償する, 埋め合わせる, 報いる**
源 com(同じ)+pensate(測る)　(=make up (for) A)
◇compensátion　名 埋め合わせ, 補償

858
claim
[kléim]

動 ①(+that ~) **~と主張する**
②**~を請求する**；〈荷物〉**を受け取る**
◆baggage claim 「(空港の)手荷物引き渡し所」

859
obtain
[əbtéin]

動 **~を得る, 手に入れる**(=get)
源 ob(強意)+tain(=hold)=(しっかり握る)
★getよりもややかたい語で, 努力を伴って手に入れることを言うことが多い。

860
civil
[sívl]

形 **市民の, 民間の；礼儀正しい**
★TOEICではcivil engineer「土木技師」に注意。以下に挙げるような歴史や政治的な用例は, TOEICではまれ。
◆civil war　　　　「内乱」
◆the Civil War　　「南北戦争」
◆the civil rights movement　「(黒人の)**公民権運動**」
◇civílian　名 (軍に対して)民間人

235

UNIT 029 *KEY PHRASES*

MP3▶029-05.mp3 CD▶TRACK:31

authentic Italian food	本格的なイタリア料理
in the **vicinity** of the station	駅近郊に
a **stable** condition	安定した状態
dispose *of* waste	廃棄物を処分する
refrain *from* tak*ing* pictures	写真を撮るのを控える

---

861 **authentic**
[ɔːθéntik] （同？）2つ

形 **本格的な, 本物の, 真の**
= génuine, réal
★genuineと同様に, にせ物ではなく「本物の」という意味。

862 **vicinity**
[vɪsínəti]

名 **近辺, 近所, 付近, 近接**
★neighborhoodよりかたいことば。かなり広い範囲を言う。

863 **stable**
[stéɪbl]

形 **安定した, 一定の**
◇stabílity　　名 安定(性), 固定

864 **dispose**
[dɪspóuz]

動 (+ of A) **(Aを)処分する, 処理する** (= get rid of A)
源 dis(離して)+pose(置く)

◇dispósal　　名 処分, 廃棄
◆at A's disposal 「Aの自由に, Aの思うがままに」
　　　　　　　　★TOEICで重要！
例 He has no funds at his disposal.
「彼には自由に使える資金がない」

865 **refrain**
[rɪfréɪn]

動 (+ from A) **Aをつつしむ, さし控える**
★fromの後はしばしばVing。

236

UNIT 029　*KEY PHRASES*　　　MP3▶029-06.mp3 CD▶TRACK:31

- **physical** beauty — 肉体美
- the **path** to victory — 勝利への道
- the **medium** of communication — コミュニケーションの手段
- **positive** thinking — 積極的な考え方
- the **legend** of Robin Hood — ロビン・フッドの伝説

---

866 **physical** [fízikl]
形 肉体の
- ◇physícian　名 内科医, 医者　▶p.121
- ◇phýsics　名 物理学
- ◇phýsicist　名 物理学者

867 **path** [pǽθ]
名 道, 進路；軌道（＝pathway）
- ◇fóotpath　名 小道；歩道《英・豪》

868 **medium** [míːdiəm]
Q 複数形は？

名 手段；媒体
形 ①中間の　②（ステーキの焼き具合が）ミディアムの
例 medium size「並の大きさ」
A media
★mediaを単数扱いする例も多いが, 元々mediumの複数形なので, 単数扱いを不可とする人もいる。

◆the mass media 「マスメディア, 大量伝達媒体（新聞・テレビなど）」

869 **positive** [pάzətiv]
形 ①積極的な, 前向きの（⇔negative）；肯定的な
　②明確な；〈人が〉確信している（＝sure）
- ◇pósitively　副 確かに, きっぱりと

870 **legend** [lédʒənd]
名 伝説
- ◇légendary　形 伝説的な, 伝説上の

PRACTICE TEST

169. The prime minister ------- by the governor.

    (A) being accompanied
    (B) will accompany
    (C) will be accompanied
    (D) accompany

170. Frontier App reserves the right to update and ------- the terms of use of this website at any time without notice.

    (A) assure
    (B) deprive
    (C) modify
    (D) respond

171. If there is anyone who knows a ------- network administrator, please let me know.

    (A) certify
    (B) certifying
    (C) certified
    (D) certifies

172. All visitors to the hospital must ------- visitor passes from the Patient Information Desk in the lobby on arrival.

    (A) design
    (B) require
    (C) resolve
    (D) obtain

173. Most elected officials have discretionary funds at their -------.

    (A) dispose
    (B) disposing
    (C) disposes
    (D) disposal

174. The foreign investors had ------- opinions about the tax rates offered by the government.

    (A) positive
    (B) positively
    (C) positivity
    (D) positiveness

PRACTICE TEST UNIT029

ANSWER KEY

☐☐☐

169. (C) will be accompanied ▶p.232
訳　首相は知事に付き添われるだろう。
解説　空所の後のbyに注意して，be accompanied by A「Aをともなう，連れている」という形を作る。accompanyは通常他動詞なので，この文では受動態にしなければならない。

☐☐☐

170. (C) modify「〜を修正する」▶p.233
訳　フロンティアAppはいつでも予告なくこのウェブサイトの使用条件を更新し修正する権利を有しています。
解説　空所の後のterms「条件」を目的語にして文意が通る動詞を選ぶ。(A) assure「〜と保証する」(p.181), (B) deprive「〜から奪う，とる」(p.347), (D) respond「〜に返答する」(p.41)。

☐☐☐

171. (C) certified「認定された，資格のある，公認の」▶p.234
訳　誰か資格のあるネットワーク管理者を知っている人がいれば，私に教えてください。
解説　network administratorを修飾するため，形容詞的に使える過去分詞certifiedを選ぶ。動詞certifyは「〜を証明する，認定する」の意味。

☐☐☐

172. (D) obtain「〜を得る，手に入れる」▶p.235
訳　全ての病院の訪問者は到着時にロビーの患者のインフォメーションデスクで，ビジターパスを手に入れる必要があります。
解説　空所の後のvisitor passesを目的語にとって文意が通じる動詞を選ぶ。(A) design「〜をデザインする，設計する」(p.51), (B) require「〜を必要とする；〜を要求する」(p.22), (C) resolve「〈問題など〉を解決する；〜と決心する」(p.113)。

☐☐☐

173. (D) disposal; at A's disposal「Aの自由に，Aの思うがままに」▶p.236
訳　公選された役職者のほとんどが，任意で自由に使える資金を持っている。
解説　discretionary funds「任意で使える資金」は難しい表現だが，設問としては，動詞disposeの名詞形がdisposalであることがわかれば良い。

☐☐☐

174. (A) positive「積極的な，前向きの；肯定的な」▶p.237
訳　外国の投資家たちは政府によって提出された税率について肯定的な意見を持った。
解説　opinionsを修飾する形容詞を選ぶ。(B) positively「確かに，きっぱりと」(p.237)は副詞，(C) positivity「積極性」と (D) positiveness「積極さ」はともに名詞。

239

UNIT 030 *KEY PHRASES*

MP3▶030-01.mp3 CD▶TRACK:32

■ receive a research **grant**	研究助成金を受ける
■ a lighting **fixture**	照明器具
■ the **Faculty** of Law	法学部
■ use **durable** materials	耐久性のある材料を使う
■ an **emerging** market	新興市場

---

871 grant
[grǽnt]

图 助成金, 補助金
動 ～を許可する, 認める
◆take A for granted 「Aを当然のことと思う」
◆take it for granted that～ 「～を当然と思う」

872 fixture
[fíkstʃər]

图 設備, 備品
◇fix 動 ～を修理する; ～を固定する ▷p.95

873 faculty
[fǽkəlti]

图 ①学部 ②能力
源 facul(容易な)+ty facility「施設, 設備, 機関」(p.25)と同語源。

874 durable
[djúərəbl]

形 耐久性のある, 長持ちする
源 dur(続く)+able(できる) during「～の間」, duration「継続(期間)」(p.255)と同語源。
◇durability 图 耐久性
◆durable goods 「耐久消費財」
★自動車, 冷蔵庫など。

875 emerge
[imə́ːrdʒ]

動〈事実などが〉現れる, 出てくる
源 e(外に)+merge(飛び込む) emergency「緊急事態」(p.284)と同語源。
◇emérging 形 新興の ★名詞修飾で使う。

UNIT 030 *KEY PHRASES*

MP3▶030-02.mp3 CD▶TRACK:32

- **deserve** special consideration — 特筆**に値する**
- a **defensive** driving course — **事故を防ぐ**運転講習
- **confusing** signs — **まぎらわしい**標識
- He *is* eager *to* get back to work. — 彼は復職することを**熱望している**
- a **concise** document — **簡潔な**文書

876
□ **deserve**
[dizə́ːrv]

動 ～に値する
源 de(完全に)＋serve(役立つ)
◆deserve to V 「Vして当然だ」

877
□ **defensive**
[difénsiv]

形 防御的な, 守勢の
◇defénd 動 ～を防御する, 守る
◇defénse 名 防御, 守り

878
□ **confusing**
[kənfjúːziŋ]

形 まぎらわしい, わかりにくい
◇confúsed 形 〈人が〉困惑している, まごついている

879
□ **eager**
[íːgər]

形 熱望して；熱心な
◆be eager to V 「強くVしたがる」
◇éagerly 副 熱心に, 熱望して
(＝with eagerness)

880
□ **concise**
[kənsáis]

形 簡潔な；縮約の
◇concísely 副 簡潔に

UNIT 030　KEY PHRASES

MP3▶030-03.mp3　CD▶TRACK:32

compliance with laws and regulations	法令の**順守**
under unavoidable **circumstances**	避けられない**事情**で
a fire **alarm** system	火災**警報**システム
implement a marketing plan	マーケティング計画**を実行する**
ailing economy	**不調にあえぐ**経済

881
compliance
[kəmpláiəns]

图 順守, 従うこと
◇comply　　動 従う, 順守する

882
circumstance
[sə́ːrkəmstæns]

图 事情, 状況
★ふつうcircumstancesと複数形で使う。
◆under the circumstances
「そういう状況では；現状では」

883
alarm
[əláːrm]

图 警報(器), 目覚まし時計；驚き, 恐怖
動 〈人〉をはっとさせる, 〈人〉に警報を発する
◇alárming　　形 驚くべき, 不安にさせる

884
implement
[ímpləmənt]

動 ~を実行する
图 道具, 用具
語源 im(に)+ple(=full 満たす)+ment
◇implementátion　图 実行

885
ailing
[éiliŋ]

形 (産業・経済が)不調な, 不振な；病んでいる
◇áil　　動 ~を苦しめる；(病気を)患う

UNIT 030　KEY PHRASES

■ an **absolute** promise	**無条件の** 約束
■ The British say "lift," **whereas** Americans say "elevator."	イギリス人は「リフト」と言う**が**, アメリカ人は「エレベーター」と言う
■ a **refreshing** drink	**さわやかな** 飲み物
■ a seasonal **transition**	季節の **移り変わり**
■ This is smaller and **thus** cheaper.	この方が小さく, **したがって** 安い

886
□ **absolute**

[ǽbsəluːt]

反?

形 **絶対の, 完全な**（＝unlimited）
源 ab（分離）＋solute（自由の）
⇔ rélative　　形 比較上の, 相対的な　　▶p.155
◇ ábsolutely　　副 （返事として）そうだとも；完全に, 全く　　▶p.325

887
□ **whereas**

[hweəræz]

接 **～だが一方, ～であるのに**
★whileにも「～である一方」と対照を表す用法があるが, whereasの方がかたい語。

888
□ **refreshing**

[rifréʃiŋ]

形 **さわやかな**
◇ refrésh　　動 ～の気分をさわやかにする, 元気を回復する
◇ refréshment　　名 （～s）軽い飲食物；元気回復

889
□ **transition**

[trænzíʃən]

名 **移り変わり, 推移, 変化**（＝change）
源 transは移動や変化を表す。transform「変形する」など。

890
□ **thus**

[ðʌ́s]

多義

副 ①**それゆえ, したがって**（＝therefore）
　②**そのように, このように**
　③**これほど, この程度**
★thus＝soと考えればよい。

UNIT 030　KEY PHRASES

MP3▶030-05.mp3 CD▶TRACK:32

■ **tap** her *on* the shoulder	彼女の肩を軽くたたく
■ the **surface** of the earth	地球の表面
■ enter a new **phase**	新しい段階に入る
■ **strength**s and weaknesses	強さと弱さ
■ **staple** the document	文書をホッチキスでとめる

891
□ **tap**　　　　〔多義〕
[tæp]

動 ①〜を軽くたたく
②〜を開発[利用]する；〈能力など〉を引き出す
名 (水道などの)蛇口
例 tap the market「市場を開発する」
　　tap water　　「水道水」

892
□ **surface**
[sə́ːrfəs]

名 表面, 外見
形 表面の, うわべの
語源 sur(上に)+face(顔)
◇resúrface　　動 再舗装する, 再浮上する

893
□ **phase**
[féiz]

名 段階(=stage), 時期

894
□ **strength**
[stréŋkθ]

名 強さ
★strongの名詞形。発音注意。
◇stréngthen　動 〜を強くする, 強化する(⇔weaken)

895
■ **staple**
[stéipl]

動 〜をホッチキスでとめる
名 ホッチキスの針
◇stápler　　名 ホッチキス
★「ホッチキス」は英語ではない。

UNIT 030　*KEY PHRASES*　　　MP3▶030-06.mp3 CD▶TRACK:32

- many **species** of birds — 多くの**種**の鳥
- **sort** documents by date — 日付で書類**を分類する**
- *in* a hopeless **situation** — 希望のない**状況で**
- a **critical** issue — **重要な**問題
- be **critical** of the government — 政府に**批判的**である
- walk on the **shore** — **海岸**を歩く

896
species
[spíːʃi(ː)z]

图 種, 種族
★単数形も複数形も同じ形だ。
◆our species 「人類」

897
sort
[sɔ́ːrt]

動 ～を分類する
图 種類
◆sort out A 「〈問題など〉を処理する, 解決する」
◆a sort of A 「一種のA」(＝a kind of A)
★Aにはふつう無冠詞単数形の名詞。

898
situation
[sìtʃuéiʃən]

图 事態, 状況; 立場
◇situated 形 位置している, ある(＝located)

899
critical （多義）
[krítikl]

形 ①重要な, 決定的な
　　②批判的な
★crucial「重大な」と同じような意味だが, (be in) critical condition「重体[危篤](である)」を, ×crucial conditionとは言わない。
◇crisis 图 危機

900
shore
[ʃɔ́ːr]

图 海岸, 岸
◇ashore 副 岸に[へ], 陸上に[へ]

245

PRACTICE TEST

175. Magic cards are not quite as ------- as ordinary poker cards, and they're much more valuable.

    (A) durably
    (B) durable
    (C) durability
    (D) duration

176. Republicans have been ------- to challenge the president's decision.

    (A) eager
    (B) eagerly
    (C) eagerness
    (D) more eagerly

177. The system is ------- in the Java programming language.

    (A) implemented
    (B) attained
    (C) convinced
    (D) preceded

178. Holidaying on this island surely brings a ------- change for visitors.

    (A) refreshing
    (B) refreshment
    (C) refreshed
    (D) refresh

179. SDJ Inc. develops new products, controlling every ------- of production from design to manufacturing.

    (A) industry
    (B) circle
    (C) phase
    (D) occasion

180. The commentary in the analyst's report was sharply ------- of the maintenance crew.

    (A) critic
    (B) critical
    (C) critically
    (D) crucial

PRACTICE TEST UNIT030

ANSWER KEY

☐☐☐

175. (B) durable「耐久性のある，長持ちする」 ▶p.240
- 訳　マジックで使うカードはふつうのポーカー用カードほどには耐久性はなく，ずっと高価である。
- 解説　are not quite as ------- asと，be動詞の後に空所があるから，形容詞を選ぶ。(A) durably「丈夫に」は副詞，(C) durability「耐久性」は名詞，(D) duration「持続，継続」も名詞(めったに使わない)。

☐☐☐

176. (A) eager; be eager to V「強くVしたがる」 ▶p.241
- 訳　共和党は大統領の決定に異議を唱えたいと思っている。
- 解説　have been ------- to Vの空所に入れるのは形容詞が適切。challenge「〜に異議を唱える；〜に挑戦する」(p.119)は重要。(B)(D) eagerly「熱心に」は副詞，(C) eagerness「熱心」は名詞。

☐☐☐

177. (A) implemented; implement「〜を実行する」 ▶p.242
- 訳　このシステムはJavaプログラム言語で実行されている。
- 解説　「コンピュータプログラムを実行する」というときにもimplementは使える。(B)のattainは「〜を達成する」(p.259)，(C)のconvinceは「〜に確信させる」(p.149)，(D)のprecedeは「〜に先行する，(時間的に)〜に先立つ」(p.259)。

☐☐☐

178. (A) refreshing「さわやかな」 ▶p.243
- 訳　この島で休暇を過ごせば，きっと訪問者はさわやかな気分転換ができます。
- 解説　名詞のchangeを修飾する形容詞要素を選ぶ。(B) refreshmentは「軽い飲食物；元気回復」という意味の名詞。(D) refresh「〜の気分をさわやかにする，元気を回復する」は動詞。ちなみにholidayを動詞で使うのは《英・豪》。

☐☐☐

179. (C) phase「段階，時期」 ▶p.244
- 訳　SDJ社はデザインから製造まであらゆる生産段階を管理しながら新製品を開発します。
- 解説　a phase of production「生産段階」はよく使う表現。(A) industry「産業，工業；…業」，(B) circle「円，集団」，(D) occasion「場合，機会」(p.136)。

☐☐☐

180. (B) critical「批判的な」 ▶p.245
- 訳　アナリストの報告におけるコメントは保守班に対して極めて批判的である。
- 解説　be critical of A「Aに批判的だ」の形にする。(A) critic「評論家，批評家」(p.194)，(C) critically「批判的に，酷評して」，(D) crucial「重大な，決定的な」(p.269)。

Tips アメリカ英語とイギリス英語

アメリカとイギリスで異なる単語

日本語	アメリカ英語	イギリス英語
マンション	apartment	flat
手荷物	baggage	luggage
トイレ	bathroom	toilet
紙幣	bill	note
缶	can	tin
携帯電話	cell phone	mobile phone
学校の食堂	cafeteria	canteen
〈人〉に電話する	call 〈人〉 up / give 〈人〉 a call	ring 〈人〉 up / give 〈人〉 a ring
お勘定	check	bill
ビスケット	cookie	biscuit
街の中心部,繁華街	downtown	city centre
エレベーター	elevator	lift
秋	fall / autumn	autumn
高速道路	freeway / expressway	motorway
フライドポテト	French fries	chips
幼稚園	kindergarten	nursery
映画	movie / cinema	film / cinema
ズボン	pants	trousers
鉄道	railroad	railway
時刻表・時間割	schedule	time table
サッカー	soccer	football
地下鉄	subway	Underground / Tube
セーター	sweater	jumper
ごみ	trash / garbage	rubbish
休暇	vacation	holiday
庭	yard	garden

★建物の階の表し方はアメリカとイギリスで1つずれる。ヨーロッパではイギリス式が普通。

日本語	アメリカ英語	イギリス英語
3階	the third floor	the second floor
2階	the second floor	the first floor
1階	the first floor	the ground floor

UNIT31〜44

Stage 3

このStageではかなりの難単語も登場する。焦らずゆっくりと確認しながら進めていこう。ここをやり終えれば,ほとんどの問題に対応できるはずだ。

Tips アメリカとイギリスでつづり字が異なる単語

アメリカ式	イギリス式	アメリカ英語	イギリス英語
-or	-our	color	colour
		favorite	favourite
-er	-re	center	centre
		meter	metre
		theater	theatre
-se	-ce	license	licence
		offense	offence
-ze	-ze	realize	realise
		organize	organise
-ll	-l	fulfill	fulfil

★他にもアメリカ英語のprogramが,イギリス英語ではprogrammeとなり,アメリカ英語のtravelingが,イギリス英語ではtarevellingとなる。

UNIT 031　*KEY PHRASES*

- The president will **resign** soon. 　社長はまもなく**辞任する**
- **recover** *from* illness 　病気**から回復する**
- **recall** the good old days 　古き良き時代**を思い出す**
- an **overwhelming** majority 　**圧倒的な**多数
- the **prevailing** view 　**広まっている**考え方

901 resign
[rizáin]

動 (〜を)辞職する, やめる
語 re(否定)+sign(署名する)
◆resign oneself to A 「あきらめてAを受け入れる」
◇resignátion 　名 辞職, 辞任

902 recover
[rikÁvər]

動 ①(recover from A)〈病気などから〉回復する
② 〜を取り戻す
◇recóvery 　名 回復, 取り戻すこと

903 recall
[rikɔ́:l]

動 〜を思い出す, 覚えている(=remember);
〜を呼び戻す

904 overwhelming
[ouvərhwélmiŋ]

形 圧倒的な
◇overwhélm 　動 〜を圧倒する
◇overwhélmingly 　副 圧倒的に

905 prevail
[privéil]

動 ①普及している, 広まる　②勝つ, まさる
★②はまれ。
◇prévalent 　形 普及している, 流布している

250

UNIT 031 *KEY PHRASES*

MP3▶031-03.mp3 CD▶TRACK:34

- win a **prestigious** award — 名誉ある 賞を得る
- **outdated** technology — 時代遅れの 技術
- a shop **opposite** the station — 駅の向こう側の 店
- be **admitted** to the hall — ホールへの入場を認められる
- This problem often **occur**s. — この問題はしばしば起こる

906
prestigious
[prestí:dʒəs]

形 名声のある, 名誉ある, 一流の
◇prestíge　　图 威信, 信望

907
outdated
[autdéitid]　同熟?

形 ①時代遅れの　②(期限切れで)失効した
= out of date

908
opposite
[ápəzit]

前 ~に向き合って, ~の向こう側に
形 正反対の, 逆の
◇oppóse　　動 ~に反対する
★oppose A = object to A (p.185)
◆be opposed to A 「Aに反対している」
◇opposítion　　图 反対, 対立, 抵抗

909
admit
[ədmít]　反?

動 ①~を認める　②~に入場[入会・入学]を認める
★しばしば「認めたくないことを渋々認める」ときに使う。
⇔ dený　　動 ~を否定する
◇admíssion　　图 入学(許可), 入場(料), 入会(金)
　　　　　　　　　　▶p.186

910
occur
[əkə́ːr]

動 起こる, 生じる
活用形 occur – occurred – occurred ; occurring
◆occur to 〈人〉 「〈考えなどが〉〈人〉に浮かぶ」
◇occúrrence　　图 出来事 ; 起こること

251

UNIT 031　*KEY PHRASES*　　　MP3▶031-04.mp3　CD▶TRACK:34

☐ **navigate** by the stars	星によって進路を決める
☐ the Italian foreign **minister**	イタリアの外務大臣
☐ **migration** from one place to another	ある場所から別の場所への移住
☐ a **practical** approach	実践的なやり方
☐ the green **meadow**	緑の牧草地

911
☐ **navigate**
[nǽvigeit]

動 ①進路を決める，操縦する
②〈船・飛行機〉を操縦する
③〈海・空〉を航海[飛行]する
◇navigátion　图 航海(術)，飛行(術)

912
☐ **minister**
[mínəstər]

图 大臣
◇mínistry　图 (政府の)省
例 the Education ministry 「文部省」

913
☐ **migration**
[maigréiʃən]

图 移住，(鳥・魚の)移動
◇mígrate　動 移住する

914
☐ **practical**
[prǽktikl]

形 現実的な，実践的な；実質上の
◇práctice　图 ①慣習　②実践，実行　③練習
動 〈医学など〉に従事する，練習する
▶p.16

915
☐ **meadow**
[médou]

图 牧草地，草地

UNIT 031　*KEY PHRASES*

MP3▶031-05.mp3　CD▶TRACK:34

- **in a timely manner** — タイミングよく
- **lend** money **to** him — 彼に金を貸す
- Have you seen him **lately**? — 最近彼に会いましたか
- We appreciate your **cooperation**. — ご協力に感謝します
- **interrupt** conversations — 会話の腰を折る

---

916 manner
[mǽnər]

名 **方法, やり方**；**流儀**；(manners)**行儀, 作法**

◆in a timely manner 「タイミングよく, 時期を逃さずに」

---

917 lend
[lénd]

動 **～を貸す**

★ふつう無料で持ち運びできるものに使う。

◆lend A B 「A(人)にBを貸す」(＝lend B to A)

反? ⇔bórrow 動 ～を借りる ▶p.176

---

918 lately
[léitli]

副 **最近**

★現在完了形と共に用いられることが多い。(▶p.31 recently)
★latelyには「遅く」の意味はない。cf. late 形・副「遅い；遅く」

◇láter 副 あとで, のちほど ▶p.139

---

919 cooperation
[kouɑpəréiʃən]

名 **協力, 協同**

◇coóperate 動 協力する, 協同する

---

920 interrupt
[intərʌ́pt]

動 **～を中断する**, 〈会話〉の**腰を折る, 妨げる**

語源 inter(間に)＋rupt(こわす)

◇interrúption 名 妨害, 中断

253

UNIT 031　*KEY PHRASES*

incur necessary expenses	必要経費がかかる
I **guess** so.	そうだと思う
the world **grain** market	世界の穀物市場
do **moderate** exercise	適度な運動をする
endangered wildlife	絶滅寸前の野生動物

921 incur
[inkə́ːr]

動 ~を被る，受ける，招く
源 in(=into)+cur(=run)= run into「~に偶然出会う」

922 guess
[gés]

動 ~を推測する，(なんとなく)思う
★guessはthat節/wh節を目的語にとれるが，thatはふつう省略される。
★I guess not.「そうは思わない」と言うが，× I don't guess so. とは言わない(hopeと同じ)。

923 grain
[gréin]

名 穀物，穀類；(穀物の)粒

924 moderate
[mádərət]
反? 2つ

形 ①適度な，節度ある
　②〈値段などが〉高くない，安い
⇔excéssive 　形 過度の，度を越した
　extréme 　形 極端な，過激な
◇móderately 　副 控え目に；安く
例 be moderately priced「安い価格である」

925 endangered
[endéindʒərd]

形 絶滅寸前の
◇endánger 　動 ~を危険にさらす

UNIT 031　*KEY PHRASES*　MP3▶031-07.mp3　CD▶TRACK:34

the **duration** of the contract	契約**期間**
prepare a **draft**	**草稿**を準備する
his **distinguished** career as a journalist	ジャーナリストとしての彼の**輝かしい**経歴
I was **disappointed** *with* the result.	私は結果に**がっかりした**
the mobile **device** market	モバイル**機器**の市場

926
□ **duration**
[djuəréiʃən]

名 持続, 持続期間, 継続(期間)

源 dur(続く)+ation　during「～の間」, durable「耐久性のある」(p.240)と同語源。

927
□ **draft**
[dræft]

名 草稿, 原案, 設計図, 下図

928
□ **distinguished**
[distíŋgwiʃt]

形 輝かしい, 名高い

◇distínguish　動 ～を区別する
源 dis(分離)+stinguish(突き刺す)＝(突き刺して分離する)

929
□ **disappointed**
[disəpóintid]

形〈人が〉がっかりした, 失望した

◇disappóinting　形〈人を〉がっかりさせる, 期待外れの, 残念な

930
□ **device**
[diváis]

名 装置, 機器；仕掛け, 工夫

源 divide「分ける」と同語源で,「分ける方法・工夫」という意味から。

255

PRACTICE TEST

181. Due to the ------- number of e-mails that are received on a daily basis, your e-mail may not be answered immediately.

    (A) overwhelm
    (B) overwhelmed
    (C) overwhelming
    (D) overwhelmingly

182. Children two years old and under are ------- free of charge.

    (A) admitted
    (B) admitting
    (C) admission
    (D) admit

183. This article shows a ------- approach to setting up a small company.

    (A) easy
    (B) constant
    (C) variety
    (D) practical

184. Since Paul didn't feel well this morning, he came to work -------.

    (A) latter
    (B) lately
    (C) late
    (D) latest

185. Thank you. Your ------- is greatly appreciated.

    (A) appreciation
    (B) cooperation
    (C) apprehension
    (D) practice

186. They are looking for a ------- priced hotel in New York City.

    (A) moderating
    (B) moderation
    (C) moderated
    (D) moderately

PRACTICE TEST UNIT031

ANSWER KEY

☐☐☐

181. (C) overwhelming「圧倒的な」 ▶p.250
- 訳　日々受信される膨大な数のeメールのため，あなたのeメールにすぐに返信されないかもしれません。
- 解説　numberを修飾する形容詞を選ぶ問題。(A) overwhelm「～を圧倒する」は動詞, (B) overwhelmedは過去形か過去分詞形だが，過去分詞なら〈人〉を主語にして「圧倒された，困った」の意味で使うことが多い。[例] He was overwhelmed by the stress.「彼はストレスに悩まされていた」 (D) overwhelmingly「圧倒的に」は副詞。

☐☐☐

182. (A) admitted ▶p.251
- 訳　2歳以下の子どもは無料で入場できる。
- 解説　be admitted「入場を認められる」。admitは「①～を認める　②～に入場[入会・入学]を認める」という意味の動詞だが，空所の前にareがあり，後ろに名詞がないことから，受動態にする。

☐☐☐

183. (D) practical「現実的な，実践的な；実質上の」 ▶p.252
- 訳　小さい会社を設立する実践的な方法をこの記事は示している。
- 解説　approachを修飾する形容詞を選ぶ。(A) easy「簡単な」はaではなくanが付かないといけない。(B) constant「一定の」は意味が通じず, (C) variety「多様(性)，変化」(p.41)は名詞。

☐☐☐

184. (C) late「遅く」
- 訳　今朝ポールは気分がよくなくて，遅れて出勤しました。
- 解説　lateは「遅い」という形容詞としても，「遅く」という副詞としても用いる。(A) latter「後の，後半の」(p.104), (B) lately「最近」(p.253), (D)latest「最新の」(lateの最上級としても用いる) (p.122)。

☐☐☐

185. (B) cooperation「協力，協同」 ▶p.253
- 訳　ありがとうございます。ご協力に感謝します。
- 解説　決まり文句なのでこのまま覚えておきたいフレーズ。(A) appreciation「評価，感謝」, (C) apprehension「理解；逮捕」, (D) practice「①慣習　②実践，実行　③練習」。

☐☐☐

186. (D) moderately「控えめに；安く」 ▶p.254
- 訳　彼らはニューヨークで安い価格のホテルを探している。
- 解説　空所の後ろにpricedという過去分詞があるので，それを修飾する副詞を選ぶ。

257

UNIT 032　KEY PHRASES

MP3▶032-01.mp3　CD▶TRACK:35

depict American landscapes	アメリカの風景を描く
the **courteous** staff	礼儀正しいスタッフ
the basic **concept** of marketing	マーケティングの基本的考え方
consistent production	安定した生産
a **complicated** situation	複雑な状況

---

931 depict
[dipíkt]

動 ～を描く

源 de(強意)＋pict(描く)　pictureと同語源。

---

932 courteous
[kə́ːrtiəs]　同?

形 礼儀正しい、ていねいな

＝políte

★courteousは特に親しくない人に対しても礼儀正しいことをいう。

◇cóurtesy　　名 礼儀、親切

---

933 concept
[kánsept]

名 概念、考え方、コンセプト

◇concéptual　　形 概念の、抽象的な

---

934 consistent
[kənsístənt]

形 一致した、安定した

◆be consistent with A 「Aと一致している、矛盾しない」
◇consístency　　名 一貫性、安定性
◇consíst　　動 (＋of A) Aで構成されている、成り立つ　▶p.235

---

935 complicated
[kámpləkeitəd]

形 複雑な

★complex(p.195)よりもくだけた言葉。

UNIT 032 *KEY PHRASES*

MP3▶032-02.mp3 CD▶TRACK:35

be committed to better working conditions	労働条件が良くなるよう**に専念する**
attain economic self-reliance	経済的自立**を達成する**
create a warm **atmosphere**	温かい**雰囲気**を作る
Speech **precede**s writing.	話し言葉は書き言葉**に先行する**

936
□ **commit**
[kəmít]

動 ①〈罪など〉を**犯す** ②~を**委ねる**

語 com(強意)+mit(=put, send 人に送る)=(委ねる)

◆be committed to A 「Aに専心する,打ち込む」
◆commit a crime 「罪を犯す」
◇commítment 图 献身, 打ち込むこと ▶p.188
◇commíssion 图 ①委員会
 ②手数料 ▶p.270
◇committee 图 委員会 ▶p.63

937
□ **attain**
[ətéin]

動 ~を**達成する**

語 at(=to)+tain(=hold)

★進行形はまれ。

938
□ **atmosphere**
[ǽtməsfiər]

图 **雰囲気**; 大気

◇atmosphéric 形 大気の

939
□ **precede**
[prisí:d]

動 ~に**先行する**, (時間的に)~に先立つ

語 pre(時間的に前に)+cede(行く) pre-もpro-もbeforeのことだが, pre-は時間的に以前であることを表し, pro-は空間的に前であることを表すことが多い。

◇procéed 動 ①進む
 ②(+to V)Vしはじめる

語 pro(空間的に前に)+ceed(行く)

◇precéding 形 (時間・順序において)前の, 先の(⇔following 次の)
◇précedent 图 先例, 前例
◇unprécedented 形 先例のない

259

UNIT 032 *KEY PHRASES*

- an **apprentice** carpenter | 大工**見習い**
- from **appetizer** to dessert | **前菜**からデザートまで
- **waste** time and energy | 時間とエネルギー**を浪費する**
- a **thriving** economy | **繁栄する**経済
- **sweep** the floor | 床**を掃く**

940 apprentice
[əpréntis]

图 見習い, 実習生, 徒弟
源 apprenti(学ぶ)

941 appetizer
[ǽpətaizər]

图 前菜, 食前酒, アペタイザー
◇áppetite 图 食欲
源 ap(=to)+ptite(求める)　petition「誓願」と同語源。

942 waste
[wéist]

動〈金・時間・エネルギーなど〉を浪費する, 無駄に使う
图 ①廃棄物　②無駄使い
◆waste A (in) Ving 「VするのにAを無駄使いする」
◇wásteful 形 無駄使いの多い, 浪費的な

943 thrive
[θráiv]

動 繁栄する, 栄える；よく成長する
★thriving「繁栄している」という形で名詞を修飾することが多い。

944 sweep
[swíːp]

動 ～を掃く, 掃除する

UNIT 032　**KEY PHRASES**　　MP3▶032-04.mp3　CD▶TRACK:35

attribute success *to* luck	成功を幸運のせいだと思う
suspend the project	計画を中止する
the rich **soil** of the Nile River	ナイル川の豊かな土壌
severe winter weather	厳しい冬の天候
reflect the mood of the times	時代の気分を反映する

945
attribute
[ətríbjuːt]

動 ～のせいにする
源 at(=to)+tribute(与える)　tributeについては▶p.62 distribute。
◆attribute〈結果〉to〈原因〉
　　　　　　「〈結果〉を〈原因〉のせいだと思う」

946
suspend
[səspénd]

動 ①～を中止する，停止する
　　②～をつるす，ぶら下げる
源 sus(下に)+pend(つるす)　首にかけるpendant「ペンダント」も同語源だ。
◇suspénsion　　　图 つるすこと
◆suspension bridge　「つり橋」

947
soil
[sɔ́il]

图 土，土壌，土地，大地

948
severe
[sivíər]

形 厳しい，〈痛みなどが〉ひどい
例 a severe illness「重病」，
　 a severe depression「深刻な不景気」
★strict rules「厳しい規則」，a strict teacher「厳しい先生」などと区別しよう。

949
reflect
[riflékt]

動 ①～を反映する，反射する
　　②(+ on A) Aについてよく考える
◇refléction　　　　　图 反射，反映；熟考

UNIT 032 **KEY PHRASES**

MP3▶032-05.mp3 CD▶TRACK:35

a house **decorated** with flowers	花で**飾られた**家
a **reciprocal** influence	**相互**作用
a **rear** entrance	**後部**入口
a **random** choice	**無作為な**選択
proficiency in computer programming	コンピュータプログラミングの**技量**
precisely at noon	**ちょうど**正午に

---

950 decorate
[dékəréit]

動 ～を**飾る**
◇decorátion　名 装飾

951 reciprocal
[risíprəkl]

形 **相互の, 互恵的な, 同等の**(＝mutual)
★mutualよりも相手からの見返りをしばしば含意する。
◇recíprocate　動 (～に)報いる

952 rear
[ríər]

名 **後部(の), 後ろ**(⇔front)
動 ～を**育てる**(＝bring up)
★backよりもかたい語。

953 random
[rǽndəm]

形 **でたらめの, 手当たり次第の, 無作為な**
◆at random 「でたらめに, 無作為に」

954 proficiency
[prəfíʃənsi]

名 **熟達, 技量, 能力, 腕**
◇profícient　形 熟練した, たんのうな (＝skilled)

955 precisely
[prisáisli]

副 **正確に, まさに, ちょうど**(＝exactly)
◇precíse　形 正確な, まさに
◇precísion　名 正確さ

262

UNIT 032 **KEY PHRASES**

MP3▶032-06.mp3 CD▶TRACK:35

a **novice** trader	**新米の**トレーダー
feel **nervous** about the future	将来のことで**不安に**なる
a difficult **task**	難しい**仕事**
The class is **mostly** Japanese.	クラスの**大部分は**日本人だ
mature adults	**成熟した**大人

956
novice
[návəs]   同?

图 **初心者, 駆け出し**
= begínner
★上のフレーズのように名詞に付けて形容詞的に使うことも多い。
語 nov-=new　novel「新奇な, 新しい」, innovation「革新」(p.119)と同語源。

957
nervous
[nə́ːrvəs]

形 **神経質な, 不安な;神経の**
◇ nérve　　　　　图 ①神経　②神経過敏
　　　　　　　　　　　③勇気, 沈着
◆ get on A's nerves　「Aの神経にさわる」

958
task
[tǽsk]

图 **仕事, 作業**(=work)
★workは「仕事」の意味では不可算名詞だが, taskは可算名詞だ。
(▶p.9 文法Check!)

959
mostly
[móustli]

副 **たいていは, 主に**
★sometimes と対照的に使われることがある。
例 I sometimes enjoy whiskey, but mostly I drink beer.
「私は時にはウィスキーも飲むが, たいていはビールを飲む」

960
mature
[mətúər]   同? 形
　　　　　　反?

形 **成熟した**
動 **成熟する, 大人になる**(=grow);**~を成熟させる**
= rípe　　　　　形 熟した
⇔ immatúre　　形 未熟な, 大人げない(=childish)
◇ matúrity　　 图 成熟(期), 円熟
★mature「成熟した」は人を, ripe「熟した」は果物などを修飾することが多い。

263

PRACTICE TEST

187. We should achieve greater ------- in the production process.

    (A) consistency
    (B) consisting
    (C) consistently
    (D) consistent

188. We are ------- to supplying products that satisfy our customers' highest expectations.

    (A) committed
    (B) applied
    (C) liable
    (D) free

189. The meeting next week ------- by a short speech from the chairman.

    (A) would precede
    (B) will be preceded
    (C) was preceded
    (D) will precede

190. Experts attribute the ------- in survival rates to better treatment.

    (A) improvement
    (B) relief
    (C) lift
    (D) exchange

191. This is an example of a house beautifully ------- for Christmas.

    (A) decoration
    (B) decorating
    (C) decorated
    (D) decorative

192. The best project team will not be able to complete a ------- if information about it is missing or incorrect.

    (A) construction
    (B) registration
    (C) work
    (D) task

PRACTICE TEST UNIT032

ANSWER KEY

☐☐☐

187. (A) consistency「一貫性, 安定性」 ▶p.258
- 訳　我々は製造過程においてより安定性を高めなければならない。
- 解説　空所にはgreaterで修飾される名詞が入る。(B) はconsist「〜で構成されている, 成り立つ」(p.235)の現在分詞, (C) consistently「一致して, 安定して」, (D) consistent「一致した, 安定した」(p.258)。

☐☐☐

188. (A) committed; be committed to A[Ving]「Aに専心する, 打ち込む」 ▶p.259
- 訳　私たちはお客様のどのようなご期待にもそえる製品を提供することをお約束します。
- 解説　(B)のapplyは「志願する；〜を適用する, 利用する」(p.4), (C) liable「法的責任がある, 〜しがちである」(p.335), (D) free「自由な」。

☐☐☐

189. (B) will be preceded; precede「〜に先行する」の受動態 ▶p.259
- 訳　来週の会議に先だって会長の短いスピーチがあります。
- 解説　precedeは他動詞なので, 受動態にできる。選択肢の中で受動態になるのは(B) will be preceded と (C) was precededだが, next weekとあるので, (B)が正解。

☐☐☐

190. (A) improvement「進歩, 改善」 ▶p.38
- 訳　生存率が向上したのは治療が良くなったことのおかげだと専門家は考えている。
- 解説　attribute〈結果〉to〈原因〉「〈結果〉を〈原因〉のせいだと思う」(p.261)の〈結果〉に当たる名詞を入れる問題。(B) relief「安心, 安堵」(p.185), (C) lift「持ち上げること」, (D) exchange「交換」(p.58)。

☐☐☐

191. (C) decorated「装飾された」; decorate ▶p.262
- 訳　これはクリスマスのために美しく装飾された家の例です。
- 解説　a house を後ろから修飾する過去分詞が正解。(A) decoration「装飾」, (B) decorating「装飾している」, (D) decorative「装飾的な」。

☐☐☐

192. (D) task「仕事, 作業」 ▶p.263
- 訳　情報が欠けていたり不正確であったりすると, 最高のプロジェクトチームでも仕事を完成できないだろう。
- 解説　空所の前に冠詞aがあり, (C) workは「仕事」の意味では不可算名詞なので, ここでは使えない。(A) construction「建築, 建設」(p.16), (B) registration「登録」(p.17)。

265

UNIT 033　*KEY PHRASES*　MP3▶033-01.mp3　CD▶TRACK:36

- efficient **logistics** ｜ 効率のよい**事業計画**
- gun control **legislation** ｜ 銃規制の**法律**
- There was a gas **leak**. ｜ ガス**漏れ**があった
- **conclude** that this research is useless ｜ この研究は無駄だ**と結論する**
- the **inaugural** issue ｜ **創刊**号

---

961 **logistics** [loudʒístiks]

图 ①(複雑な)**事業計画**
　②(商品などの)**物流管理**, ロジスティクス
★もともと「兵站(たん)学」の意味だが, 難しい事業を遂行するための計画や, 物資の効率的な総合管理を行うシステムをいう。
◇logístical　形 事業計画の(＝logistic)

962 **legislation** [ledʒisléiʃən]

图 **法律**, **立法**, **法律制定**
★不可算名詞で, 数えるときはa piece of ～とする。

963 **leak** [líːk]

图 **漏れ(口)**
動 **漏れる**；～を**漏らす**

964 **conclude** 〈多義〉 [kənklúːd]

動 ①～**と結論する**
　②〈会などが〉**終わる**　★②も重要！
例 The tour will conclude at its starting point.
「ツアーは出発地点で終了します」
◇conclúsion　图 結論；結末
◇conclúsive　形 決定的な, 確実な, 最終的な

965 **inaugural** [inɔ́ːɡjərl]

形 **創刊の**, **就任の**
图 **就任演説**, **就任式**
語源 in(に)＋augur(予言する)＋al

UNIT 033　*KEY PHRASES*　MP3▶033-02.mp3 CD▶TRACK:36

a **huge** success	**大**成功
I **hereby** pronounce you husband and wife.	**これによって**二人が夫婦であることを宣言します
gain popularity	人気**を博す**
an **authority** *on* economics	経済学の**権威**
be **forced** *to* merge	合併**を余儀なくされる**

966 huge
[hjúːdʒ]

形 巨大な, 莫大な（＝extremely large）
★soを付けることはあるが, veryは付けない。

967 hereby
[hìərbái]

副 これによって, このようにして
★公文書などでよく用いる言葉。

968 gain
[géin]

動 ～を得る, もうける
名 利益, 得ること（＝profit）
諺 No pain, no gain.「痛みなくして得るものなし」

969 authority
[əθɔ́ːrəti]

名 権威, 権力; 官庁, 機関, 局
源 author(生み出す人, 作家)＋ity(こと)
◆local authority 「地方自治体」

970 force
[fɔ́ːrs]

動 ～に強制する, 強いる
名 力
◆be forced to V 「Vさせられる, Vせざるをえない」

UNIT 033　KEY PHRASES

MP3▶033-03.mp3　CD▶TRACK:36

That's **fantastic**!	それは**すばらしい**！
creative **endeavor**s	創造的な**活動**
the marine **ecology** of the Persian Gulf	ペルシャ湾の海洋**生態系**
wear **casual** clothes	**気楽な**服装をする
settle a labor **dispute**	労働**争議**を解決する

---

971 fantastic
[fæntǽstik]

形 すばらしい, すごい
◇fántasy　名 幻想

972 endeavor
[endévər]

名 活動, 試み, 企て, 努力
動 努力する

★endeavor は effort よりもややformal な言葉で, まじめで継続的な目的のための努力を言うことが多い。

973 ecology
[ikálədʒi]

名 ①生態系, 生態学　②自然環境
源 eco（家, 環境）+ logy（学）
◇ecológical　形 生態の
◇ecólogist　名 環境保護主義者
◇ecosýstem　名 生態系（= ecological system）

974 casual
[kǽʒuəl]　反？

形 気楽な
⇔fórmal　形 形式ばった, 堅苦しい

975 dispute
[dispjú:t]

名 争議, 紛争, 論争　　▶p.317 conflict
動 ～を議論する, 反論する
源 dis（反対）+ pute（考える）=（反対の考えをもつ）

UNIT 033　KEY PHRASES

be **devoted** **to** the project	プロジェクトに専念する
in **descending** order	大きい順に[降順に]
sit on the **curb**	縁石に座る
The groups **are** **independent** **of** each other.	そのグループは互いに独立している
make **crucial** decisions	重大な決断をくだす

---

976 devote
[divóut]

動 (+A to B) AをBに捧げる
源 de (強意) + vote (誓う)

◆be devoted to A　「Aに専念する」
(= devote oneself to A)

---

977 descend
[disénd]　反?

動 降りる，下る
⇔ascénd　　動 昇る，上がる
源 de (=down) + scend (登る)

---

978 curb
[kə́ːrb]

名 ①縁石　②抑制

---

979 independent
[indipéndənt]

形 独立している
◆be independent of A　「Aから独立している」
◇indepéndently　　副 独立して
◇indepéndence　　名 独立

---

980 crucial
[krúːʃl]

形 重大な，決定的な
★critical「重要な」(p.245)とほぼ同じ。ただし, crucial business「重大な仕事」は正しい表現だが, ×critical businessとは言わない。

269

UNIT 033 *KEY PHRASES*　MP3▶033-05.mp3 CD▶TRACK:36

media **coverage** of crime	犯罪のメディア報道
nature **conservation** campaign	自然保護運動
fair trade **commission**	公正取引委員会
a **brief** description	簡潔な説明
the **charm** of London	ロンドンの魅力

981 coverage
[kʌ́vəridʒ]

图 報道；補償
◇cóver　動 ①〈話題など〉を扱う, 取り上げる
　　　　　　②〈費用など〉を負担する, 埋め合わせる
▶p.82

982 conservation
[kànsərvéiʃən]

图 保護, 管理, 保存
◇consérve　　　　動 ～を保護する, 保存する
◇conservátionist　图 環境保護論者
　　　　　　　　　　（＝environmentalist）

983 commission
[kəmíʃən]

图 ①委員会　②手数料
★commissionもcommittee(p.63)も日本語では「委員会」と訳されることが多いが, commissionは政府などから委託された公式なものを言うことが多い。
◇commíttee　　图 委員会　　　　　　▶p.63

984 brief
[brí:f]

形 手短な, 短時間の, 簡潔な
◆in brief　　「手短に(言うと)」　★文修飾が多い。
◇bríefly　　副 手短に

985 charm
[tʃá:rm]

图 魅力
◇chárming　　形 魅力的な

UNIT 033 *KEY PHRASES*

MP3▶033-06.mp3 CD▶TRACK:36

- have unique **characteristic**s — ユニークな特徴を持つ
- **ban** parking on the street — 路上駐車を禁止する
- the grand **ballroom** — 大宴会場
- sign an **autograph** for a fan — ファンのためにサインをする
- a friendly **attitude** *toward* customers — 客に対するやさしい態度

986
characteristic
[kærəktərístik]

- 图 特徴, 特性, 特色
- 形 特有な, 典型的な

★feature(p.78)は望ましい特徴をいうことが多いが, characteristicはそのような含みはなく, 他と異なる特徴をいう。

◇cháracter   图 性格；人物, 登場人物

987
ban
[bǽn]

- 動 ～を禁止する
- 图 禁止(令)

988
ballroom
[bɔ́:lru:m]

图 (ホテルなどの)宴会場, 舞踏場

源「球」のballとは別の語源で, ball「舞踏会」から。ballet「バレエ」と同語源。

989
autograph
[ɔ́:təgræf]

图 サイン ★有名人の記念のための署名。

源 auto(自分)＋graph(書く)＝(自分で書いたもの)

◇sígnature   图 署名, サイン ★書類などへの署名。

990
attitude
[ǽtətju:d]

图 態度, 姿勢, 考え方

PRACTICE TEST

193. There is no ------- evidence of harm from cellphones.

    (A) conclude
    (B) conclusive
    (C) conclusion
    (D) concludes

194. Ms. Rita Pierson is the museum's leading ------- on Renaissance art.

    (A) author
    (B) authority
    (C) authenticity
    (D) authorization

195. Albert was ------- to leave his job to take care of his wife.

    (A) rejected
    (B) forced
    (C) refused
    (D) declined

196. ------- clothing is allowed as long as you don't dress like you're about to head to a nightclub.

    (A) Actual
    (B) Formal
    (C) Casual
    (D) Official

197. Matthew and Luke, working ------- of each other, made similar discoveries.

    (A) closely
    (B) collaboratively
    (C) primarily
    (D) independently

198. The minister spoke only ------- at the conference before going back to London.

    (A) usually
    (B) frequently
    (C) briefly
    (D) precisely

PRACTICE TEST UNIT033

ANSWER KEY

☐☐☐

193. (B) conclusive「決定的な, 確実な, 最終的な」　▶p.266
訳　携帯電話による害について決定的な証拠はない。
解説　no ------- evidence とあるので, evidence を修飾する形容詞を選ぶ。(A)(D) は動詞 conclude「〜と結論する」, (C) conclusion「結論；結末」。

☐☐☐

194. (B) authority「権威, 権力；官庁, 機関, 局」　▶p.267
訳　リタ・ピアソンさんは博物館でルネサンス美術に関する第一人者です。
解説　空所の前の leading は「一流の, 優れた」(p.58) という意味の形容詞と考える。authority on A で「A に関する権威」という意味になる。(A) author「著者, 作者, 作家」(p.114), (C) authenticity「確実性」(D) authorization「公認」。

☐☐☐

195. (B) forced; be forced to V「V させられる, V せざるをえない」　▶p.267
訳　アルバートは妻の世話をするために仕事を辞めざるをえなかった。
解説　(B) 以外の動詞は, この形を取ることはできない。(A) の reject は「断る」(p.51), (C) の refuse は「断る」(p.51), (D) の decline は「低下する, 衰退する；〜を控える, 断る」の過去形・過去分詞形 (p.202)。

☐☐☐

196. (C) Casual「気楽な」　▶p.268
訳　ナイトクラブに行こうとしているような服装をしていなければ, 気楽な服装で許される。
解説　clothing「衣料品, 衣類」(p.96) を修飾する形容詞を選ぶ。as long as 〜「〜するなら, 〜する限り」は一つの接続詞と考えてよい（重要！）。また, head to[for] A「A に向かう」も重要。(A) actual「現実の」(p.81), (B) formal「形式ばった, 堅苦しい」(p.268), (D) official「公の, 公式の」(p.56)。

☐☐☐

197. (D) independently; independently of A「A から独立して」　▶p.269
訳　マシューとルークはお互いに無関係に働いていたが, 同じような発見をした。
解説　working を修飾する副詞を選ぶ。空所の後ろに of があるのがポイントで, 選択肢の中で of につながるのは independently だけだ。(A) closely「密接に」, (B) collaboratively「協同に」, (C) primarily「主に」(p.228)。

☐☐☐

198. (C) briefly「手短に」　▶p.270
訳　ロンドンに戻る前大臣は会議で手短にしか話さなかった。
解説　空所には spoke を修飾し, only で修飾される副詞が入る。(A) usually「ふつう」, (B) frequently「頻繁に, たびたび」(p.332), (D) precisely「正確に, まさに, ちょうど」(p.262)。

273

UNIT 034　*KEY PHRASES*

MP3▶034-01.mp3　CD▶TRACK:37

■ a professor of **astronomy**	**天文学**の教授
■ many **aspect**s of her private life	彼女の私生活の多くの**側面**
■ an **appraisal** of your property	あなたの資産の**評価**
■ The fish is 20 centimeters in **length**.	その魚は**全長**20センチだ
■ an amusing **anecdote**	おもしろい**逸話**

---

991 astronomy
[əstránəmi]

图 **天文学**
源 astro(星)＋nomy(法則, 秩序)
◇astrónomer　图 天文学者

992 aspect
[æspek*t*]

图 **側面, 局面, 状況**
源 a(を)＋spect(＝look)

993 appraisal
[əpréizl]　同?

图 **評価, 査定**
＝ evaluátion　　　　　　　　　　　　　▶p.148
源 a(に)＋praise(＝price 値段)
★資産・価格の評価, 勤務評定などを言う。

994 length
[léŋ*k*θ]

图 **長さ**(longの名詞形)
★KEY PHRASEはThe fish is 20 centimeters long.とも言える。
◆at length　　「詳細に, 長々と」
◇wídth　　　 图 幅, 広さ(wideの名詞形)

995 anecdote
[ǽnikdout]

图 **逸話, 秘話**
源 an(否定)＋ec(外に)＋dote(与えられた)＝(出版されていない話)

UNIT 034　*KEY PHRASES*

MP3▶034-02.mp3　CD▶TRACK:37

- enjoy the hotel's amenities — ホテルの設備を楽しむ
- an abandoned car on the street — 道に捨てられた車
- widespread use of mobile phones — 広範囲の携帯電話の使用
- treat students *and* teachers alike — 学生と教師を同等に扱う
- the person *behind the* wheel — ハンドルを握る人

996
amenity
[əmíːnəti]

图 設備, 備品, アメニティ; 快適さ, 心地よさ
★amenitiesとは, ホテルの部屋の備品だけでなく, プール, ショッピングセンターなど設備全体をいう。シャンプーなどの備品はbath [bathroom] amenitiesという。「アメニティグッズ」は和製英語。

997
abandon
[əbǽndən]

動 〜を捨てる
語 a(〜の下に)＋bandon(管理)→(支配下に置かれる)→(捨てる)
★上のフレーズでは過去分詞abandonedがcarを修飾している。

998
widespread
[wáidspréd]

形 広範囲に及ぶ, 広く行き渡った

999
alike
[əláik]

副 同様に, 同等に
形 似ている, 同様な
◆A and B alike 「AもBも同様に」

1000
wheel
[hwíːl]

图 ①(自動車の)ハンドル　②車輪
動 〈車輪の付いたもの〉を動かす; 向きを変える
◆a steering wheel 「ハンドル」
◆(be) at [behind] the wheel 「ハンドルを持っている, 運転している」

275

UNIT 034 *KEY PHRASES*

MP3▶034-03.mp3 CD▶TRACK:37

■ **warn** him *of* the danger	彼に危険を警告する
■ **urge** him *to* stop smoking	禁煙するよう彼を説得する
■ a **transaction** with the company	その会社との取引
■ a **diligent** student	勤勉な学生
■ our customer **testimonial**s	お客様の声

1001
warn
[wɔ́ːrn]

動 ～を警告する
◆warn〈人〉of [about; against] A 「〈人〉にAを警告する」
◇wárning　　名 警告, 警報

1002
urge
[ə́ːrdʒ]

動 ～に強く迫る, ～を説得する
(＝try hard to persuade)
名 衝動
◆urge A to V 「AにVするように説得する；促す」

1003
transaction
[trænsǽkʃən]

名 ①取引　②処理, 処置
◇transáct　　動 取引する, 処理する
源 trans(越えて)＋act(行う)

1004
diligent
[dílidʒənt] 　反？

形 勤勉な(＝hardworking)
⇔lázy　　　　形 怠惰な
◇díligence　　名 勤勉さ
◇díligently　　副 勤勉に

1005
testimonial
[testəmóuniəl]

名 ①(利用した)お客様の声　②証拠, 証明書
源 testimoni(証明)＋al(の)
◇téstify　　動 (～を)証言する, 証明する　▶p.287

UNIT 034　**KEY PHRASES**

■ **surpass** a rival in strength	力でライバルにまさる
■ put a **strain** on the heart	心臓に負担をかける
■ **solar** energy	太陽エネルギー
■ This is **definitely** worth reading.	これは絶対に読む価値がある
■ abandon a **sinking** ship	沈みかけている船を捨てる

1006
□ **surpass**
[sərpǽs]

動 ~にまさる, ~を越える(= excel)
源 sur(上を)+pass(越える)

1007
□ **strain**
[stréin]

名 緊張, 過労, 負担(= stress; pressure)
★過度の負担やすべきことが多すぎることによる緊張など。
◇stráined　　　　形 緊張した

1008
□ **solar**
[sóulər]

形 太陽の
◆the solar system　「太陽系」

1009
□ **definitely**
[défənətli]

副 確かに, 絶対に
間 確かに, そのとおり
★同意／肯定を表す。
◇définite　　　　形 明確な, 確実な, 限定された
◇indéfinitely　　　副 漠然と

1010
□ **sink**
[síŋk]

動 沈む, ~を沈める
名 (台所の)流し
活用形 sink – sank[sǽŋk] – sunk[sʌ́ŋk], sunken[sʌ́ŋkn]

277

UNIT 034 KEY PHRASES

MP3▶034-05.mp3 CD▶TRACK:37

a major **shareholder** of the company	会社の大**株主**
settle the problem	問題**を解決する**
expand the **scope** of the business	事業の**範囲**を広げる
The wheel **rotate**s slowly.	車輪がゆっくり**回転する**
a **retrospective** exhibition	**回顧**展

1011
shareholder
[ʃéərhouldər]

图 株主
★主に《英》。《米》ではstockholder (p.179)。

1012
settle 多義
[sétl]

動 ①〜を解決する
　②定住する
◆settle down (to〜)
　　　　　「落ち着く；落ちついて〜し始める」
◇séttlement　图 ①解決, 合意　②入植地, 定住
◇séttler　　　图 移民

1013
scope
[skóup]

图 ①範囲
　②(活動の)機会, 余地(＝room)

1014
rotate
[róuteit]

動 回転する, 〜を回転させる
◇rotátion　　图 回転

1015
retrospective
[retrəspéktiv]

形 回顧の, 追想の
图 回顧展
◇rétrospect　图 回想, 追想
　　　　　　　動 回想する, 追想する
源 retro (さかのぼって) + spect (＝look 見る)

UNIT 034 *KEY PHRASES*

MP3▶034-06.mp3 CD▶TRACK:37

- play a **pivotal** role — 極めて重要な役割を果たす
- The proposal **pertain**s *to* education. — この提案は教育に関連する
- part of an **overall** plan — 全体的な計画の一部
- a **confidential** document — 秘密の文書
- a legal **obligation** to keep a secret — 秘密を保持する法的義務

1016 pivotal
[pívətl]

形 極めて重要な, 軸となる, 中枢の
◇pivot　　图 軸, 旋回軸, 中心
　　　　　 動 ～を回転させる

1017 pertain
[pərtéin]

動 (+ to A) (Aに)関連する, つきものである
源 per(完全に)+tain(=hold 保持する)

1018 overall
[óuvərɔ̀ːl]

形 全面的な, 全体的な
副 全体として, 概して

1019 confidential
[kὰnfidénʃl]

形 秘密の, 内密の, 他言無用の
◇confidentiálity　图 機密性, 守秘義務

1020 obligation
[ὰbligéiʃən]

图 義務
◇oblíge　　　　　 動 (oblige A to V) AにVさせる
◆be obliged to V　「Vする義務がある, Vせざるをえない」

279

PRACTICE TEST

199. Many of the books are between 272 and 320 pages ------- length.

    (A) under
    (B) in
    (C) at
    (D) inside

200. Business continuity is important for large and small businesses -------.

    (A) alike
    (B) beyond
    (C) even
    (D) forth

201. The LLE team has worked extremely ------- and developed an innovative database.

    (A) diligence
    (B) diligent
    (C) most diligent
    (D) diligently

202. For more information about our services and customer -------, please check out our web site at www.dddda.com.

    (A) approves
    (B) commitment
    (C) legislation
    (D) testimonials

203. If you don't feel well, you should ------- schedule a thorough medical checkup.

    (A) recently
    (B) fortunately
    (C) particularly
    (D) definitely

204. This information is strictly ------- and will not be shared with any other person.

    (A) potential
    (B) concentrated
    (C) dedicated
    (D) confidential

PRACTICE TEST UNIT034

ANSWER KEY

☐☐☐
199. (B) in; 〜in length「長さ〜」 ▶p.274
訳 その本の多くは272〜320ページの長さである。
解説 〈長さの数字〉にin lengthを付けると,「長さ〜」という意味になる。[例]The river is 100 miles in length.「その川は長さ100マイルだ」 at lengthは「詳細に, 長々と」。

☐☐☐
200. (A) alike「同様に, 同等に」 ▶p.275
訳 事業の継続性が大企業にも中小企業にも重要である。
解説 for large and small businesses ------ でひとかたまりと考え, alikeを入れて「大企業も中小企業にとっても同様」という意味にする。(B) beyond「〜を越えて」, (C) even「さえ」, (D) forth「前へ」。

☐☐☐
201. (D) diligently「勤勉に」 ▶p.276
訳 LLEチームは極めて勤勉に仕事をし, 革新的なデータベースを開発した。
解説 空所には動詞workedを修飾する副詞が入る。extremely「極めて, 極度に, 極端に」(p.220)は動詞ではなく後ろの空所の副詞を修飾している。(A) diligence「勤勉さ」, (B) diligent「勤勉な」, (C) most diligent「最も勤勉な」。

☐☐☐
202. (D) testimonials; testimonial「(利用した)お客様の声；証拠, 証明書」 ▶p.276
訳 私たちの事業およびお客様の声についてくわしくは, 私たちのウェブサイトwww.dddda.comを見てください。
解説 (A) のapproveは「〜を承認する」(p.137), (B) commitment「献身, 打ち込むこと」(p.188), (C) legislation「法律, 立法, 法律制定」(p.266)。

☐☐☐
203. (D) definitely「確かに, 絶対に」 ▶p.277
訳 もし気分がすぐれなかったら, 徹底的な健康診断を予定に入れるべきです。
解説 空所の直後, schedule a thorough medical checkup.「徹底的な健康診断を予定に入れる」と, scheduleが動詞で使われていることに注意。(A) recently「最近, 先ごろ」(p.31), (B) fortunately「幸運にも」(p.79), (C) particularly「特に」(p.95)。

☐☐☐
204. (D) confidential「秘密の, 内密の, 他言無用の」 ▶p.279
訳 この情報は極秘で, 他の人に共有されない。
解説 後ろに,「他の人に共有されない」とあるから, (D) が適切。(A) potential「潜在的な, 可能性のある」(p.97), (B) concentrated「集中した」(p.226), (C) dedicated「熱心な；専門の」(p.203)。

281

UNIT 035 *KEY PHRASES*

MP3▶035-01.mp3 CD▶TRACK:38

- add **moisture** to the skin 肌に水分を与える
- **loyal** customers 上得意の顧客
- a closely **knit** network 緊密なネットワーク
- electronic **commerce** 電子[インターネット]商取引
- the judge and **jury** 裁判官と陪審員

1021
moisture
[mɔ́istʃər]

图 湿気, 水分
◇móist　　　形 湿った

1022
loyal
[lɔ́iəl]

形 忠実な, 誠意のある；上得意の
◇lóyalty　　　图 忠誠, 誠実

1023
knit
[nít]

動 (〜を)編む；しっかりと組み合わせる
★上のフレーズのknitは過去分詞で, 後のnetworkを修飾している。
◇knítting　　　图 編み物

1024
commerce
[kάmərs]

图 商業, 取引
◆e-commerce = electronic commerce
◆commerce and industry　「商工業」
◇commércial　　　形 商業的な
　　　　　　　　　　图 広告放送, コマーシャル
◇commércially　　副 商業的に

1025
jury
[dʒúəri]

图 陪審(員団)
★juryの一人一人の陪審員はjuror。
◇jústice　　　图 公正, 正義

UNIT 035 *KEY PHRASES*

MP3▶035-02.mp3 CD▶TRACK:38

turn left at the **intersection**	**交差点**で左に曲がる
an **excavation** site	**掘削**現場
eventually win the match	**ついに**試合に勝つ
assume responsibility for the decision	決定の責任**を負う**
enact a new law	新しい法律**を制定する**

1026
intersection
[ìntərsékʃən]　同?

图 交差点, 交差 (= crossing)
= júnction

1027
excavation
[èkskəvéiʃən]

图 掘削, 発掘, 穴掘り
源 ex(外へ)+cavate(掘る)+tion

1028
eventually
[ivéntʃuəli]　同熟? 2つ

副 ついに, 結局
= at last, in the end

1029
assume　多義
[əsjúːm]

動 ①~を引き受ける；〈役職〉につく
　②~と思う, 思い込む (+that~)
源 as(=to)+sume(=take)　しばしばtakeの代わりに使う。

1030
enact
[enǽkt]

動〈法律〉を制定する, 成立させる
源 en(=make)+act(法令)

283

UNIT 035 *KEY PHRASES*

■ ask for **emergency** aid	**緊急**援助を求める
■ Chief **Curator** of the Museum of Modern Art	現代美術館の**館長**
■ fashion-**conscious** consumers	ファッションを**意識する**消費者
■ a solution **acceptable** to all	皆に**受け入れられる**解決策
■ **conform** *to* safety standards	安全基準**に従う**

1031
emergency
[imə́:rdʒənsi]

图 **緊急事態**
語 emerge「現れる」(p.240)と同語源。

1032
curator
[kjuəréitər]

图 **学芸員**
語 cureと同語源。

1033
conscious
[kánʃəs]

形 **意識している, 気づいている**
◆be conscious of A 「Aを意識している」
◆A-conscious 「Aを意識した, Aを気にする」

1034
acceptable
[əkséptəbl]

形 **容認できる, 一応満足できる**
語 ac(=to)+cept(=take) ac-=toだから, 前置詞toと相性がいい。

◆at an acceptable price 「納得いく価格で」
◇accépt 動 〜を引き受ける, 受け入れる ▷p.51
◇accéptance 图 受け入れ, 容認 ▷p.211

1035
conform
[kənfɔ́:rm]

動 **(+ to A)(Aに)従う, 一致する**
語 con(同じ)+form(形)
◇confórmity 图 (全体への)服従, 一致

UNIT 035　*KEY PHRASES*　　　MP3▶035-04.mp3 CD▶TRACK:38

- *be* **capable** *of* do*ing* good work　　よい仕事を**する能力がある**
- take your **belonging**s with you　　**持ち物**を持って行く
- a building with an **adjacent** parking lot　　**隣接する**駐車場のある建物
- a **debate** on globalization　　グローバル化についての**討論**
- become **acquainted** *with* the staff　　スタッフと**知り合いになる**

1036 capable
[kéipəbl]　反?

形 能力のある、有能な、可能性のある
◆be capable of Ving　「Vする能力[可能性]がある」
⇔incápable　形 能力[可能性]がない
◇capabílity　名 能力；容量

1037 belonging
[bilɔ́:ŋiŋ]

名 持ち物、私物
★ふつう～sと複数形で使う。

1038 adjacent
[ədʒéisnt]

形 (+ to A) (Aに)隣接した、近辺の
語 ad(=to 付いて)+jacent(横たわっている)

1039 debate
[dibéit]

名 討論、議論
動 (～を)議論する、討論する

1040 acquaint
[əkwéint]

動 ～を知らせる
★ほとんどが下の形で使う。
◆be acquainted with A　「Aを知っている」
◆acquaint ⟨人⟩ with A　「⟨人⟩にAを知らせる」
◆acquaint oneself with A　「Aを知る」

285

UNIT 035　*KEY PHRASES*

Lead can **accumulate** in the body.	鉛は体内に蓄積することがある
yield good results	よい結果を生み出す
damage in **transit**	輸送中の損害
His opinion is *in* sharp **contrast** *to* mine.	彼の意見は私とは全く対照的だ
tight jeans	きついジーンズ

1041
accumulate
[əkjúːmjəleit]

動 (～を)蓄積する
語 ac(＝to)＋cumulate(積み重ねる)
◇accumulátion　　名 蓄積

1042
yield
[jíːld]

動 ～を生み出す，産出する
◆yield to A　　「Aに屈する，負ける」

1043
transit
[trǽnsət]

名 輸送，運搬；別便への乗り換え，乗り継ぎ
動 通過する
語 transは移動や変化を表す。

1044
contrast
[kɑ́ntræst]

名 対照
動 ～を対照させる，対照となる [kəntrǽst]
◆in contrast to [with] A　「Aと対照的に」
◆by [in] contrast　　　「これに対して」
★前文を受けて用いる。

1045
tight
[táit]

形 ①引き締まった，〈服などが〉きつい　②厳しい
副 きつく，堅く
◇tíghten　　動 ～を引き締める，きつくする

UNIT 035　KEY PHRASES

MP3▶035-06.mp3 CD▶TRACK:38

I'm **thrilled** to hear your voice.	あなたの声が聞けて とてもうれしい
testify in court	法廷で 証言する
a foreign **subsidiary**	外国の 子会社
struggle to get free	自由になろうと もがく
speculate about the future	将来のことを 推測する

1046
thrilled
[θríld]

形 〈人が〉とてもうれしい，わくわくしている，ぞくぞくしている
◇thrílling　形 〈人を〉わくわくさせる
◇thríll　名 〈感動・喜び・恐怖などで〉わくわくする気持ち

★thrillの動詞用法は比較的少ない。

1047
testify
[téstəfai]

動 (〜を)証言する，証明する
◇téstimony　名 証言，証拠
◇testimónial　名 ①(利用した)お客様の声
　　　　　　　　　②証拠，証明書　　▶p.276

1048
subsidiary
[səbsídieri]

名 子会社
形 補助的な
◇súbsidy　名 補助金

1049
struggle
[strʌ́gl]

動 苦闘する，努力する；もがく
名 努力，苦闘

1050
speculate
[spékjəleit]

動 推測する，憶測する，考える
◇speculátion　名 ①思索，推測，憶測　②投機

287

PRACTICE TEST

205. The project was ------- unsuccessful.

   (A) commerce
   (B) commercial
   (C) commercially
   (D) commercials

206. We debated on where to stay, but ------- decided to stay here.

   (A) tightly
   (B) eventually
   (C) permanently
   (D) previously

207. Mr. Anderson ------- his new role on March 16.

   (A) remains
   (B) concerns
   (C) participates
   (D) assumes

208. An inspector will visit the factory to investigate whether or not ------- safety standards are being observed.

   (A) accept
   (B) accepting
   (C) acceptance
   (D) acceptable

209. Lin's new book is the subject of ------- debate.

   (A) almost
   (B) mostly
   (C) much
   (D) many

210. The text color contrasts ------- with the simple background.

   (A) sharply
   (B) sharper
   (C) sharpness
   (D) sharp

PRACTICE TEST UNIT035

ANSWER KEY

☐☐☐

205. (C) commercially「商業的に」 ▶p.282
- 訳 この計画は商業的には成功しなかった。
- 解説 空所には後ろの形容詞unsuccessfulを修飾する副詞が入る。(A) commerce「商業, 取引」, (B) commercial「商業的な」, (D) commercials「広告放送, コマーシャル」。

☐☐☐

206. (B) eventually「ついに, 結局」 ▶p.283
- 訳 私たちはどこに滞在するべきか議論したが, 結局ここに滞在することに決めた。
- 解説 (A) tightly「きつく, しっかりと」, (C) permanently「永久に」, (D) previously「以前に, 前もって」(p.32)。

☐☐☐

207. (D) assumes ▶p.283
- 訳 アンダーソンさんは3月16日に新しい役目に就きます。
- 解説 assume「〈役職〉につく, 〜を引き受ける」が正解。assumeは「〜と思う, 思い込む」の意味も重要だ。(A) remains「とどまる, 残る」(p.89), (B) concerns「〜に関係する」, (C) participates「〜に参加する」。

☐☐☐

208. (D) acceptable「容認できる, 一応満足できる」 ▶p.284
- 訳 調査官がその工場を訪問して, 許容できる安全基準が守られているかどうか調べるだろう。
- 解説 acceptable safety standards「許容できる安全基準」。whether or not S' V' ... = whether S' V' ... or not「…するかどうか」。whether節がinvestigateの目的語になっている。(A) accept「〜を引き受ける, 受け入れる」(p.51)は動詞, (C) acceptance「受け入れ, 容認」(p.211)は名詞。

☐☐☐

209. (C) much
- 訳 リンの新しい本はさまざまな議論の的になっている。
- 解説 名詞debate「討論, 議論」(p.285)を修飾する形容詞を選ぶ。(A) almost「ほとんど」は副詞, (B) mostly「たいていは, 主に」(p.263)。debateが単数形で使われているから, (D) manyは使えない。

☐☐☐

210. (A) sharply「はっきり, くっきり」
- 訳 文字の色は地味な背景とくっきりと対照をなしている。
- 解説 contrast(p.286)は名詞も動詞もあるが, The text color contrasts ------ with〜となっているので, 空所には動詞contrastsを修飾する副詞を入れる。

UNIT 036　*KEY PHRASES*　MP3▶036-01.mp3　CD▶TRACK:39

- **spare** him a few minutes　　　　　彼のために少し時間 を割く
- spread a **rumor** *about* her　　　　彼女の うわさ を広める
- **reveal** a surprising fact　　　　　驚くべき事実 を明らかにする
- **contrary** *to* popular belief　　　一般に信じられていること に反して
- **restrain** inflation　　　　　　　　インフレ を抑制する

1051 spare
[spéər]

動 ①〈時間〉を割く　②〈手間・努力〉を省く, 惜しむ
形 余分な, 予備の
◆spare no effort to V 「Vするための努力をおしまない」
◆spare time 「余暇」

1052 rumor
[rúːmər]

名 うわさ, 流言

1053 reveal
[rivíːl]

動 ～を明らかにする, 知らせる, 示す
語源 re(離す)＋veal(おおい, ベール)
◇revelátion 名 暴露, 発覚；新発見

1054 contrary
[kántreri]

名 形 反対(の)
◆on the contrary 「それどころか, とんでもない」
★文頭で用いる。
◆contrary to A 「Aに反して」

1055 restrain
[ristréin]

動 ～を抑える, 制止する (＝control, prevent)
◆restrain A from Ving 「AにVさせない, やめさせる」
◇restráint 名 制止, 束縛

UNIT 036　*KEY PHRASES*　MP3▶036-02.mp3 CD▶TRACK:39

a good **remedy** for colds	風邪のよい**治療法**
a **rectangular** table	**長方形の**テーブル
a **prototype** of a new product	新製品の**見本**
the **principal** cities of Europe	ヨーロッパの**主要な**都市
possess great power	大きな力**を持っている**

1056
remedy
[rémədi]

图 治療(法;薬), 改善策
動 ～を改善する

1057
rectangular
[rektǽŋgjələr]

形 長方形の, 直角の
◇réctangle　　　　图 長方形
◇squáre　　　　　图 正方形　　　　▶p.147
◇tríangle　　　　　图 三角形
◇péntagon　　　　图 五角形

1058
prototype
[próutoutaip]

图 見本, 試作品, 原型

1059
principal
[prínsəpl]

形 主な, 主要な
图 校長
◇prínciple　　　　图 原則
★principleはprincipalと同音。

1060
possess
[pəzés]

動 ～を持つ, ～を所有する(= have, own)
★普通, 進行形にはならない。特に価値があるものを持つという含みがあるかたい語。
◇posséssion　　　图 所有, 所有物
◆be in possession of A 「Aを持っている」

291

UNIT 036　*KEY PHRASES*

MP3▶036-03.mp3　CD▶TRACK:39

an opinion **poll**	世論調査
polish the shoes	靴を磨く
persuade them *to* go back	彼らを説得して帰らせる
appeal *to* all ages	あらゆる年齢層の興味をひく
see life *from* a new **perspective**	新しい見方で人生を見る

1061
□ **poll**
[póul]

名 ①世論調査　②投票
動〈人々〉の世論調査をする

★名詞の②はふつう複数形。
例 go to the polls「投票に行く」

1062
□ **polish**
[páliʃ]

動 ～を磨く, 磨きをかける

1063
□ **persuade**
[pərswéid]

動 ①～を説得する　②～を信じさせる
◆persuade A to V 「Aを説得してVさせる」
★persuade は実際に「～させる」ことも含むことに注意。

(反?)
⇔ dissuáde　　　動〈人〉を説得して思いとどまらせる
◇persuásion　　名 説得
◇persuásive　　形 説得力のある

1064
□ **appeal**
[əpíːl]

動 (+to 人)(人の)気に入る, (人に)訴える
名 魅力, 訴え
◇appéaling　　形 魅力的な

1065
□ **perspective**
[pərspéktiv]

名 ①見方;正しい見方, 大局的な見方
　　②遠近法
語 per(=through 通して)+spect(見る)+tive(力のある)
◆put [get/see] A in perspective
　　　　　　　　「Aを正しく判断する」

UNIT 036 KEY PHRASES

MP3▶036-04.mp3 CD▶TRACK:39

I **owe** my success *to* you.	私の成功はあなた**のおかげだ**
an **optimistic** view of the future	将来に関する**楽観的な**見方
the **odds** of getting cancer	ガンになる**可能性**
work as an **accountant**	**会計士**として働く
a well-paid **occupation**	給料のよい**職業**

1066
owe
[óu]

動 (owe A to B) ①AのことはBのおかげだ
　　　　　　　　②BにAを借りている
★②の意味ではowe B Aの文型もある。

1067
optimistic
[ɑptəmístik]　反?

形 **楽観的な**
⇔ pessimístic　　　形 悲観的な
◇ óptimism　　　　名 楽観主義
◇ óptimist　　　　　名 楽天家, 楽観主義者

1068
odds
[ádz]

名 ①**可能性, 見込み**　②**勝ち目, 賭け率**
◆ be at odds (with A)　「(Aと)争っている」
★odd「奇妙な」は別の単語。

1069
accountant
[əkáuntənt]

名 **会計士, 会計担当者**
◆ tax accountant　「税理士」
◆ certified public accountant　「公認会計士」= CPA
◇ accóunt　　　　名 (銀行)口座, 明細書, 請求書
　　　　　　　　　　　　　　　　　　　　▶p.49
◇ accóunting　　　名 経理, 会計　　　　▶p.62

1070
occupation　多義
[ɑkjəpéiʃən]

名 ①**職業**　②**占拠, 占有**
★TOEICでは①が多い。
◇ vocátion　　　　名 天職；職業
◇ óccupy　　　　　動〈場所・地位など〉を占める　▶p.196

293

UNIT 036 **KEY PHRASES**

MP3▶036-05.mp3 CD▶TRACK:39

an **obvious** mistake	**明白な**間違い
He is rich; **nevertheless** he is unhappy.	彼は金持ちだが, **それにもかかわらず**, 不幸だ
mutual understanding	**相互の**理解
limit the speed of cars	車の速度**を制限する**
mount the engine in the car	車にエンジン**をすえつける**

1071
□ **obvious**
[ábviəs]

形 明白な, 明らかな
★It is obvious that ~は正しいが, It is obvious for A to Vとはしない。

1072
□ **nevertheless**
[nèvərðəlés]　同?

副 それにもかかわらず
＝nonethelèss

1073
□ **mutual**
[mjúːtʃuəl]

形 相互の；共通の（＝common）

1074
□ **limit**
[límit]

動 ～を制限する, 限定する
名 制限, 限定
◇límited　形 わずかの, 乏しい, 限られた
例 limited funds「限られた資金」
★《英》では社名の後にLimited [Ltd.]と付けて株式[有限]会社であることを示す。《米》のIncorporated [Inc.](p.54)に相当する。
◇limitátion　名 限度, 限界

1075
□ **mount**
[máunt]

動 ①～をすえつける
②増える（＝increase）
例 mounting pressure「増える重圧」
源 mountはmountain「山」と同語源。

UNIT 036　KEY PHRASES

MP3▶036-06.mp3　CD▶TRACK：39

- a **modest** increase —— わずかな 増加
- **masterpiece**s of French Art —— フランス美術の 傑作
- **mass** production —— 大量 生産
- bring a sense of **caution** —— 警戒 感をもたらす
- lead a life of **luxury** —— ぜいたく な生活を送る

1076 modest　　多義
[mádəst]

形 ①控えめな, 謙虚な（⇔arrogant）
　②地味な, 質素な
　③少しの, わずかな

★TOEICでは③が重要だ。
例 ①a modest dress「控えめな服装」
　②a modest house「質素な家」

1077 masterpiece
[mǽstərpiːs]

名 傑作

1078 mass
[mǽs]

名 ①(a mass of A / masses of A) 多数のA (= a lot of A)
　②かたまり, 集団
　③一般大衆

◆the mass media 「マスメディア, 大量伝達媒体（新聞・テレビなど）」
◆mass communication 「マスコミ, 大量伝達」
◇mássive 形 大きくて重い, 大規模の

1079 caution
[kɔ́ːʃən]

名 警戒, 用心
◇cáutious 形 用心深い

1080 luxury
[lʌ́gʒəri]

名 ぜいたく
◆a luxury hotel 「豪華なホテル」
★このように形容詞的にも用いられる。
◇luxúrious 形 豪華な, 一流好みの

PRACTICE TEST

211. Could you ------- me a few minutes? I have a favor to ask you.

    (A) leak
    (B) leave
    (C) save
    (D) spare

212. I didn't ask her to leave. -------, I begged her to stay.

    (A) By comparison
    (B) On the other hand
    (C) However
    (D) On the contrary

213. Bordeaux is an ------- travel destination.

    (A) appeal
    (B) appealing
    (C) appeals
    (D) appealed

214. We need to get a professional ------- to help us with this tax form.

    (A) account
    (B) accountability
    (C) accountant
    (D) accounting

215. When an event is marked as "------- Seating" it is because an event is about to sell out.

    (A) to Limit
    (B) Limits
    (C) Limit
    (D) Limited

216. You should be ------- about using credit cards abroad.

    (A) cautious
    (B) caution
    (C) cautiously
    (D) cautions

PRACTICE TEST UNIT036

ANSWER KEY

211. (D) spare「〈時間〉を割く」 ▶p.290
訳 少し時間を割いてくれませんか。頼みたいことがあるのです。
解説 (A) leak「漏れる；〜を漏らす」(p.266), (B) leave「〜を残す, 〜を放置する；去る」(p.8), (C) save「〈労力・時間・金など〉を省く, 節約する」(p.98)。

212. (D) On the contrary「それどころか, とんでもない」 ▶p.290
訳 彼女に出て行くように言っていない。それどころか, とどまるように頼んだ。
解説 On the contraryはしばしば否定文の後で現れる。(C) However「しかし」は, この文脈では使えないことを確認しよう。(A) By comparison「比較すると」, (B) On the other hand「一方, 他方」。On the other handは前と対比する別の側面を述べるときに使う。[例] I hate vegetables; on the other hand, they might be good for me. (私は野菜が嫌いだ。一方, 私の身体にはいいかもしれない)

213. (B) appealing「魅力的な」 ▶p.292
訳 ボルドーは魅力的な旅行先である。
解説 空所にはtravel destination「旅行先」を修飾する形容詞が入る。(A)(C)(D) は appeal「(人の)気に入る, (人に)訴える」の活用形。

214. (C) accountant「会計士, 会計担当者」 ▶p.293
訳 私たちはこの納税申告用紙を書くのを手伝ってくれるプロの会計士を見つける必要がある。
解説 a professional ------ to help us with ...とあるので, 空所にはhelpの意味上の主語となるような名詞を入れる。(A) account「(銀行)口座, 明細書, 請求書」(p.49), (B) accountability「記録保存責任, 説明義務」, (D) accounting「経理, 会計」(p.62)。

215. (D) Limited「わずかの, 乏しい, 限られた」 ▶p.294
訳 イベントの時刻に「残席わずか」と記されていれば, それはイベントが売り切れになりそうだからである。
解説 limited seatingは「限られた座席」というのが文字通りの意味だが, 要するに座席数が残り少ないことを言う。

216. (A) cautious「用心深い」 ▶p.295
訳 海外でクレジットカードを使うことに気をつけるべきだ。
解説 be動詞と前置詞の間だから, 空所には形容詞を入れる。(B) caution「警戒, 用心」, (C) cautiously「用心深く」。cautionは動詞もあるがまれ。

UNIT 037　*KEY PHRASES*

MP3▶037-01.mp3　CD▶TRACK:40

□ avoid a **layoff**	**解雇**を避ける
□ Your membership will **lapse** on April 1.	4月1日にあなたの会員権は**失効します**
□ during the **intermission**	**休憩**中に
□ be **alert** to danger	危険に対し**警戒している**
□ record many **instance**s	多くの**例**を記録する

1081 layoff
[léiɔ(:)f]

图 解雇, 一時解雇
◆lay A off 「Aを解雇する, 一時解雇する」
◇láy　　動 ～を置く
活用形 lay – laid – laid; laying
◇líe　　動 横たわる, ある, いる
活用形 lie – lay – lain; lying

1082 lapse
[lǽps]

動 失効する, 無効になる (＝expire)
图 失効, 時の経過, 過失

1083 intermission
[intərmíʃən]

图 休憩(時間); 休止, 中断

1084 alert
[ələ́:rt]

形 警戒している
動 〈人〉に警告する
◆be on (the) alert 「警戒している」
◇alértness 图 注意力, 鋭敏さ, 油断のなさ

1085 instance
[ínstəns]

图 例, 実例
◆for instance 「たとえば」(＝for example)

UNIT 037 *KEY PHRASES*

MP3▶037-02.mp3 CD▶TRACK:40

- I *am* **inclined** *to* say no. — ノーと言いたい気がする
- **impose** tax *on* wine — ワインに税金を課す
- World **Heritage** Sites — 世界遺産地域
- **extract** DNA *from* bones — 骨からDNAを抽出する
- a **feasible** project — 実現可能な計画

1086
□ **incline**

[inkláin]

動 (+to V)〜を(Vしたい)気持ちにさせる

★たいてい下の形で使う。

◆be inclined to V 「Vしたいと思う,Vする傾向がある」
◇inclinátion　　图 ①(〜したい)気持ち　②傾向

1087
□ **impose**

[impóuz]

動 〜を課す,負わす;〜を押しつける

◆impose A on B 「BにAを課す」
語源 im(に)+pose(置く)

1088
□ **heritage**

[hérətidʒ]

图 遺産,文化遺産

★heritageは文化的伝統的遺産に用いることが多く,legacyは個人の残すお金や遺産に用いることが多い。ただし,この違いは必ずしも明白ではなくて,たとえば「芸術的遺産」という意味で,artistic heritageもartistic legacyもよく見られる表現だ。

1089
□ **extract**

[ikstrǽkt]

動 〜を引き出す,引き抜く;〜を引用する
語源 ex(外に)+tract(引く)

◆extract A from B 「BからAを取り出す」
◇extráction　　图 抽出,採取

1090
■ **feasible**

[fíːzəbl]

形 実現可能な,ふさわしい
語源 feas(行う)+ible(できる)

◇feasibílity　　图 実現可能性

UNIT 037　*KEY PHRASES*

MP3▶037-03.mp3　CD▶TRACK:40

- an **excursion** to the countryside　｜　田舎への**小旅行**
- **ergonomic** furniture　｜　**人間工学に基づく**家具
- seek an **endorsement**　｜　**承認**を求める
- learn basic **skill**s　｜　基本的な**技術**を学ぶ
- be ready for **dispatch**　｜　**発送**の準備ができている

1091
excursion
[ikskə́ːrʒən]

图 小旅行, 遠足
灝 ex(外へ)+cur(走る)+sion　courseと同語源。

1092
ergonomic
[əːrɡənámik]

形 人間工学の, 人間工学に基づく
灝 ergon(作業)

1093
endorsement
[endɔ́ːrsmənt]

图 (証書などへの)署名, 承認
◇endórse　動 (手形・証書へ)署名する, 承認する
灝 en(に)+dos(後ろ)=(裏書きする)

1094
skill
[skíl]

图 技術, 技能, うでまえ
◇skíllful　形 上手な, 腕のいい
◇skílled　形 熟練した

> **Point!** skilledとskillfulはどう違う？
> skilledは訓練や経験をつんだことを暗示し, 主に労働者や技術者に使う。skillfulは必ずしも経験が豊かとは限らないが, 弁護士など仕事の専門家に対して使うことが多い。

1095
dispatch
[dispǽtʃ]

图 発送；派遣
動 ～を発送する；～を派遣する
灝 dis(分離)+patch(妨げる)=(急いで片付ける)

UNIT 037　KEY PHRASES

MP3▶037-04.mp3 CD▶TRACK:40

■ I'll leave it to your **discretion**.	あなたの**判断**に任せます
■ **discourage** car use	車の使用**をやめさせる**
■ the capsule **detached** from the rocket	ロケットから**切り離された**カプセル
■ feel **exhausted** from work	仕事で**疲れきっている**
■ her calm and professional **demeanor**	彼女の落ち着いたプロらしい**振る舞い**

1096
discretion
[diskréʃən]

图 決定権, 自由, 裁量
源 discreet「分別のある, 慎重な」(p.354)と同語源。

◇discrétionary　　　　形 任意の, 自由に使える
例 discretionary funds 「自由に使える資金」

1097
discourage
[diskə́:ridʒ]

動 〜を落胆させる, やる気をなくさせる
源 dis(分離)+courage(勇気)

◆discourage〈人〉from Ving
　　　　　　　「〈人〉にVするのを止めさせる」

1098
detach
[ditǽtʃ]

動 〜を切り離す, 分離する
源 de(分離)+tach(貼り付ける)　⇔attach「取り付ける」▶p.54
★KEY PHRASEのように名詞修飾の過去分詞や受動態で使われることが多い。

1099
exhausted
[igzɔ́:stid]

形 〈人が〉疲れきっている(= tired out)　★発音注意。
◇exháusting　　　　形 〈仕事が〉過酷な
◇exháustion　　　　图 極度の疲労

1100
demeanor
[dimí:nər]

图 振る舞い, 態度, 物腰
★その人の性格などで他人に印象を与えるような振る舞い方のこと。
源 de(分離)+mean(振る舞う)+or

301

UNIT 037　KEY PHRASES

■ **consent** *to* treatment	治療に**同意する**
■ for the second **consecutive** year	2年**連続**で
■ This site is **immensely** popular.	このサイトは**すごく**人気がある
■ take **concrete** measures	**具体的な**手段を講じる
■ **compromise** *with* each other	お互いに**妥協する**

1101 consent
[kənsént]

動 同意する　名 同意
源 con(=with)+sent(感じる=sense)
★名詞も動詞も consent to A「Aに同意[する]」で, with を使わないことに注意。

1102 consecutive
[kənsékjətiv]

形 連続の
源 con(=with)+secu(=follow)　consequence「結果」と同じ語源。
★序数詞を使うと for the third consecutive year と単数名詞を使うが, 基数詞なら for three consecutive years と複数形になる。
◇consécutively　　副 連続して

1103 immensely
[iménsli]

副 とても, すごく, 非常に
◇immmense　形 巨大な, 広大な

1104 concrete
[kánkri:t]　反?

形 具体的な
⇔ábstract　　　　　形 抽象的な

1105 compromise
[kámprəmaiz]　多義

動 ①妥協する
　　②~を危うくする, 損なう(=weaken)
名 ①妥協　②損なうもの
源 com(共に)+promise(約束する)
★動詞の②の用法も大事。
例 compromise consumer safety「消費者の安全を危うくする」

UNIT 037 *KEY PHRASES*

MP3▶037-06.mp3 CD▶TRACK:40

commence doing business	取引を開始する
commemorate the anniversary	記念日を祝う
chronicle events	出来事を記録する
chop celery	セロリを切る
have economic **implications**	経済的影響がある

1106
commence
[kəméns]

動 ~を開始する, 始める
★begin, startよりかたい語。

1107
commemorate
[kəmémərèit]

動 ~を祝う, 記念する
源 com(強意)+memorate(思い出させる)
◇commémorative 形 記念の

1108
chronicle
[kránikl]

動 ~を記録する(=record) 名 …新聞；記録, 年代記
★the Daily Chronicleのように新聞などの名前で用いる。

1109
chop
[tʃáp]

動 ~を切る, 叩き切る

1110
implication
[ìmplikéiʃən]

名 ①影響, 効果 ②(隠れた)意味, 暗示
◇implý 動 ~を(暗に)意味する, ほのめかす ▶p.179
源 in(中に)+ply(折る)=「包み込む」

> 語源Check! ply, pli, plex, ploy「折る,重ねる」=fold
> ◇applý 動 志願する；~を適用する ▶p.4
>   源 ap(=toに)+ply=「折って~に重ね合わせる」
> ◇dúplicate 名 形 コピー(の), 写し(の)；二重の
>   動 ~を複製する ▶p.306
>   源 du(=2)+plic+ate=「二重にする」
> ◇cómplicated 形 複雑な ▶p.258
>   源 com(一緒に)+plicated=「重ね合わせた」

303

PRACTICE TEST

217. Healthy eating habits increase energy and -------.

    (A) alert
    (B) alerts
    (C) alerted
    (D) alertness

218. The process of ------- fuel from microbes is far more efficient than traditional methods of manufacturing biofuels.

    (A) exceeding
    (B) expiring
    (C) exposing
    (D) extracting

219. SDJ Publications is currently seeking a copy editor ------- excellent communication skills.

    (A) at
    (B) on
    (C) in
    (D) with

220. When you call us for printer repairs, we'll ------- a service technician to your site quickly.

    (A) dispatch
    (B) extract
    (C) detach
    (D) compromise

221. These easy exercises and diet tips will stop you from feeling ------- all day long.

    (A) exhaust
    (B) exhausted
    (C) exhausting
    (D) exhaustion

222. We discussed what ------- transaction costs have for new service development.

    (A) implicated
    (B) implications
    (C) implicating
    (D) implicate

PRACTICE TEST UNIT037

ANSWER KEY

☐☐☐

217. (D) alertness「注意力, 鋭敏さ, 油断のなさ」 ▶p.298
- 訳　健康な食習慣はエネルギーと注意力を増進する。
- 解説　空所の前のenergyとandで結ばれる名詞を選ぶ。alert は「警戒している」という意味の形容詞, あるいは「〈人〉に警告する」という意味の動詞として使う。

☐☐☐

218. (D) extracting; extract「~を引き出す, 引き抜く;~を引用する」の動名詞形 ▶p.299
- 訳　微生物から燃料を取り出す過程は, 従来のバイオ燃料の製造法よりはるかに効率が良い。
- 解説　extract A from B「BからAを取り出す」の形に注意。この問題では前置詞ofの後なので, 動名詞(Ving)の形になっている。(A) exceed「~を超える, 上回る」(p.123), (B) expire「期限が切れて無効になる」(p.153), (C) expose「~をさらす」(p.202)。

☐☐☐

219. (D) with; with skills「技術を持って」 ▶p.300
- 訳　SDJ出版は現在すばらしいコミュニケーション能力を持った原稿整理編集者を求めています。
- 解説　skillに付ける前置詞withを選ぶ。with skillは名詞だけでなく動詞も修飾できる。[例] write with skill「うまく書く」

☐☐☐

220. (A) dispatch「~を発送する;~を派遣する」 ▶p.300
- 訳　プリンタの修理の電話を頂ければ, すぐにその場にサービス技術者を派遣します。
- 解説　(B) extract「~を引き出す, 引き抜く;~を引用する」(p.299), (C) detach「~を切り離す, 分離する」(p.301), (D) compromise「妥協する」(p.302)。

☐☐☐

221. (B) exhausted「〈人が〉疲れ切っている」 ▶p.301
- 訳　こういう簡単な運動と食事のヒントで, 一日中疲れ切って感じることがなくなります。
- 解説　stop A (from) Ving「AがVするのをやめさせる」の文型では, AがVingの意味上の主語である。よって, You feel exhausted.(あなたは疲れ切っている)と考えて, exhaustedを選ぶ。(A) exhaust「〈人〉を疲れさせる」, (C) exhausting「〈仕事が〉過酷な」, (D) exhaustion「極度の疲労」。

☐☐☐

222. (B) implications; implication「影響, 効果」 ▶p.303
- 訳　新しい事業の発展に取引費用がどんな影響を与えるか, 議論した。
- 解説　空所前のwhatは「どんな」の意味の形容詞で, 後ろに名詞がくる。what節中は, もともとtransaction costs have implications for new ... という文があり, whatがimplicationsについて節の最初に移動したと考える。implicateは動詞で「~を巻き込む」の意味だが, TOEICにはめったに出ない。

305

UNIT 038　*KEY PHRASES*

MP3▶038-01.mp3　CD▶TRACK:41

- have a medical checkup — 健康診断を受ける
- capture the media's attention — メディアの注目を集める
- bypass security checks — セキュリティチェックを回避する
- a duplicate of the contract — 契約書のコピー
- Sorry to bother you. — どうもお邪魔しました

1111
checkup
[tʃékʌp]

名 健康診断, 検査

1112
capture
[kǽptʃər]

動 ～を捕らえる, 捕虜にする, 逮捕する；〈注意など〉を引きつける
例 the captured fish「つかまえた魚」
◇ cáptive　形 捕われた　名 とりこ

1113
bypass
[báipæs]

動 ～を回避する, 迂回する
名 バイパス, 迂回路

1114
duplicate
[djúːplikət]

名 形 コピー(の), 写し(の)；二重の, 重複の
動 ～を複製する, コピーする [djúːplikeit]
語源 du(2)+plic(重ねる)+ate=(二重)

1115
bother
[báðər]

動 ～を困らせる, 悩ます
◆ bother to V　「わざわざVする」

UNIT 038　**KEY PHRASES**

MP3▶038-02.mp3　CD▶TRACK:41

- **beneath** the surface — 表面 **下で**
- I could **barely** get out of bed. — **なんとか**ベッドから出られた
- an **avid** reader — **熱烈な**読者
- change with **amazing** speed — **驚くほどの**速さで変化する
- the glass-roofed **atrium** of the hotel — ホテルのガラス屋根の**大ホール**

1116
□ **beneath**
[biní:θ]

前 ～の**下に**
★below, underとほぼ同意だが, かたい語。

1117
□ **barely**
[béərli]

副 **やっと, なんとか, かろうじて**
★barelyは肯定的に「なんとか(～する)」ということで, 否定語のhardly, scarcelyなどとは異なる。

1118
□ **avid**
[ǽvid]

形 **熱烈な；欲しくてたまらない**

1119
□ **amaze**
[əméiz]

動 〈人〉を**驚かす, 驚嘆させる**
◇amázing　形 〈人を〉びっくりさせる, 驚嘆すべき, 見事な
◇amázed　形 〈人が〉驚いている　▶p.2 Point!
例 I was amazed at her kindness.
「彼女の親切には驚いた」

1120
□ **atrium**
[éitriəm]

名 **大広間**
★ホテルやショッピングセンターにあり, 屋根がガラスになっていることが多い。

307

UNIT 038　*KEY PHRASES*　MP3▶038-03.mp3　CD▶TRACK:41

an **aspiring** entrepreneur	**意欲的な**起業家
Asian art and **artifact**s	アジアの美術と**工芸品**
Many issues **arise** *from* fear.	恐怖から多くの問題が**生じる**
a **component** of the product	製品の**構成要素**
be **appointed** *to* a committee	委員に**任命される**

1121 aspiring
[əspáiəriŋ]

形 意欲的な
源 a(=to)+spire(息をする)＝(切望する)

1122 artifact
[á:rtifækt]

名 工芸品, 人工の物, 遺物
源 arti(技術)+fact(作る)

1123 arise
[əráiz]

動 生じる, 起こる
◆arise from〈原因〉　「〈原因〉から生じる」

1124 component
[kəmpóunənt]

名 構成要素[部分], パーツ

1125 appoint
[əpóint]

動 ～を任命する；〈会う日時・場所〉を指定する
◆at the appointed time　「指定された時刻に」
◇appóintment　名 ①予約, 約束
　　　　　　　　　　②任命, 役職　▶p.33

UNIT 038　KEY PHRASES

- One hundred dollars is **allocated** for books. / 書籍に100ドルが**割り当てられている**
- an **aggressive** advertising campaign / **大々的な**広告キャンペーン
- have great **admiration** for her courage / 彼女の勇気に大いに**感心**する
- merger and **acquisition** / 合併と**買収**(M&A)
- He is always **punctual**. / 彼はいつも**時間を守る**

1126 allocate [ǽləkeit]
動 ～を割り当てる，分配する
語 al(=to に)+locate(置く)

1127 aggressive [əgrésiv]
形 攻撃的な，積極的な
◇aggréssion 名 攻撃，侵略

1128 admiration [ædməréiʃən]
名 感心，賞賛
◇admíre 動 ～に感心する，～を賞賛する

1129 acquisition 多義 [ækwizíʃən]
名 ①獲得，習得
②(会社などの)買収
◇acquíre 動 ～を獲得する　▶p.188

1130 punctual [pʌ́ŋktʃuəl]
形 時間を守る
◇púnctually 副 時間を守って

309

UNIT 038　*KEY PHRASES*

■ a high employee **turnover** rate	従業員の高い離職率
■ an expressway **toll**	高速道路の通行料
■ **stun** the audience	聴衆をびっくりさせる
■ a **versatile** actor	多才な俳優
■ **startling** results	驚くような結果

1131
turnover
[tə́ːrnouvər]

名 ①離職(率)
　②転覆, 転倒
源 turn over「〜を転覆させる」から。

1132
toll　(多義)
[tóul]

名 ①通行料, 使用料
　②損害(damage), 被害
◆take a toll on A 「Aに損害[被害]を与える」

1133
stun
[stʌ́n]

動 〜をびっくりさせる, 動転させる；気絶させる
◇stúnning　　形 美しい, すばらしい；驚くべき
◇stúnned　　形 びっくりした；動転した

1134
versatile
[vəːrsətl]

形 多才な；汎用の, 多用途の
源 ver=turn 「簡単に変えられる」が原義。

1135
startling
[stάːrtliŋ]

形 〈物事が〉びっくりさせる, 驚かせる
◇stártle　　　動 〈人〉を驚かせる, びっくりさせる
◇stártled　　　形 〈人が〉驚いて, びっくりした

UNIT 038 **KEY PHRASES**

MP3▶038-06.mp3 CD▶TRACK:41

- **spontaneously** laugh — 自然と笑う
- construct a **sewer** system — 下水設備を設ける
- a **secondhand** bookstore — 古本屋
- win by a narrow **margin** — わずかな差で勝つ
- need careful **scrutiny** — 慎重な調査を必要とする

1136
spontaneously
[spɑntéiniəsli]

副 自然と, 自発的に
◇spontáneous 形 自発的な, 自然に起こる

1137
sewer
[súːər]

名 下水(道), 下水管

1138
secondhand
[sékəndhǽnd]

形 ①中古の
②間接の
例 secondhand smoking「間接喫煙」
◇fírsthánd 形 副 直接の[に], じかの[に]

1139
margin
[máːrdʒin]

名 ①差, 票差
②余裕, 余白
③縁(= edge), 端
◆profit margin 「利ざや, 利益幅」

1140
scrutiny
[skrúːtəni]

名 綿密な調査, 吟味
◇scrútinize 動 ~を綿密に調査する

311

PRACTICE TEST

223. I have deleted one of your two posts. Please try to avoid ------- postings here.

    (A) exchanging
    (B) delayed
    (C) duplicate
    (D) missed

224. The rooms in this hotel are sound proofed so that the noise from outside doesn't ------- guests.

    (A) bother
    (B) allocate
    (C) appoint
    (D) retrieve

225. Some reviewers described the exhibition as simply -------.

    (A) amazing
    (B) amaze
    (C) amazed
    (D) amazes

226. Computer server prices are largely dictated by prices of computer chips and other electronic -------.

    (A) compositions
    (B) combinations
    (C) components
    (D) compartments

227. It is essential to arrive ------- for business meetings.

    (A) punctually
    (B) punctual
    (C) punctuality
    (D) punctualness

228. Robert Evans was elected chairman of the board of directors at Alley Corporation by a ------- margin.

    (A) narrow
    (B) narrowness
    (C) narrowly
    (D) narrowed

PRACTICE TEST UNIT038

ANSWER KEY

☐☐☐
223. (C) duplicate「二重の,重複の」 ▶p.306
訳 あなたの二つの投稿メッセージの一つを削除しました。二重投稿を避けるようにしてください。
解説 duplicate postingsは「二重投稿」。(A) のexchangeは「~を交換する」(p.58), (B) のdelayは「~を遅らせる;手間取る」(p.41), (D) のmissは「~を逃す」(p.35)。

☐☐☐
224. (A) bother「~を困らせる,悩ます」 ▶p.306
訳 このホテルの部屋は防音されており,お客様は外の音に悩まされません。
解説 (B) allocate「~を割り当てる,分配する」(p.309), (C) appoint「~を任命する;〈会う日時・場所〉を指定する」(p.308), (D) retrieve「~を検索する;~を取り戻す」(p. 197)。

☐☐☐
225. (A) amazing「〈人を〉びっくりさせる,驚嘆すべき,見事な」 ▶p.307
訳 その展示は全く見事だと述べた評者もいた。
解説 describe O as C「OをCだと述べる」のCの位置には名詞や形容詞がくるが,ここでは副詞simplyの後なので形容詞がくる。動詞のamazeは「〈人〉を驚かす,驚嘆させる」という意味。(C) amazedは「〈人が〉驚いている」。

☐☐☐
226. (C) components; component「構成要素[部分],パーツ」 ▶p.308
訳 コンピュータ・サーバーの価格は主にチップや他の電子部品の価格によって決定される。
解説 (A) compositions「構成」, (B) combinations「結合,組み合わせ」, (D) compartments「区画,分室,ロッカー;車室」。

☐☐☐
227. (A) punctually「時間を守って」 ▶p.309
訳 仕事の会議に時間を守って到着することは重要だ。
解説 動詞arriveを修飾する副詞を選ぶ。(B) punctual「時間を守る」は形容詞,(C) punctuality「時間を守ること」と (D) punctualness「時間を守ること」は名詞。

☐☐☐
228. (A) narrow; by a narrow margin「僅差で,わずかな差で」 ▶p.311
訳 ロバート・エバンスはアレー・コーポレーションの取締役会長に僅差で選ばれた。
解説 空所には形容詞を入れる。by a wide marginは「大差で」。narrow「狭い,細い;かろうじて」(p.162)。

UNIT 039　*KEY PHRASES*

- a **rough** sketch — **大ざっぱな** スケッチ
- **rob** the bank *of* $50,000 — 銀行から5万ドル**奪う**
- a **riddle** with no answer — 答えのない**謎**
- make a **favorable** impression — **好感**を与える
- **reinforce** the relationship — 関係**を強化する**

1141 rough [rʌ́f]　反?

形 ① 荒い；手荒い　② 大ざっぱな　③ つらい, きびしい

⇔ smóoth　形 なめらかな
◇ róughly　副 おおよそ, 概略で；手荒に

1142 rob [ráb]

動 (rob A of B) AからBを奪う, AからBを盗む
　　(= steal B from A)
◇ róbbery　名 強盗, 盗難(事件), 盗み

1143 riddle [rídl]

名 謎, 難問, なぞなぞ

1144 favorable [féivərəbl]

形 〈人に〉好意的な, 有利な
◇ fávorably　副 好意的に；優位に
◆ compare favorably with A 「Aに勝る(とも劣らない), 遜色がない」
　★重要表現!
◇ fávor　名 親切な行為, 頼み事, 好意　▶p.340
◇ fávorite　形 大好きな　名 お気に入り

1145 reinforce [riːinfɔ́ːrs]

動 ～を補強する, 強化する
源 re(また)+inforce(=enforce 強くする)
◇ reinfórcement　名 補強, 強化

314

UNIT 039　*KEY PHRASES*

the most **prosperous** country	最も**繁栄している**国
the **proportion** of boys to girls	男子と女子の**比率**
a **portfolio** of his work	彼の**作品選集**
live in a **remote** village	**へんぴな**村に住む
He is popular with his **peer**s.	彼は**同僚**に人気だ

1146
prosperous
[práspərəs]

形 **繁栄している**
◇prósper　　動 栄える, 成功する

1147
proportion
[prəpɔ́ːrʃən]

名 ①**割合, 比率；つりあい**
　②**部分**
　③**規模**
◆in proportion with [to] A　「Aに比例して」
◆a large proportion of A　「大部分のA」

1148
portfolio
[pɔːrtfóuliou]

名 ①**(代表)作品選集**；(大型の)**書類入れ**
　②**有価証券(一覧)**

1149
remote　多義
[rimóut]

形 ①**遠い**(＝distant)；**へんぴな**
　②〈可能性などが〉**わずかな, かすかな**
★②もTOEICで重要！
◆remote control　「リモコン装置, 遠隔制御」

1150
peer
[píər]

名 **同僚, 仲間**；〈能力・地位などが〉**同等の人**
動 **じっと見る**

315

UNIT 039 KEY PHRASES

a **pediatric** hospital	小児科の病院
an **outspoken** supporter	遠慮なくものを言う支持者
carry out a dangerous **mission**	危険な任務を果たす
mandatory social insurance	強制社会保険
misplace a key	鍵を置き忘れる

1151
pediatric
[pi:diǽtrik]

形 小児科の
◇pediátrics 　　　　名 小児科
◇súrgical 　　　　　形 外科の
◇súrgery 　　　　　名 外科
◇médical 　　　　　形 医学の, 医療の; 内科の ▶p.66
◇(intérnal) médicine 名 内科

1152
outspoken
[áutspóukn]

形 遠慮なくものを言う, ずけずけ言う, 率直な

1153
mission
[míʃən]

名 ①任務, 使命
②伝道, 宣教
源 missionのmissは「送る」(=send)で, missile「ミサイル」と同語源だ。
◇míssionary 　　　　名 伝道師, 宣教師

1154
mandatory
[mǽndətɔ:ri]

形 強制的な, 義務的な, 命令の
★法や規則で定められているということ。
◆mandatory retirement 「定年退職」

1155
misplace
[mispléis]

動 ~を置き忘れる, 置き間違える
源 mis(誤って, 悪い)+place(置く)

UNIT 039 **KEY PHRASES**

MP3▶039-04.mp3 CD▶TRACK:42

- his collection of **memorabilia** 彼の 記念品 のコレクション
- **investigate** the cause of a problem 問題の原因 を調査する
- your **invaluable** assistance あなたの 非常に貴重な 援助
- manage **conflict** *with* peers 同僚との 争い に対処する
- **instill** a sense of anxiety 不安感 を植え付ける

1156 memorabilia
[memərəbíliə]

图 記念品, 記憶すべき事柄, 思い出となる品物
★memorableの複数形がmemorabilia。単数形はめったに使われない。

1157 investigate
[invéstəgeit] (同熟?)

動 ～を調査する
= look into
◇investigátion 图 調査

1158 invaluable
[invǽljuəbl] (反?)

形 非常に貴重な
分解 in(否定)+value(評価する)+able=「計り知れないほど価値のある」
⇔válueless 形 無価値な
★priceless「たいへん貴重な」と混同しないように。

1159 conflict
[kánflikt]

图 対立, 争い；紛争, 戦争
★dispute「争議, 紛争, 論争」(p.268)よりもconflictの方が深刻。
◆scheduling conflict 「スケジュールがかち合うこと」

1160 instill
[instíl]

動〈思想・感情など〉をしみこませる, 植え付ける

UNIT 039 **KEY PHRASES**

MP3▶039-05.mp3 CD▶TRACK:42

- adapt *to* new conditions — 新しい状況に適応する
- graciously receive him — 彼を快く受け入れる
- feed a family of five — 5人家族を養う
- price fluctuation — 価格変動
- have a strong *work* ethic — 強い勤労意欲がある

1161 adapt
[ədǽpt]

動 適応する
語源 ad(=to に)+apt(合わせる)

◆adapt (oneself) to A 「Aに適応する」
◆adapt A to B 「AをBに適応させる」
◇adaptátion 名 適応, 順応
◇adáptable 形 適応力がある

Point! adaptとapoptは大丈夫？
◇adópt 動 ～を採用する；〈態度〉をとる ▶p.358

1162 graciously
[gréiʃəsli]

副 快く, 愛想よく, 丁重に
◇grácious 形 やさしい, 親切な

1163 feed
[fi:d]

動 ～を養う, 〈動物〉に餌をやる
◆be fed up with A 「Aにうんざりしている」

1164 fluctuation
[flʌ́ktʃuéiʃən]

名 変動(=change), 不安定
★大きさ, 量, 質などが不規則に大きく変わること。
◇flúctuate 動 〈水準・物価が〉変動する

1165 ethic
[éθik]

名 倫理
◆work ethic 「勤労意欲[倫理]」
★労働を尊ぶ倫理観のこと。
◇éthical 形 倫理的な, 道徳的な

UNIT 039 *KEY PHRASES*

MP3▶039-06.mp3 CD▶TRACK:42

a very **dull** book	とても**退屈な**本
liquid laundry **detergent**	液体洗濯**洗剤**
deputy general manager	**副**部長
budget **deficit**	財政**赤字**
a **crack** in a bone	骨の**ひび**

1166 dull
[dʌ́l]

形 **退屈な, おもしろくない；鈍い**

諺 All work and no play makes Jack a dull boy.
「勉強ばかりで遊ばないとばかになる」

1167 detergent
[ditə́ːrdʒənt]

名 **洗剤**

源 de(分離)+terg(拭き取る)+ent=(汚れを取るもの)

1168 deputy
[dépjəti]

名 (名詞の前において)**副, 代理；代理人**

源 defect「欠陥, 欠点, 短所」(p.212)と同語源。

1169 deficit
[défəsit]　反?

名 **赤字, 欠損, 不足額**

⇔ súrplus　名 余剰, 過剰(=excess)　▶p.330

1170 crack
[krǽk]

名 **ひび割れ, 裂け目；鋭い音**
動 **くだける, 裂ける；鋭い音を出す**

PRACTICE TEST

229. SSD Brand products compare ------- with other leading food service products.

    (A) favor
    (B) favored
    (C) favorable
    (D) favorably

230. We look forward to a long and ------- relationship with your company.

    (A) inaugural
    (B) overwhelming
    (C) prosperous
    (D) rough

231. There is a ------- possibility that he is in the office.

    (A) contrary
    (B) concerned
    (C) detached
    (D) remote

232. The following setup and installation procedures are ------- for proper use of this application.

    (A) tentative
    (B) reversible
    (C) mandatory
    (D) supplemental

233. A company's survival depends on its ability to ------- to new conditions.

    (A) achieve
    (B) adapt
    (C) apply
    (D) attach

234. Although there has been no great ------- in demand or supply, sellers of wheat have increased the price without any proper reason.

    (A) perception
    (B) obligation
    (C) navigation
    (D) fluctuation

PRACTICE TEST UNIT039

ANSWER KEY

☐☐☐

229. (D) favorably「好意的に；優位に」; compare favorably with A「Aに勝る（とも劣らない），遜色がない」 ▶p.314
- 訳 SSDの製品は他の主要な食品サービスの製品に勝るとも劣らない。
- 解説 動詞compareを修飾する副詞を選ぶ問題。favorは「親切な行為，頼み事，好意；〜に賛成する，〜を好む，ひいきする」(p.340)の意味の名詞もしくは動詞，favorable「〈人に〉好意的な，有利な」(p.314)は形容詞。

☐☐☐

230. (C) prosperous「繁栄している」 ▶p.315
- 訳 貴社との長く実り多い関係を期待しております。
- 解説 (A) inaugural「創刊の，就任の」(p.266), (B) overwhelming「圧倒的な」(p.250), (D) rough「荒い，手荒い；大ざっぱな；つらい，きびしい」(p.314)。

☐☐☐

231. (D) remote「〈可能性などが〉わずかな，かすかな」 ▶p.315
- 訳 彼がオフィスにいる可能性はわずかだ。
- 解説 remoteは「遠い（= distant）；へんぴな」という意味で使うことが多いが，ここでは「〈可能性などが〉わずかな，かすかな」という意味。(A) contrary「反対（の）」(p.290), (B) concerned「心配して」(p.56), (C) detached「切り離された」(p.301)。

☐☐☐

232. (C) mandatory「強制的な，義務的な，命令の」 ▶p.316
- 訳 このアプリを適切に利用するためには次のセットアップとインストールの手順が必須です。
- 解説 procedures「手順」を主語にとる形容詞を選ぶ。(A) tentative「仮の，試験的な，暫定的な」(p.212), (B) reversible「元に戻せる」, (D) supplemental「追加の，補足の」。

☐☐☐

233. (B) adapt; adapt to A「Aに適応する」 ▶p.318
- 訳 会社の生き残りは，新しい状況に適応する能力次第だ。
- 解説 (A) achieve「〜を達成する，〜を獲得する」(p.138), (C) apply「志願する；〜を適用する，利用する」(p.4), (D) attach「〜を貼り付ける，取り付ける」(p.54)。

☐☐☐

234. (D) fluctuation「変動，不安定」 ▶p.318
- 訳 需要と供給に大きな変動はなかったが，小麦の売り手は特に理由もなく価格を上げた。
- 解説 (A) perception「認識，知覚」, (B) obligation「義務」(p.279), (C) navigation「航海（術），飛行（術）」(p.252)。

321

UNIT 040　*KEY PHRASES*　　MP3▶040-01.mp3　CD▶TRACK:43

have a bad **cough**	ひどい せきが出る
have a **cordial** attitude	誠心誠意の態度を示す
cope *with* stress	ストレス に対処する
turn the **knob** to the right	つまみを右に回す
a traveling **companion**	旅の道連れ

1171 cough
[kɔ́(:)f]

名 せき
動 せきをする
◇snéeze　名 動 くしゃみ(をする)
◇yáwn　名 動 あくび(をする)　　▶p.355

1172 cordial
[kɔ́:rdʒəl]

形 誠心誠意の, 心からの, 真心こもった

1173 cope
[kóup]

動 (+ with A) (Aに)対処する, 処理する

1174 knob
[náb]

名 取っ手, (ドアの)ノブ, つまみ

1175 companion
[kəmpǽnjən]

名 仲間, 連れ, 友達
源 com(一緒に)＋pani(パン)＋on(人)＝(一緒にパンを食べる人)
★companionは一緒に時間を過ごしたり旅したりしている人で, friendの方が心の繋がりが強い。

UNIT 040　*KEY PHRASES*

His interest **coincides** *with* mine.	彼の興味は私と一致する
people of high **caliber**	高い能力の人たち
a **bulk**-buying agent	大量購入の代理店
clarify the meaning of the word	単語の意味を明らかにする
His eyes are **brimming** *with* tears.	彼の目は涙であふれている

1176
□ **coincide**
[kouinsáid]

動 (+ with A) (Aと)一致する, 同時に起こる
◇coincidence　图 偶然の一致

1177
□ **caliber**
[kǽləbər]

图 能力, 優秀性
★もともと「銃弾の直径」をいう意味から「能力」という意味で使われるようになった。

1178
□ **bulk**
[bʌ́lk]

图 大部分；容積, 大きいこと
◆in bulk　　「大量に, 大口で」

1179
□ **clarify**
[klǽrifai]

動 ～を明らかにする
clear「明らかな」の動詞形。

1180
□ **brim**
[brím]

動 あふれる, 縁まで満たす
图 縁, へり
例 brim with enthusiasm
　「熱意であふれている」

323

UNIT 040　KEY PHRASES

Let me know **beforehand**.	前もって私に知らせて
provide *an* **array** *of* goods	数多くの商品を提供する
wait **anxiously** for the weekend	週末を心待ちにする
in **designated** areas	指定場所で
a human-rights **advocate**	人権活動家

1181 beforehand
[bifɔ́ːrhǽnd]

副 前もって (= in advance)
◆up front　　　「前払いで」
例 No payment up front.「前金なし」
　= No payment in advance.
★上の例では、beforehandはまれ。

1182 array
[əréi]

名 整列、配列
◆an array of A　「ずらりと並んだA、多様なA」
★Aはふつう複数名詞。

1183 anxiously
[ǽŋkʃəsli]

副 心待ちに；心配して
◇ánxious　　　形 ①(+ about A)(Aを)心配して
　　　　　　　　②(+ to V)Vしたがる、切望する

1184 designate
[dézigneit]

動 ～を指定する、示す、明示する
源 de(強意)+sign(印を付ける)+ate=(目立たせる)
★野球の指名打者(DH)はdesignated hitter。

1185 advocate
[ǽdvəkət]

名 活動家、提唱者、支持者
動 ～を主張する、支持する
源 ad(= to)+vocate(声を出す)　vocal「ボーカル」と同語源。

UNIT 040 *KEY PHRASES* MP3▶040-04.mp3 CD▶TRACK:43

"Did she win the prize?" "**Absolutely**."	「彼女が賞を取ったのか」「その通り」
a **witness** *to* the accident	事故の目撃者
withstand high temperature	高温に耐える
dominate the world market	世界市場を支配する
steal a **wallet**	財布を盗む

1186 absolutely
[ǽbsəlu:tli]

副 (返事として)そうだとも (=yes); 完全に, 全く
◇ábsolute　形 絶対の, 完全な　▶p.243
⇔rélative　形 比較上の, 相対的な

1187 witness
[wítnəs]

名 証人, 目撃者 (eyewitness)
動 ～を目撃する
★動詞で使う例も多い。

1188 withstand
[wiðstǽnd]

動 ～に耐える, 抵抗する
源 with(=against 対して)+stand(立つ)

1189 dominate
[dάmənèit]

動 ～を支配する, 統治する
◇dóminant　形 支配的な
源 domestic「国内の;家庭内の」(p.343)と同じくラテン語の「家」が語源。「家」→「主人」→「支配する」と意味が広がった。

1190 wallet
[wάlət]

名 財布, 札入れ, 紙入れ
◇púrse　名 (主に女性の)財布, 小銭入れ

UNIT 040　*KEY PHRASES*　MP3▶040-05.mp3　CD▶TRACK:43

- **waive** the right — 権利を放棄する
- **verbal** communication — 言葉によるコミュニケーション
- **undertake** the work — 仕事を引き受ける
- **inclement** weather — 荒れ模様の天気
- **transmit** messages — メッセージを伝える

1191
waive [wéiv]
動 ①〈権利・請求権〉を放棄する
　②〈要求など〉を差し控える, 免除する
例 waive visas「ビザを免除する」

1192
verbal [vɔ́ːrbl]
形 言葉の, 言葉による
◇nonvérbal　形 言葉を用いない

1193
undertake [ʌ̀ndərtéik]
動 ①〈仕事など〉を引き受ける
　②～に取りかかる, ～を始める

1194
inclement [inklémənt]
形〈天候が〉荒れ模様の；無情な, 厳しい
源 in(否定)+clement(=mild 穏やかな)

1195
transmit [trænsmít]
動 ～を送る, 伝える；〈病気など〉をうつす, 伝染させる
源 trans は移動や変化を表す。
◇transmíssion　名 伝達, 伝導

UNIT 040 *KEY PHRASES*

MP3▶040-06.mp3 CD▶TRACK:43

- **trace** the history of the area ／ 地域の歴史 をたどる
- **toiletry** bottles ／ 洗面用品 の容器
- during his **tenure** as a sales manager ／ 営業部長としての 在職期間 中に
- use guerrilla **tactics** ／ ゲリラ 戦術 を使う
- **symptom**s of cancer ／ ガンの 症状

1196
trace
[tréis]

動 ～の跡をたどる, 追跡する
名 跡, 足跡

1197
toiletry
[tɔ́ilətri]

名 洗面用品, 化粧品
★せっけん, シャンプー, 歯みがき粉など, 洗面で使うもの全般を言い, toiletriesと複数形で使うことが多い。

1198
tenure
[ténjər]

名 ①在職(期間), 在任
　　②(不動産の)保有権(期間), 借地権

1199
tactics
[tǽktiks]

名 戦術, 戦略
◇táct 名 機転, こつ

1200
symptom
[símptəm]

名 兆候, きざし；症状
源 sym(一緒に)+ptom(起きる)

PRACTICE TEST

235. If the volume on the right side is too low, ------- the knob to the right.

    (A) choose
    (B) let
    (C) turn
    (D) listen

236. This study aims to ------- recent research on community schools.

    (A) subside
    (B) itemize
    (C) clarify
    (D) intend

237. The basement floor area has been ------- for storage.

    (A) designated
    (B) signified
    (C) detained
    (D) reciprocated

238. Internet video distribution could, like cable television, become ------- by a few top companies.

    (A) avoided
    (B) dominated
    (C) displayed
    (D) disrupted

239. The construction was ------- by a major Japanese company.

    (A) underlain
    (B) undone
    (C) undermined
    (D) undertaken

240. In the event of ------- weather, the sports festival will be postponed.

    (A) vigilant
    (B) unfounded
    (C) susceptible
    (D) inclement

ANSWER KEY

235. (C) turn; turn the knob「つまみを回す」 ▶p.322
- 訳 もし右側の音量が低すぎる場合には，つまみを右に回しなさい。
- 解説 knob「つまみ」を目的語にとって，文の意味が通る動詞を選ぶ。(A) choose「～を選ぶ」，(B) let「～を許す」(p.41)，(D) listen「聞く」。

236. (C) clarify「～を明らかにする」 ▶p.323
- 訳 この研究は，地域の学校に関する最近の調査を明確にすることを目指している。
- 解説 文意の通る動詞を選ぶ。(A) subside「低下する」，(B) itemize「(～を)箇条書きにする」(p.7)，(D) intend「～を意図する，～するつもりだ」(p.112)。

237. (A) designated; designate「～を指定する，示す，明示する」 ▶p.324
- 訳 地階は保管場所と指定されている。
- 解説 選択肢は全て動詞の過去分詞形なので，意味を考えて選ぶ。(B) の signify は「～を示す，意味する」(p.103)，(C) の detain は「～を拘留[留置]する；～を引き留める，待たせる」(p.346)，(D) の reciprocate は「(～に)報いる」(p.262)。

238. (B) dominated; dominate「～を支配する，統治する」 ▶p.325
- 訳 ケーブルテレビと同様に，インターネットのビデオ配信は少数の会社によって支配されうる。
- 解説 Internet video distribution「インターネットのビデオ配信」を主語にして，意味の通る述部を選ぶ。(A) の avoid は「～を避ける，～に近寄らない」(p.99)，(C) の display は「～を示す，展示する」(p.102)，(D) の disrupt は「～を混乱させる」。

239. (D) undertaken; undertake「〈仕事など〉を引き受ける」 ▶p.326
- 訳 その建築は日本の大会社が請け負った。
- 解説 (A) の underlain は underlie「～の背後にある；〈理論・行動など〉の基礎となる」の過去分詞形，(B) は undo「〈ひもなど〉をほどく，〈やったこと〉を元通りにする，無効にする」の過去分詞形，(C) は undermine「～を弱める」の過去分詞形。

240. (D) inclement「〈天候が〉荒れ模様の；無情な，厳しい」 ▶p.326
- 訳 荒天の場合には，スポーツフェスティバルは延期されるでしょう。
- 解説 weather を修飾する形容詞を選ぶ。(A) vigilant「油断のない」，(B) unfounded「事実無根の」，(C) susceptible「敏感な」。選択肢がどれも難単語なので，正答率の低い問題。

UNIT 041 KEY PHRASES

- a **surplus** of food — 食糧の**余剰**
- a **stagnant** economy — **停滞する**経済
- the **sole** survivor — **唯一の**生存者
- receive **unanimous** approval — **満場一致の**賛成を得る
- Land prices have **skyrocketed**. — 地価が**急上昇した**

1201 surplus [sə́ːrplʌs]

名 **余剰, 過剰** (= excess)
源 sur(越えて)+plus(加えた)
◆trade surplus 「貿易黒字」

1202 stagnant [stǽgnənt]

形 **停滞した, 不景気な**;〈水・空気などが〉**流れない**
例 stagnant car sales「停滞した車の売れゆき」

1203 sole [sóul]

形 **唯一の, 他にない**
◇sólely 副 ①単独で, 一人で
　　　　　　②単に(= only)

1204 unanimous [ju(ː)nǽnəməs]

形 **全員一致の, 満場一致の**
源 un(一つの)+animous(心の)
◇unánimously 副 全員一致で, 満場一致で

1205 skyrocket [skáirɑkət]

動 **急上昇する, 高まる**
名 ロケット花火

UNIT 041 *KEY PHRASES* MP3▶041-02.mp3 CD▶TRACK:44

a **skeptical** view of life	懐疑的な人生観
scratch your back	君の背中をかく
scatter toys on the floor	床におもちゃをばらまく
impose economic **sanction**s	経済制裁を課す
rustic charm	田舎の魅力

1206
skeptical
[sképtikl]

形 懐疑的な, 疑い深い
◇ sképticism　　名 懐疑的な考え方

1207
scratch
[skrǽtʃ]

動 (爪などで)〜をかく, ひっかく
名 ひっかき傷
◆from scratch 「ゼロから, 最初から」

1208
scatter
[skǽtər]

動 〜をばらまく, まき散らす

1209
sanction　多義
[sǽŋkʃən]

名 ①制裁　②(公権力による)認可
★②も重要！
例 the sanction of the board「取締役会の認可」

1210
rustic
[rʎstik]　　反?

形 田舎の
★ruralよりも素朴さを強調した言葉。
⇔ úrban　　形 都会の
◇ rúral　　形 田舎の, 田舎風の, 農村の

331

UNIT 041 *KEY PHRASES*

MP3▶041-03.mp3 CD▶TRACK:44

political **reform**	政治改革
prolong human life	人間の寿命をのばす
his **predecessor** as manager	彼の前任の経営者
occur very **infrequently**	非常にまれに生じる
environmental **pollution**	環境汚染

1211
reform
[rifɔ́ːrm]

图 改善, 改革
動 ~を改善する, 改心させる
◆budget reform 「財政改革」

▷p.66 Point! 「リフォーム」はreformにあらず！

1212
prolong
[prəlɔ́ːŋ]

動 ~を延長する, 長くする（＝extend）

1213
predecessor
[prédəsesər] 反?

图 前任者；前にあったもの
⇔ succéssor   图 後任者；相続者

1214
infrequently
[infríːkwəntli]

副 まれに
◇fréquently   副 頻繁に, たびたび

1215
pollution
[pəlúːʃən]

图 汚染
◇pollúte   動 ~を汚染する
◇pollútant   图 汚染物質, 汚染源

UNIT 041　*KEY PHRASES*　　MP3▶041-04.mp3　CD▶TRACK:44

put the plates *in* a pile	皿を積み重ねて置く
persevere in the job	仕事で辛抱する
the old-age pension	老齢年金
have no incentive *to* work	働く励みがない
peel an apple	リンゴの皮をむく

1216
pile
[páil]

名 ①積み重ね
②(a pile of A / piles of A) たくさんのA
動 ～を重ねる, ～を積む

1217
persevere
[pə̀ːrsəvíər]

動 辛抱する, 耐え抜く
源 per(完全に)＋severe(厳しい)
◇perseverance 名 忍耐(力), 根気強さ

1218
pension
[pénʃən]

名 年金
例 a company pension「企業年金」

1219
incentive
[inséntiv]

名 報奨(金), 特典；刺激, 動機, 励み
★後ろにto Vを伴うことが多い。

1220
peel
[píːl]

動 (～の)皮をむく
名 皮

UNIT 041 *KEY PHRASES*

MP3▶041-05.mp3 CD▶TRACK:44

- **patent** law 特許法
- an **outright** loss 完全な損失
- an **outfit** for work 仕事着
- **inadvertently** forget to mention it 不注意でそれを言い忘れる
- **omit** the word その言葉を省く

1221
patent
[pǽtnt]

名 **特許, 特許権**

1222
outright
[áutrait]

形 **完全な, 全くの, 明白な**
副 **完全に, 即金で**
例 buy a car outright「即金で車を買う」

1223
outfit
[áutfit]

名 ①(一式の)**服装**(= a set of clothes)
　②**装備一式, 用具一式**
源 fit out「装備する」から。

1224
inadvertently
[inədvə́ːrtəntli]

副 **不注意に**
源 in(否定)+ad(= toward に)+vertent(= turn 向く)+ly =(注意を向けない)　advertise「広告する」と同語源。
★advertently「注意深く」はあまり使われない。

1225
omit
[oumít]

動 **～を省略する, 省く**(= leave out)
例 She omitted his name from the list.
「彼女はリストに彼の名前をのせなかった」
★上の例ではわざとのせなかったのか, うっかりのせ忘れたのかはわからない。

UNIT 041 *KEY PHRASES* MP3▶041-06.mp3 CD▶TRACK:44

■ a **magnificent** view	すばらしい光景
■ **lure** people into the store	人々を店に誘い込む
■ a **lively** conversation	生き生きとした会話
■ **linger** in my memory	私の記憶に残る
■ The company *is* **liable** *for* the damages.	会社はその損害賠償に責任がある

1226
□ **magnificent**
[mægnífəsnt]

形 すばらしい, 立派な, 壮大な

1227
□ **lure**
[ljúər]

動 ～を誘惑する, 魅惑する
名 魅力, 魅惑

1228
□ **lively**
[láivli]

形 活気のある
★-lyで終わる語だが形容詞。
◇alíve　　　　　形 生きている(⇔dead)

1229
□ **linger**
[líŋgər]

動 〈記憶・習慣などが〉なかなか消えない；ぐずぐずする

1230
■ **liable**
[láiəbl]

形 ①法的責任がある
　　②～しがちである　★ふつう好ましくないこと。
◆be liable for A　「Aに責任がある」
◆be liable to V　「Vしがちである」
例 In winter you are liable to catch cold.
　「冬にはかぜをひきやすい」
◇liabílity　　　　　名 〔法律〕責任, 責務；(～ies)負債

335

PRACTICE TEST

241. The executive committee voted ------- to reject the proposals.

    (A) critically
    (B) increasingly
    (C) commonly
    (D) unanimously

242. Mr. Martin travels very ------- these days because of his failing health.

    (A) hardly
    (B) uneasily
    (C) infrequently
    (D) weakly

243. As a special -------, we will offer a 25% discount on all purchases.

    (A) interest
    (B) incentive
    (C) retail
    (D) appearance

244. There may be an ------- end to solar power subsidies.

    (A) apart
    (B) alike
    (C) outgoing
    (D) outright

245. We must apologize that we have ------- charged you twice for the same order.

    (A) uniformly
    (B) potentially
    (C) inadvertently
    (D) functionally

246. Manufacturers are ------- for damages caused by their products.

    (A) favorable
    (B) unstable
    (C) liable
    (D) suitable

PRACTICE TEST UNIT041

ANSWER KEY

☐☐☐

241. (D) unanimously「全員一致で，満場一致で」 ▶p.330
- 訳　執行委員会は投票し満場一致でその申し出を拒絶した。
- 解説　vote「投票する」(p.196)。(A) critically「批判的に，酷評して」，(B) increasingly「ますます」(p.14)，(C) commonly「ふつう，一般に」。

☐☐☐

242. (C) infrequently「まれに」 ▶p.332
- 訳　マーティン氏は最近健康の衰えのため，極めてまれにしか旅をしない。
- 解説　because of his failing health「健康が衰えているから」とあるので，travels very infrequently「極めてまれに旅する」が正解。(A) hardlyは「めったに…ない」の意味の否定語だが，ふつう動詞の前に置き，hardly travels とする。(B) uneasily「心配して」，(D) weakly「弱く」。

☐☐☐

243. (B) incentive「報奨(金)，特典；刺激，動機，励み」 ▶p.333
- 訳　特典として，全部のお買い物に対して25%を割り引きます。
- 解説　25％割り引くという文意を考えてincentive「特典」を選ぶ。(A) interest「興味；金利」，(C) retail「小売り(の)」(p.78)，(D) appearance「出現；外見」(p.59)。

☐☐☐

244. (D) outright「完全な，全くの，明白な」 ▶p.334
- 訳　太陽光発電の補助金が完全に終わるかもしれない。
- 解説　(A) apart「離れて」，(B) alike「似ている，同様な」(p.275)，(C) outgoing「出て行く；社交的な」。

☐☐☐

245. (C) inadvertently「不注意に」 ▶p.334
- 訳　不注意のため同じ注文に対して2度課金してしまったことをお詫びしなければなりません。
- 解説　apologize「謝罪する」と言っている文脈に合うように考えて，charge「〜に課金する」を修飾する副詞を選ぶ。(A) uniformly「均一に」，(B) potentially「潜在的に」，(D) functionally「機能的に」。

☐☐☐

246. (C) liable「法的責任がある」 ▶p.335
- 訳　製造業者は自社製品によって起きた損害に責任がある。
- 解説　be liable for A「Aに責任がある」。(A) favorable「〈人に〉好意的な，有利な」(p.314)，(B) unstable「不安定な」，(D) suitable「適した，ふさわしい」(p.147)。

337

UNIT 042　KEY PHRASES

an **intriguing** result	**興味深い**結果
intricate designs	**複雑な**デザイン
the **intermediate** course	**中級**コース
an **adequate** supply	**十分な**供給
interfere *with* a healthy relationship	健全な関係 を阻害する

1231 intriguing
[intríːgiŋ]

形 興味深い，好奇心をかき立てる
(＝very interesting, fascinating)
源 intricate「複雑な」と同語源。

1232 intricate
[íntrikət]

形 複雑な，混み入った（＝complicated）
源 in(中に)＋tric(複雑)＋ate

1233 intermediate
[intərmíːdiət]

形 中間の，中級の
源 inter(＝between 間の)＋mediate(中間)
★the middle courseとは言わない。

1234 adequate
[ǽdəkwət]　反?

形 十分な，ちょうどの
⇔inádequate　形 不十分な

1235 interfere
[intərfíər]

動 (＋with A)(Aの)じゃまをする，干渉する
◇interférence 图 妨害，干渉

UNIT 042 KEY PHRASES

an **insight** *into* human nature	人間性に対する 洞察
confirm the **hypothesis**	仮説 を確かめる
glance at the watch	時計を ちらりと見る
throw away **garbage**	ごみ を捨てる
fragile items	こわれもの

1236 insight
[ínsait]

名 洞察(力), 明察

1237 hypothesis
[haipάθəsis]

名 仮説, 仮定
語源 hypo(下に)+thesis(置く)

1238 glance
[glǽns]

動 ちらりと見る
名 ちらりと見ること
◆at first glance 「一見したところでは」

1239 garbage
[gáːrbidʒ]

名 ごみ, 生ごみ　★主に《米》。
◇rúbbish　　名 ごみ　★主に《英》。
◇trásh　　名 くず, ごみ, がらくた　★主に《米》。

1240 fragile
[frǽdʒəl]

形 こわれやすい, もろい
★小包などで「こわれもの注意！」という日本の表示にあたるのが, Fragile! だ。

339

UNIT 042　KEY PHRASES

forgive him *for* breaking a promise	彼が約束を破ったのを許す
Would you *do* me *a* favor?	頼みをきいてもらえませんか
accept my **fate**	運命を受け入れる
officiate at the wedding	結婚式を執り行う
a fire **extinguisher**	消火器

1241 forgive
[fərgív]

動 ~を許す
◆forgive A for B 「AのBを許す」
★forgiveは「罪や悪行を許す」という意味で、allowやpermitは許可を与えるという意味。

1242 favor
[féivər]

名 親切な行為、頼み事、好意
動 ~に賛成する、~を好む、ひいきする
◆do A a favor 「Aの頼みをきく」
◆in favor of A 「Aを支持して、Aの有利に」
◇fávorable 形〈人に〉好意的な、有利な ▶p.314
◇fávorite 形 大好きな 名 お気に入り

1243 fate
[féit]

名 運命
◇fátal 形 致命的な

1244 officiate
[əfíʃieit]

動 儀式を行う、司会を行う；司祭する

1245 extinguisher
[ikstíŋgwiʃər]

名 消火器、消す物[人]
◇extínguish 動 ~を消す（= put out）

UNIT 042　KEY PHRASES

MP3▶042-04.mp3　CD▶TRACK:45

the **extinction** of dinosaurs	恐竜の絶滅
expel him from the club	クラブから彼を追放する
It *is* **imperative** *that* passwords *be* kept confidential.	パスワードは秘密にされている必要がある
exert great pressure	大きな圧力をかける
exclaim in delight	喜んで叫ぶ

1246
extinction
[ikstíŋkʃən]

图 絶滅
◇extínct　形 絶滅した

1247
expel
[ikspél]

動 ～を追放する、追い出す
源 ex(外に)＋pel(駆り立てる)　compel「強制する」,propel「推進する」と同語源。

1248
imperative
[impérətiv]

形 必要がある、必須の
◆It is imperative that S＋(should)原形V
「Vすることは必要だ」　▶p.165 essential

▶p.165 **Point!**　that節中で動詞の原形またはshould V②

1249
exert
[igzə́ːrt]

動 〈影響力や権力〉を振るう；〈能力など〉を発揮する、働かせる

1250
exclaim
[ikskléim]

動 叫ぶ
源 ex(強意)＋claim(叫ぶ)

UNIT 042　*KEY PHRASES*

MP3▶042-05.mp3　CD▶TRACK:45

human evolution	人類の進化
go on an errand	使い走りをする
embrace a new standard	新しい基準を受け入れる
expedite an order	注文を迅速に処理する
a drastic change in lifestyle	ライフスタイルの急激な変化

1251
□ **evolution**
[evəlú:ʃən]

图 進化
★下のような語句はTOEICでは少ないが、知っておきたい。
◆the theory of evolution　「進化論」
◇evólve　　　　　　　　　動 進化する
◆natural selection　　　　「自然選択」
◆survival of the fittest　　「適者生存」
◆struggle for survival　　「生存競争」

1252
□ **errand**
[érənd]

图 使い走り、使い
◆go on an errand　「使い走りをする」
　　　　　　　　　(= do an errand)

1253
□ **embrace**
[embréis]

動 ①〜を受け入れる　②〜を抱く
图 抱擁

1254
■ **expedite**
[ékspədait]

動 〜を迅速に処理する、促進する
源 ex(=out)+ped(足)→(足取りを速める)

1255
□ **drastic**
[dræstik]

形 急激な、劇的な
◇drástically　　　　　　副 急激に、劇的に、徹底的に

UNIT 042　**KEY PHRASES**

MP3▶042-06.mp3　CD▶TRACK:45

- **drain** water from the pool　　プールから水を排出する
- **domestic** flights　　国内便
- **prove** to be true　　本当だとわかる
- a loud and **disturbing** noise　　大きく騒々しい音
- **disregard** his advice　　彼の意見を無視する

1256
drain
[dréin]

動 〈水など〉を排出する
名 排水溝
★食品の水を切るときにも使う。
例 drain water from pasta「パスタの水を切る」
◆go down the drain　「むだになる」

1257
domestic
[dəméstik]

形 国内の, 国産の；家庭内の
★「家庭内暴力」はdomestic violence。

1258
prove
[prúːv]

動 ①〜だとわかる（＝turn out）　②〜を証明する
◇próof　　名 ①証拠　②耐久度　③校正
◇próven　　形 実績のある, 証明された
★TOEICで重要！
例 a proven expert「実績のある専門家」

1259
disturbing
[distə́ːrbiŋ]

形 騒々しい, 不穏な
◇distúrb　　動 〜をかき乱す, 邪魔する
源 dis（強意）＋trub（乱す）

1260
disregard
[disrigáːrd]

動 〜を無視する, 軽視する
★ignoreの方が意味が強い。
源 dis（否定）＋regard（注意する）

PRACTICE TEST

247. I think the business is failing because of the ------- advertising and marketing strategies.

   (A) inadequate
   (B) rare
   (C) intended
   (D) trained

248. This book will give you a clear ------- into investment opportunities.

   (A) eyesight
   (B) insight
   (C) hindsight
   (D) sight

249. Mr. Steve Muffin was asked to ------- at the opening ceremony for the new factory on March 16.

   (A) count
   (B) officiate
   (C) generate
   (D) experience

250. It is imperative that he ------- waiting for us when we arrive.

   (A) being
   (B) was
   (C) be
   (D) had been

251. It may not be easy to encourage employees to ------- a new technology.

   (A) embrace
   (B) emit
   (C) expel
   (D) extract

252. The Network Team has chosen a ------- manufacturer that offers various solutions.

   (A) proof
   (B) proving
   (C) provable
   (D) proven

PRACTICE TEST UNIT042

ANSWER KEY

☐☐☐

247. (A) inadequate「不十分な」 ▶p.338
訳 不十分な宣伝とマーケティング戦略のため，会社は失敗しつつあると思う。
解説 advertising and marketing strategiesを修飾する形容詞を選ぶ。is failing「失敗しつつある」とあるので，意味が合うのはinadequate。(B) rare「まれな，珍しい」(p.153), (C) intended「意図された」, (D) trained「訓練された」。

☐☐☐

248. (B) insight「洞察(力)，明察」 ▶p.339
訳 この本は投資の機会について明快な洞察を与えてくれるでしょう。
解説 insight into A「Aに対する洞察」。(A) eyesight「視力」, (C) hindsight「あと知恵」, (D) sight「見ること」。

☐☐☐

249. (B) officiate「儀式を行う，司会を行う；司祭する」 ▶p.340
訳 Steve Muffin氏は3月16日に新工場の開設式を行うよう依頼された。
解説 at the opening ceremonyに続く動詞を選ぶ。officiateはかなりの難単語だが，「儀式を行う，司会を行う」という意味。(A) count「数える」, (C) generate「～を生み出す，～を引き起こす」(p.118), (D) experience「～を経験[体験]する」(p.67)。

☐☐☐

250. (C) be; It is imperative that S + (should) 原形V「Vすることは必要だ」 ▶p.341
訳 私たちが到着する際に彼が私たちを待っていることが必要だ。
解説 imperativeはnecessary, essentialのような形容詞と同様に，形式主語構文のthat節中で原形V，またはshould Vを使う。▶p.165 **Point!**

☐☐☐

251. (A) embrace「～を受け入れる；抱く」 ▶p.342
訳 従業員に新しい技術を受け入れるよう促すのは簡単ではないかもしれない。
解説 (B) emit「～を排出する」, (C) expel「～を追放する，追い出す」(p.341), (D) extract「～を引き出す，引き抜く；～を引用する」(p.299)

☐☐☐

252. (D) proven「実績のある，証明された」 ▶p.343
訳 ネットワークチームは様々な解決策を提供する実績のあるメーカーを選んだ。
解説 a ------- manufacturerとなっているから，空所には文意が通るような形容詞を入れる。(A) proof「証拠，証明」は名詞，(B) provingは動詞prove「～を証明する」の-ing形，(C) provable「証明できる」は形容詞。

UNIT 043　KEY PHRASES

- the **dimension**s of the room — 部屋の大きさ
- preserve human **dignity** — 人間の尊厳を保つ
- be **detained** in a prison — 刑務所に拘留される
- income **derived** *from* business — 事業から生じる所得
- *be* **fascinated** *by* natural beauty — 自然の美しさに魅了される

1261
dimension 〔多義〕
[dimén∫ən]

图 ①寸法, 大きさ
　②局面, 側面
　③次元
★数学・物理用語。TOEICでは①の意味に注意。

1262
dignity
[dígnəti]

图 尊厳, 威厳
源 ラテン語の「価値あること」が原義。

1263
detain
[ditéin]

動 ～を拘留[留置]する；～を引き留める, 待たせる
源 de(分離)+tain(保つ)=(離して置いておく)

1264
derive
[diráiv]

動 (+from A)(Aから)生じる, 由来する, 出てくる；
　～を得る, 引き出す
源 de(分離)+rive(=river 川)=(川から水を引く)

1265
fascinate
[fǽsəneit]

動〈人〉を魅了する, とりこにする
◆be fascinated by A 「Aに魅了される」
◇fáscinating　　　 形 魅力的な

UNIT 043　KEY PHRASES

deprive him *of* freedom	彼から自由を奪う
dent my car door	車のドアをへこませる
send a **delegation**	派遣団を送る
define this word	この言葉を定義する
His efforts **culminated** *in* success.	彼の努力は最後に成功した

1266 deprive
[dipráiv]

動 ～から奪う, とる

源 de(分離)+prive(自分の物)=(奪って自分の物にする) priveはprivateと同語源。

◆deprive 〈人〉 of A 「〈人〉からAを奪う」

1267 dent
[dént]

動 ～をへこませる；～に不利な影響を与える

1268 delegation
[deligéiʃən]

名 派遣団, 代表団

◇délegate　　動 ～を代表として派遣する
　　　　　　　名 代表者, 代表団

1269 define
[difáin]

動 ～を定義する

◇definítion　　名 定義
◇définite　　形 明確な, 確実な, 限定された

1270 culminate
[kʌ́lməneit]

動 (+in A) (Aで)終わる, 最後に(Aと)なる
　　　　　　　　　　　　　　(=end, result)

源 culmi(頂点)+ate(にする)

UNIT 043 KEY PHRASES

MP3▶043-03.mp3 CD▶TRACK:46

convert property *into* cash	不動産を現金 に変える
contradict his views	彼の考え を否定する
Conservative Party	保守党
the exception *to* the rule	その規則の 例外
traffic congestion	交通 渋滞（= traffic jam）

1271 convert
[kənvə́ːrt]

動 ～を変換する、転換する

1272 contradict
[kɑntrədíkt]

動 ～を否定する、～に矛盾する
源 contra(反して)+dict(言う)
◇contradiction　　　名 矛盾
◇contradictory　　　形 矛盾した

1273 conservative
[kənsə́ːrvətiv] 反?

形 保守的な
⇔progréssive　　　形 進歩的な

1274 exception
[iksépʃən]

名 例外
◆with the exception of A 「Aを除いて」
◇excéptional　　　形 特に優れた、例外的な
◇excépt　　　前 ～を除いて
源 ex(外に)+cept(取る)=(外に取り出す)

1275 congestion
[kəndʒéstʃən]

名 渋滞、密集、過剰；うっ血
源 con(一緒に)+gest(運ぶ)+ion

UNIT 043　*KEY PHRASES*　MP3▶043-04.mp3　CD▶TRACK:46

- I **confess** that I was there. — 私はそこにいた**と告白する**
- This wine **complement**s Russian food. — このワインはロシア料理**を引き立てる**
- The bubble economy **collapsed**. — バブル経済が**崩壊した**
- This industry is in a state of **chaos**. — この業界は**混乱**状態にある
- a **cardboard** box — **段ボール**箱

1276
confess
[kənfés]

動 ～と告白する
◇conféssion　名 告白, 自白

1277
complement
[kámpləmənt]

動 ～を引き立てる, 補う
名 補完物, 補語

1278
collapse
[kəlǽps]

動 崩壊する (= fall down)
名 崩壊

1279
chaos
[kéiɑs]

名 混乱, 混沌 (= confusion)
◇chaótic　形 混沌とした

1280
cardboard
[káːrdbɔːrd]

名 段ボール, ボール紙, 厚紙

UNIT 043　*KEY PHRASES*　　MP3▶043-05.mp3　CD▶TRACK:46

■ be of the **utmost** importance	最も重要である
■ a detailed **bibliography**	詳しい参考文献一覧
■ **bear** *in* *mind* the following points	次の点を覚えておく
■ a **biography** of President Kennedy	ケネディ大統領の伝記
■ This item is *on* **backorder**.	この商品は入荷待ちです

1281
□ **utmost**
[ʌ́tmoust]

形 最大の, 最高の, 最も
名 最大(限), 最高

1282
□ **bibliography**
[bìbliágrəfi]

名 参考文献一覧, 著書目録
源 biblio(本)+graphy(記述)

1283
□ **bear**
[béər]

動 ～を持つ；～を我慢する
◆bear A in mind 「Aを覚えておく」
　　　　　　　　　(＝keep A in mind)
★Aが長いとbear in mind Aの語順になる。

1284
□ **biography**
[baiágrəfi]

名 伝記
◇autobiógraphy　名 自叙伝
源 auto(自分)+bio(＝life)+graphy(書くこと)

1285
□ **backorder**
[bǽkɔːrdər]

名 品切れで未納の注文, 取り寄せ注文

UNIT 043 *KEY PHRASES*

MP3▶043-06.mp3 CD▶TRACK:46

- formal business **attire** — フォーマルなビジネスの**服装**
- **acknowledge** the lack of data — データ不足**を認める**
- the world's most **affluent** country — 世界一**裕福な**国
- **alleviate** crowding — 混雑**を軽減する**
- The meeting **adjourned** at 3:00. — 会議は3時に**休会した**

1286
attire
[ətáiər]

图 (正式な)**服装**, 盛装
★ふつう不可算名詞。

1287
acknowledge
[əknálidʒ]

動 **～を認める**
★admitと同様に、過失や不利なことをしぶしぶ認めるときによく使う。
◇acknówledgment　图 承認, 同意；御礼, 謝辞

1288
affluent
[ǽfluənt]

形 **裕福な**, 豊かな
源 af(に)+fluent(流れて)=(流れ出るほど豊かな)
◇áffluence　　图 豊かさ

1289
alleviate
[əlíːvieit]

動 〈苦痛など〉を**軽減する**, 緩和する
源 al(=to)+levi(=light)+ate=(軽くする)

1290
adjourn
[ədʒə́ːrn]

動 **休会する**
源 ad(=to に)+journ(1日)=(日をのばす)

351

PRACTICE TEST

253. When I was young, I was ------- by everything about India. My friends thought I was crazy, but I didn't care.

    (A) fascinated
    (B) appealed
    (C) enjoyed
    (D) appreciated

254. His printer works just fine with the ------- of copying. When he attempts to copy, an error message pops up on the screen.

    (A) excess
    (B) exception
    (C) excuse
    (D) exchange

255. We strive to achieve the ------- in quality in all of our work.

    (A) history
    (B) token
    (C) prospect
    (D) utmost

256. ------- in mind that the newspaper account may be in error.

    (A) Help
    (B) Bear
    (C) Define
    (D) Enact

257. The book you requested is on -------. It should be shipped to you within seven days.

    (A) atrium
    (B) backorder
    (C) portfolio
    (D) surplus

258. The government has ------- the problem but hasn't come up with a solution yet.

    (A) acknowledged
    (B) attended
    (C) conveyed
    (D) deployed

PRACTICE TEST UNIT043

ANSWER KEY

☐☐☐

253. (A) fascinated; be fascinated by A「Aに魅了される」 ▶p.346
- 訳　若い頃私はインドの全てに魅了された。私の友達は私がおかしいと思ったが，私は気にしなかった。
- 解説　be ------ by Aの形で意味が通る動詞を選ぶ。(B)の appealは「気に入る，訴える」(p.292), (C)の enjoyは「〜を楽しむ」, (D)の appreciateは「〜に感謝する」(p.48)。

☐☐☐

254. (B) exception; with the exception of A「Aを除いて」 ▶p.348
- 訳　彼のプリンタはコピー以外は調子よく動く。コピーしようとすると，スクリーンにエラーメッセージが出てくる。
- 解説　空所の後ろの文から，コピーはうまくできないことがわかるので, (B)が適切。(A) excess「超過，過剰」(p.123), (C) excuse「言い訳，弁解」(p.173), (D) exchange「交換」(p.58)。

☐☐☐

255. (D) utmost「最大の，最高の，最も」 ▶p.350
- 訳　我々は全ての仕事において最大の品質を達成するよう努力します。
- 解説　strive to V「Vするよう努力する」(p.161)。(A) history「歴史」, (B) token「印；記念品」(p.170), (C) prospect「見込み，見通し，期待」(p.192)。

☐☐☐

256. (B) Bear; bear A in mind「Aを覚えておく」 ▶p.350
- 訳　新聞記事が誤っているかもしれないということを覚えておきなさい。
- 解説　bear A in mind は, A に that 節など長い語句がくるとき, bear in mind A の語順になる。(C) define「〜を定義する」(p.347), (D) enact「〈法律〉を制定する，成立させる」(p.283)。

☐☐☐

257. (B) backorder「品切れで未納の注文，取り寄せ注文」 ▶p.350
- 訳　ご要望の本は品切れです。7日以内に発送されるはずです。
- 解説　(A) atrium「大広間」(p.307), (C) portfolio「(代表)作品選集；(大型の)書類入れ」(p.315), (D) surplus「余剰，過剰」(p.330)。

☐☐☐

258. (A) acknowledged; acknowledge「〜を認める」 ▶p.351
- 訳　政府はその問題(の存在)を認めたが，まだ解決策を見いだしていない。
- 解説　(A) acknowledge ＝ admit「〜を認める」は，不利なことや不快なことを認めるというときによく使う。(B)の attendは「〜に出席する」(p.24), (C)の conveyは「〜を伝える」, (D)の deployは「〜を配置する」。

353

UNIT 044 *KEY PHRASES*

MP3▶044-01.mp3 CD▶TRACK:47

reserve **adjoining** rooms	隣り合った部屋を予約する
accelerate development	発展を促進する
abundant natural resources	豊富な天然資源
make **discreet** inquiries	慎重な質問をする
an **abridged** version	縮約版

1291 adjoining
[ədʒɔ́iniŋ]

形 隣り合った;接している

◇adjóin 動 ~に隣接する(＝be next to)

源 ad(に)+join(つなぐ)

★adjoinは隣と接触している部分を共有していることを意味するが, adjacent(p.285)は必ずしも接触しているとは限らない。

1292 accelerate
[əkséləreit]

動 (~を)加速する, 促進する

源 ac(＝to)+celerate(急ぐ)

1293 abundant
[əbʌ́ndənt]

形 豊富な, 豊かな

源 ab(分離)+unda(波)+ant＝(波があふれ出るほど)

◇abúndance 名 多量, 豊富
◇abóund 動 富む(＋in)

1294 discreet
[diskrí:t]

形 分別のある, 慎重な;控えめな

源 discern「見分ける」と同語源で, 「善悪の区別ができる」が原義。discretion「決定権」(p.301)と同語源。

◇discréetly 副 慎重に, 控えめに, 内々に

1295 abridge
[əbrídʒ]

動 ~を短縮する

UNIT 044　*KEY PHRASES*

yawn when you are bored	退屈なときに あくびをする
her **upset** eyes	彼女の 動揺した 目
the **ultimate** goal	究極の 目標
fear economic **turmoil**	経済的 混乱 を恐れる
unconditionally accept the offer	無条件に 申し出を受け入れる

1296 yawn
[jɔ́ːn]

動 あくびをする
名 あくび
◇cóugh　　　名 動 せき(をする)
◇snéeze　　　名 動 くしゃみ(をする)

1297 upset
[ʌpsét]

形 動揺した
動 ～の心を乱す, ～をひっくり返す
名 混乱, 転覆 [ʌ́pset]

1298 ultimate
[ʌ́ltəmət]

形 究極の, 最終の

1299 turmoil
[tə́ːrmɔil]

名 混乱, 騒動, 不安
語源 tur(荒れる)＋moil(騒動)

1300 unconditionally
[ʌnkəndíʃənli]

副 無条件に, 無制限に
◇unconditional　　形 無条件の, 無制限の, ただし書きのない

355

UNIT 044　**KEY PHRASES**　MP3▶044-03.mp3 CD▶TRACK:47

the **theory** of relativity	相対性理論
What a **terrific** idea!	なんとすばらしい考えだろう
the **shrinking** economy	縮小する経済
cutting-edge technology	最先端の技術
reap large rewards	大きな報酬を手に入れる

1301
theory
[θíːəri]

名 理論
◆in theory 「理論的には」
⇔in practice 「実際には」
◇theorétical 形 理論的な，理論上の

1302
terrific
[tərífik]

形 すばらしい
◇térrible 形 ひどい，ひどく悪い
◇térrify 動 ～を恐れさせる
◇térrified 形 〈人が〉おびえている，恐れる
◇térrifying 形 恐ろしい
◇térror 名 恐怖

1303
shrink
[ʃríŋk]

動 縮む，小さくなる；～を圧縮する，縮める
活用形　shrink – shrank – shrunk

1304
cutting-edge
[kʌ́tiŋédʒ]

形 最先端の，最新鋭の

1305
reap
[ríːp]

動 〈報酬など〉を手に入れる，～を収穫する

UNIT 044　*KEY PHRASES*

- a **plausible** explanation — もっともらしい説明
- a positive **outlook** *on* life — 人生に対する肯定的な考え方
- an **obstruction** *to* progress — 進歩の障害
- be **isolated** from society — 社会から孤立している
- a terrible **incident** — 恐ろしい出来事

1306 plausible
[plɔ́:zəbl]

形 もっともらしい，まことしやかな
★しばしばけなし言葉として使う。

1307 outlook
[áutluk]

名 ①考え方，態度
②見通し，見込み
例 China's economic outlook「中国経済の見通し」
◆look out 「気をつける」

1308 obstruction
[əbstrʌ́kʃən]

名 障害(物)，妨害
◇obstrúct 動 ～を妨げる，妨害する

1309 isolate
[áisəleiti]

動 ～を孤立させる，隔離する
◇isolátion 名 孤立，隔離

1310 incident
[ínsədənt]

名 出来事
★しばしば不愉快な出来事。
◇incidéntal 形 付随的な，ささいな
◇íncidence 名 (病気・犯罪などの)発生(率)

UNIT 044 **KEY PHRASES**

MP3▶044-05.mp3 CD▶TRACK:47

insofar *as* I can see	私にわかる限りは
bestow an award on the writer	その作家に賞を授ける
abruptly resign in protest	抗議して突然辞任する
adopt a cautious attitude	慎重な態度をとる
establish a good **rapport** *with* customers	顧客とよい関係を作る

1311 insofar
[insəfáːr]

副 ～する限りでは
★insofar as ～とas節を伴って, 一つの接続詞のように使う。

1312 bestow
[bistóu]

動 ～を授ける, 与える
★formalな単語。

1313 abruptly
[əbrʌ́ptli]

副 急に, 不意に, 突然に
◇abrúpt 形 急な, 不意の, 突然の
語源 ab+rupt(破裂する= break) disruption「混乱, 分裂」(p.209)と同語源。

1314 adopt
[ədápt]

動 ～を採用する;〈態度〉をとる
◇adápt 動 適応する　　　　　　　　　　　▶p.318

1315 rapport
[ræpɔ́ːr]

名 関係, 和, 信頼できるつながり
★rapportは個人間の理解や好みによる良好な関係を言うことが多い。

UNIT 044　*KEY PHRASES*　MP3▶044-06.mp3　CD▶TRACK:47

- have a high **profile** ／ **注目**を浴びている
- product **specification**s ／ 製品の**仕様**
- **perishable** food ／ **生鮮**食品
- **savor** the quiet moment ／ 静かなひととき**を味わう**
- The scent was **reminiscent** *of* my childhood. ／ その香りは子ども時代**を思い出させる**

1316
profile　多義
[próufail]

名 ①**注目，目立ち具合**
　②**横顔，プロフィール**
動 **~の人物紹介[輪郭]を描く**
★動詞も重要！

1317
specification
[spesəfikéiʃən]

名 (~s)**仕様(書)，設計明細(書)，スペック**(= specs)
★ふつう複数形で使う。
◇bréakdown　名 ①(計算書などの)**明細，内訳**
　　　　　　　　②**故障；神経衰弱**
★TOEIC では①が重要！
例 breakdown of expenses「費用の内訳」

1318
perishable
[périʃəbl]

形 **腐りやすい，生鮮の**
◇pérish　動 **死ぬ，滅びる，消滅する**

1319
savor
[séivər]

動 〈味・香りなど〉を**ゆっくり味わう**
名 **味，風味；面白み**
◇sávory　形 **風味のある**

1320
reminiscent
[remənísnt]

形 **思い出させる，連想させる**(+ of)

PRACTICE TEST

259. Officers are said to have dealt with the situation ------- and correctly.

    (A) remotely
    (B) extremely
    (C) tightly
    (D) discreetly

260. Our support team is professional, local, and highly skilled. We support our products -------.

    (A) conclusively
    (B) factually
    (C) unconditionally
    (D) inadvertently

261. Please make sure all fire exits are clear of -------.

    (A) incidents
    (B) obstructions
    (C) incidences
    (D) turmoil

262. Personal data shall be collected, stored, and processed only ------- this is necessary for providing our service.

    (A) insofar as
    (B) in order that
    (C) in consequence of
    (D) in accordance with

263. The government ------- a new economic policy.

    (A) adapted
    (B) adopted
    (C) attributed
    (D) attached

264. Please note we cannot accept the return of ------- items like milk, vegetables, and meat.

    (A) savory
    (B) discreet
    (C) plausible
    (D) perishable

PRACTICE TEST UNIT044

ANSWER KEY

☐☐☐
259. (D) discreetly「慎重に，控えめに，内々に」 ▶p.354
- 訳　警官はその状況に慎重かつ適切に対処したと言われている。
- 解説　have dealt with the situation「状況に対処する」を修飾する副詞を選ぶ。また空所は後ろのcorrectlyとandで結ばれていることから，correctlyに近い意味の副詞が適切だ。(A) remotely「遠く，わずかに」，(B) extremely「極めて，極度に，極端に」(p.220)，(C) tightly「きつく，しっかりと」。

☐☐☐
260. (C) unconditionally「無条件に，無制限に」 ▶p.355
- 訳　私たちのサポートチームは専門的で，地域に根ざし，高度な技術を持っています。私たちの製品を無条件にサポートします。
- 解説　選択肢はすべて副詞。(A) conclusively「最終的に，決定的に」，(B) factually「事実上」，(D) inadvertently「不注意に」(p.334)。

☐☐☐
261. (B) obstructions; obstruction「障害(物)，妨害」 ▶p.357
- 訳　全ての非常口に障害物がないことを確認してください。
- 解説　(A)のincidentは「出来事」(p.357)，(C)のincidenceは「(病気・犯罪などの)発生(率)」(p.357)，(D)のturmoilは「混乱，騒動，不安」(p.355)。

☐☐☐
262. (A) insofar as ～「～する限りでは」 ▶p.358
- 訳　私たちが業務を遂行する上で必要な限りにおいてのみ，個人情報は収集・蓄積・加工されるものとします。
- 解説　空所の後ろにthis is …とSV関係があることから，空所には接続詞が入るとわかる。したがって，(C)(D)は形の上で不可。(B) in order that～「～するために」，(C) in consequence of A「Aの結果として」，(D) in accordance with A「Aに合わせて，Aと一致して」。

☐☐☐
263. (B) adopted; adopt「～を採用する；〈態度〉をとる」 ▶p.358
- 訳　政府は新しい経済政策を取った。
- 解説　policyと相性の良い動詞を選ぶ。(A)の adaptは「適応する」(p.318)，(C)の attributeは attribute A to Bで「AをBのせいにする」(p.261)，(D)の attachは「～を貼り付ける，取り付ける」(p.54)。

☐☐☐
264. (D) perishable「腐りやすい，生鮮の」 ▶p.359
- 訳　ミルク，野菜，肉などの生鮮食品の返品はお受けできないことにご注意ください。
- 解説　(A) savory「風味のある」(p.359)，(B) discreet「分別のある，慎重な；控えめな」(p354)，(C) plausible「もっともらしい，まことしやかな」(p.357)。

Tips ビジネスで使うKEY PHRASES

an **affiliated** company	**関連**会社，**系列**会社
as of September 1	9月1日**時点で**
write **meeting minutes**	**議事録**を書く
No **walk-in**s.	**予約なし(の客)**はお断り
office hours	**営業時間**
a **hands-on** experience	**実務**経験
the **downside** of globalization	グローバル化の**悪い面**
adhere to the following procedures	次の手順**を固守する**
safety **protocol**	安全**規定**
overhead costs	製造**間接**費
	★製造原価から直接原材料費と直接労務費などを除いた費用。
drop-off date	**引き渡し**日
in a **concerted** effort	**一致協力**して
a regular **patron**	ひいきの**常連客(お得意様)**
put the bag in the **overhead bin**	荷物を**頭上の棚**に入れる
	★旅客機で。bin は《英》。《米》では compartment。
conduct a survey	調査**を行う**
envision the future	将来**を思い描く** ★主に《米》。

Tips 時の表し方

1) アメリカ式とイギリス式の日付

2020年7月28日をアメリカ式とイギリス式で表記すると，次のようになる。

- ●アメリカ式… 7/28/2020　あるいは　July 28, 2020
- ●イギリス式… 28/7/2020　あるいは　28 July, 2020

月日をひとかたまりにして，その後にカンマを打つのは米英共通だが，月が数字になっている場合は月と日の順番が逆になるので要注意だ。米英以外の国においてはおよそ下のようになることが多い。

- ●アメリカ式… カナダ
- ●イギリス式… アイルランド, オーストラリア, ニュージーランド, カナダ

カナダではどちらも使われることがあるので大変ややこしい。
　なお，曜日を付ける場合は，米英どちらも一番最初において，Tuesday, July 28, 2020《米》あるいはTuesday, 28 July, 2020《英》となる。
　重要な書類などでは，誤解がないようにDD（日）/MM（月）/YYYY（西暦）やMM/DD/YYYYなどと記入欄に書かれていることが多い。

2) 時刻の表し方

"What time is it now?"　"It's two (o'clock)."
「今何時ですか」「2時です」
☆ o'clock には,「〜分」は付けない。

8:10 (a.m.)	eight ten (a.m.)	「(午前)8時10分」
	ten past eight (a.m.)	「(午前)8時10分過ぎ」= ten after eight《米》

☆「午前」はa.m.の他にA.M.やAMやamとすることもある。

7:50 (p.m.)	seven fifty (p.m.)	「(午後)7時50分」
	ten to eight (p.m.)	「(午後)8時10分前」

☆「午後」はp.m.の他にP.M.やPMやpmとすることもある。

3:15	three fifteen	「3時15分」
	a quarter past three	「3時15分過ぎ」= a quarter after three《米》

4:45	four forty-five	「4時45分」
	a quarter to five	「5時15分前」

11:30	eleven thirty	「11時30分」
	half past eleven	「11時半」

☆数字で時刻を表すとき，8:10 は《米》で，《英》では8.10とピリオドを用いる。

INDEX

見出しの語は太字で示した。
また，beで始まる熟語は全てbeの次の語でエントリーしている。
たとえば，be worthy of Aは(be) worthy of Aとして，Wの項目に入っている。

A

- A and B alike 275
- A apply to B 4
- a bit of A 181
- a housing complex ... 195
- a large proportion of A 315
- a line of A 13
- a lot of A 62
- a luxury hotel 295
- a mountain range ... 65
- a narrow escape 162
- a nature reserve 14
- A of one's own 90
- a public utility 163
- A replace B 46
- A result from B 31
- a sort of A 245
- a stack of A 177
- a status symbol 103
- a steady job 189
- a steering wheel 275
- a variety of A 41
- a wedding reception ... 70
- **abandon** **275**
- **abound** 354
- **abridged** **354**
- abrupt 358
- **abruptly** **358**
- **absolute** **243**, 325
- **absolutely** 243, **325**
- abstract 302
- abundance 354
- **abundant** **354**
- academic background 169
- **accelerate** **354**
- **accept** **51**, 211 284
- **acceptable** 51, 211, **284**
- **acceptance** 51, **211**, 284
- **access** **171**
- accessible 171
- **acclaim** **219**
- **accommodate** ... **91**, 141
- **accommodation** 91, **141**
- **accompany** **232**
- (be) accompany by A 232
- **accomplish** **131**
- accomplished 131
- accomplishment 131
- **according to A** ... **65**, 227
- **accordingly** 65, **227**
- **account** **49**, 62 293
- account for A 49
- **accountant** ... 49, 62, **293**
- **accounting** ... 49, **62**, 293
- **accumulate** **286**
- accumulation 286
- **accuracy** 184
- **accurate** **184**
- accurately 184
- **achieve** **138**
- achievement 138
- **acknowledge** **351**
- acknowledgment 351
- A-conscious 284
- **acquaint** **285**
- acquaint 〈人〉 with A ... 285
- acquaint oneself with A 285
- (be) acquainted with A 285
- **acquire** **188**, 309
- acquired 188
- **acquisition** 188, **309**
- **activate** **160**
- active 160
- activist 160
- actual 81
- **actually** **81**
- **adapt** **318**, 358
- adapt (oneself) to A ... 318
- adapt A to B 318
- adaptable 318
- adaptation 318
- **add** **22**
- add A to B 7, 22, 24
- add to A 22
- **addition** **7**, 22, 24
- **additional** 7, **22**, 24
- **address** **23**
- addressee 96
- **adequate** **338**
- **adjacent** **285**
- adjoin 354
- **adjoining** **354**
- **adjourn** **351**
- **adjust** **82**
- adjust A to B 82
- adjust to A 82
- administer ... 51, 160, 227
- **administration** 51, 160, **227**
- **administrative** **51**, 160, 227
- **administrator** 51, **160**, 227
- **admiration** **309**
- admire 309
- **admission** **186**, 251
- **admit** 186, **251**
- **adopt** 318, **358**
- **advance** **42**
- advanced 42
- advanced degree 58
- advancement 42
- **advantage** **86**
- advantageous 86

- [ ] advent 212
- [ ] adverse 129
- [ ] **adversely** **129**
- [ ] advertise 4
- [ ] **advertisement** **4**
- [ ] advertising agency 4
- [ ] **advocate** **324**
- [ ] **affect** **91**
- [ ] affluence 351
- [ ] **affluent** **351**
- [ ] **afford** **87**, 170
- [ ] **affordable** **87**, **170**
- [ ] **agency** **62**, 82
- [ ] **agenda** **148**
- [ ] **agent** 62, **82**
- [ ] aggression 309
- [ ] **aggressive** **309**
- [ ] **agree** **96**
- [ ] agree with 〈人〉 96
- [ ] agreement 96
- [ ] agricultural 152
- [ ] **agriculture** **152**
- [ ] **aid** **184**
- [ ] ail 242
- [ ] **ailing** **242**
- [ ] **aim** **227**
- [ ] 图+aimed at A 227
- [ ] aircraft 187
- [ ] **alarm** **242**
- [ ] alarming 242
- [ ] **alert** **298**
- [ ] alertness 298
- [ ] **alike** **275**
- [ ] alive 335
- [ ] **alleviate** **351**
- [ ] **allocate** **309**
- [ ] **allow** **42**
- [ ] allow A to V 42
- [ ] allow for A 42
- [ ] **along** **113**
- [ ] along with A 113
- [ ] alternate 153
- [ ] **alternative** **153**
- [ ] **amaze** **307**
- [ ] amazed 307
- [ ] amazing 307
- [ ] **amenity** **275**
- [ ] **among** **129**
- [ ] among the+最上級 ... 129

- [ ] **amount** **58**
- [ ] amount to A 58
- [ ] amused 2
- [ ] amusing 2
- [ ] an array of A 324
- [ ] **analysis** **88**
- [ ] analyst 88
- [ ] analyze 88
- [ ] **anecdote** **274**
- [ ] **anniversary** **141**
- [ ] **announce** **5**
- [ ] announcement 5
- [ ] **annual** **26**
- [ ] annually 26
- [ ] **anticipate** **177**
- [ ] anticipation 177
- [ ] anxious 324
- [ ] **anxiously** **324**
- [ ] **apologize** **91**
- [ ] apologize to A for B ... 91
- [ ] apology 91
- [ ] **appeal** **292**
- [ ] appealing 292
- [ ] **appear** **59**
- [ ] appearance 59
- [ ] appetite 260
- [ ] **appetizer** **260**
- [ ] **appliance** **59**
- [ ] **applicant** 30, **87**
- [ ] **application** **30**
- [ ] **apply** **4**, 59, 87, 303
- [ ] apply (to A) for B 4
- [ ] apply A to B 4
- [ ] **appoint** 33, **308**
- [ ] **appointment** 33, 308
- [ ] **appraisal** **274**
- [ ] **appreciate** **48**
- [ ] **apprentice** **260**
- [ ] **approach** **211**
- [ ] **appropriate** **197**
- [ ] approval 137
- [ ] **approve** **137**
- [ ] approve of A 137
- [ ] approximate 162
- [ ] **approximately** **162**
- [ ] **architect** **133**
- [ ] architecture 133
- [ ] **arise** **308**
- [ ] arise from 〈原因〉 308

- [ ] **arrange** **34**
- [ ] arrangement 34
- [ ] **array** **324**
- [ ] arrival 146
- [ ] **article** **23**
- [ ] **artifact** **308**
- [ ] as A as possible 26
- [ ] as a last resort 213
- [ ] as a matter of fact ... 132
- [ ] as a result 31
- [ ] (be) as follows 2
- [ ] ascend 269
- [ ] ashore 245
- [ ] **aspect** **274**
- [ ] **aspiring** **308**
- [ ] assemble 105
- [ ] **assembly** **105**
- [ ] assess 204
- [ ] **assessment** **204**
- [ ] assign 82
- [ ] **assign** **169**
- [ ] assign A to B 169
- [ ] (be) assigned to V ... 169
- [ ] **assignment** **82**, 169
- [ ] assist 133
- [ ] **assistance** **133**
- [ ] assistant 133
- [ ] associate 86
- [ ] (be) associated with A
   86
- [ ] **association** **86**
- [ ] **assume** **283**
- [ ] **assure** **181**
- [ ] assure 〈人〉+that ~ .. 181
- [ ] astronomer 274
- [ ] **astronomy** **274**
- [ ] at an acceptable price
   284
- [ ] at any rate 25
- [ ] at A's disposal 236
- [ ] at capacity 218
- [ ] at close quarters 56
- [ ] at first glance 339
- [ ] at length 274
- [ ] (be) at odds (with A)
   293
- [ ] at once 98
- [ ] at random 262

- at the appointed time ······ 308
- at the expense of A ··· 27
- at the latest ········· 122
- at the rate of A ········ 25
- at the risk of A ········ 220
- (be) at [behind] the wheel ······ 275
- **athlete** ············· **170**
- athletic ············· 170
- **atmosphere** ········· **259**
- atmospheric ········· 259
- **atrium** ············· **307**
- **attach** ············· **54**
- attached file ········· 54
- (be) attached to A ····· 54
- attachment ··········· 54
- **attain** ············· **259**
- **attempt** ············· **169**
- **attend** ············· **24**
- attendance ··········· 24
- attendant ············ 24
- attendee ············· 24
- **attention** ··········· **141**
- **attire** ············· **351**
- **attitude** ··········· **271**
- **attract** ············· **144**
- **attraction** ········· **144**
- **attractive** ········· **144**
- **attractively** ········· **144**
- **attribute** ··········· **261**
- attribute 〈結果〉to 〈原因〉 ······ 261
- **audience** ··········· **81**
- **authentic** ··········· **236**
- **author** ············· **114**
- **authority** ··········· **267**
- **authorize** ··········· **120**
- authorize A to V ······ 120
- autobiography ······· 350
- **autograph** ··········· **271**
- **available** ··········· **14**
- available to 〈人〉········ 14
- **avid** ············· **307**
- **avoid** ············· **99**
- **await** ············· **227**
- **award** ············· **34**
- **aware** ············· **226**
- (be) aware of A ······· 226

- (be) aware that ~ ··· 226
- awareness ··········· 226

B

- backdrop ··········· 169
- **background** ········· **169**
- **backorder** ··········· **350**
- **baggage** ············· **94**
- baggage claim ······· 235
- **balance** ············· **176**
- **ballroom** ············· **271**
- **ban** ············· **271**
- **banquet** ············· **123**
- bar ················· 218
- **barely** ············· **307**
- **barring** ············· **218**
- **base** ············· **40**
- (be) based on A ·· 40, 138
- basic ················ 40
- **basis** ············ **40, 138**
- **bear** ············· **350**
- bear A in mind ······· 350
- **beforehand** ········· **324**
- **behalf** ············· **204**
- **behave** ············· **176**
- behave oneself ······· 176
- **behavior** ··········· **176**
- **belonging** ··········· **285**
- **beneath** ············· **307**
- beneficial ············· 73
- **benefit** ············· **73**
- **bestow** ············· **358**
- **beverage** ············· **155**
- **bibliography** ········· **350**
- **bid** ············· **169**
- bid A (to) V ········· 169
- **bill** ············· **50**
- **billion** ············· **226**
- **biography** ········· **350**
- **bit** ············· **181**
- bite ················· 48
- **block** ············· **204**
- **board** ············· **87**
- board member ········ 87
- boarding pass ········ 87
- **book** ············· **141**

- **boost** ············· **218**
- **borrow** ········ **176**, 253
- **bother** ············· **306**
- bother to V ··········· 306
- **branch** ············· **114**
- **brand** ············· **103**
- brand new ··········· 103
- **break** ············· **46**
- break room ··········· 46
- **breakdown** ··········· **359**
- breath ··············· 211
- **breathe** ············· **211**
- **breathtaking** ········· **211**
- **brief** ············· **270**
- briefly ·············· 270
- **brim** ············· **323**
- **broadcast** ··········· **90**
- **brochure** ············· **64**
- **budget** ············· **51**
- budget reform ······· 332
- **bulk** ············· **323**
- **bulletin** ············· **210**
- bulletproof ········· 232
- by chance ··········· 173
- by the way ··········· 26
- by [in] contrast ······· 286
- **bypass** ············· **306**
- by-product ············· 5

C

- **cabinet** ············· **96**
- **calculate** ··········· **181**
- calculation ········· 181
- **caliber** ············· **323**
- **campaign** ············· **75**
- can afford to V ······· 87
- **cancel** ············· **50**
- cancellation ········· 50
- **candidate** ··········· **59**
- cannot possibly V ····· 26
- capability ··········· 285
- **capable** ········ 218, **285**
- (be) capable of Ving ······ 285
- **capacity** ············· **218**
- captive ············· 306

- [ ] **capture** ············ **306**
- [ ] **cardboard** ········· **349**
- [ ] **care** ··············· **130**
- [ ] care to V ············· 130
- [ ] **career** ············· **79**
- [ ] career fair ············ 79
- [ ] careful ··············· 130
- [ ] **carrier** ············ **218**
- [ ] **carry** ·············· **114**
- [ ] carry A out ··········· 114
- [ ] carry-on ·············· 114
- [ ] **case** ··············· **118**
- [ ] **cash** ··············· **146**
- [ ] cashier ··············· 146
- [ ] **cast** ··············· **196**
- [ ] cast an eye on A ····· 196
- [ ] **casual** ············ **268**
- [ ] **cater** ·············· **111**
- [ ] catering service ····· 111
- [ ] **cause** ············· **173**
- [ ] **caution** ··········· **295**
- [ ] cautious ············· 295
- [ ] **celebrate** ·········· **94**
- [ ] celebrated ············ 94
- [ ] celebrity ·············· 94
- [ ] **CEO** ··············· **120**
- [ ] **ceremony** ········· **137**
- [ ] **certificate** ········ **98**
- [ ] certification ········ 234
- [ ] certified ············ 234
- [ ] certified public accountant ············ 98, 234, 293
- [ ] **certify** ·········· 98, **234**
- [ ] chairman ··············· 6
- [ ] **chairperson** ········ **79**
- [ ] **challenge** ········· **119**
- [ ] challenging ·········· 119
- [ ] **chance** ············ **173**
- [ ] **change** ············· **38**
- [ ] **chaos** ············· **349**
- [ ] chaotic ·············· 349
- [ ] **character** ········· **271**
- [ ] **characteristic** ····· **271**
- [ ] **charge** ············· **18**
- [ ] charitable ··········· 217
- [ ] **charity** ··········· **217**
- [ ] **charm** ············· **270**
- [ ] charming ············ 270
- [ ] **check** ·············· **14**

- [ ] check one's account balance ············ 176
- [ ] check with A ·········· 14
- [ ] check, please. ········ 14
- [ ] checkbook ············ 14
- [ ] **checkup** ··········· **306**
- [ ] **chemical** ·········· **105**
- [ ] chemist ·············· 105
- [ ] chemistry ············ 105
- [ ] chew ················· 48
- [ ] chief executive officer ··· 107
- [ ] **chop** ·············· **303**
- [ ] **chronicle** ········· **303**
- [ ] circular ············· 195
- [ ] circulate ············ 195
- [ ] **circulation** ······· **195**
- [ ] circulation clerk ····· 195
- [ ] **circumstance** ······ **242**
- [ ] **civil** ·············· **235**
- [ ] civil war ············ 235
- [ ] civilian ············· 235
- [ ] **claim** ············· **235**
- [ ] **clarify** ··········· **323**
- [ ] **clear** ············· **111**
- [ ] clear 〈場所〉 of A ···· 111
- [ ] **client** ············· **23**
- [ ] **close** ·············· **26**
- [ ] closed ················ 26
- [ ] closet ················ 33
- [ ] cloth ················· 96
- [ ] clothes ··············· 96
- [ ] **clothing** ··········· **96**
- [ ] **coincide** ·········· **323**
- [ ] coincidence ·········· 323
- [ ] collaborate ··········· 73
- [ ] **collapse** ·········· **349**
- [ ] **colleague** ·········· **64**
- [ ] **collect** ··········· **181**
- [ ] collection ··········· 181
- [ ] combination ·········· 152
- [ ] **combine** ··········· **152**
- [ ] comfort ··············· 75
- [ ] **comfortable** ········ **75**
- [ ] **commemorate** ····· **303**
- [ ] commemorative ······ 303
- [ ] **commence** ········ **303**
- [ ] **commerce** ········ **282**
- [ ] commerce and industry ···················· 282

- [ ] commercial ·········· 282
- [ ] commercially ········ 282
- [ ] **commission** ············ 63, 259, **270**
- [ ] **commit** ········ 188, **259**
- [ ] commit a crime ······ 259
- [ ] (be) committed to A ···················· 188, 259
- [ ] **commitment** ··· **188**, 259
- [ ] **committee** ············ **63**, 259, 270
- [ ] **common** ············ **217**
- [ ] common sense ······· 217
- [ ] commonly ··········· 217
- [ ] **community** ········· **41**
- [ ] **commute** ·········· **210**
- [ ] commuter ··········· 210
- [ ] **companion** ········ **322**
- [ ] **company** ············· **2**
- [ ] comparative ········· 146
- [ ] comparatively ······· 146
- [ ] **compare** ·········· **146**
- [ ] compare A with B ···· 146
- [ ] compare favorably with A ···················· 314
- [ ] comparison ·········· 146
- [ ] **compartment** ······ **210**
- [ ] **compensate** ······· **235**
- [ ] compensation ········ 235
- [ ] **compete** ············ 86, **119**, 154, 193
- [ ] **competition** ············ **86**, 119, 154, 193
- [ ] **competitive** ············ 86, 119, 154, **193**
- [ ] **competitor** ············ 86, 119, **154**, 193
- [ ] **complain** ·········· **110**
- [ ] complaint ··········· 110
- [ ] **complement** ······· **349**
- [ ] **complete** ··········· **15**
- [ ] completion ············ 15
- [ ] **complex** ·········· **195**
- [ ] complexity ·········· 195
- [ ] **compliance** ········ **242**
- [ ] **complicated** ··· **258**, 303
- [ ] compliment ········· 110
- [ ] **complimentary** ···· **110**
- [ ] comply ·············· 242

367

☐ **component** ········ **308**	☐ **consent** ············ **302**	☐ convenience ··········· 83
☐ comprehend ············ 81	☐ consequence ·········· 152	☐ **convenient** ············ **83**
☐ **comprehension** ····· **81**	☐ **consequently** ······· **152**	☐ **convention** ···· **154**, 212
☐ **comprehensive**	☐ **conservation** ········ **270**	☐ conventional ·········· 154
··············· 81, **203**	☐ conservationist ······· 270	☐ **convert** ··············· **348**
☐ **compromise** ········ **302**	☐ **conservative** ········ **348**	☐ conviction ············· 149
☐ **concentrate** ········ **226**	☐ conserve ··············· 270	☐ **convince** ············· **149**
☐ concentrate A on B ··· 226	☐ consider ··············· 105	☐ convince 〈人〉 of A ··· 149
☐ concentration ········· 226	☐ **considerable** ········ **217**	☐ convince 〈人〉 that ~ ··· 149
☐ **concept** ·············· **258**	☐ considerably ·········· 217	☐ (be) convinced of A ··· 149
☐ conceptual ············· 258	☐ considerate ············ 105	☐ (be) convinced that ~
☐ **concern** ················ **56**	☐ **consideration** ······ **105**	························· 149
☐ (be) concerned about A	☐ **consist** ········· **235**, 258	☐ convincing ············· 149
··························· 56	☐ consistency ····· 235, 258	☐ **cookware** ············· **203**
☐ (be) concerned with A	☐ **consistent** ···· 235, **258**	☐ cooperate ·············· 253
··························· 56	☐ (be) consistent with A	☐ **cooperation** ·········· **253**
☐ concerning ············· 56	··························· 258	☐ **coordinate** ············ **113**
☐ **concise** ··············· **241**	☐ construct ··············· 16	☐ coordinator ············ 113
☐ concisely ··············· 241	☐ **construction** ········· **16**	☐ **cope** ····················· **322**
☐ **conclude** ············· **266**	☐ **consult** ············ **83**, 89	☐ **copyright** ············· **149**
☐ conclusion ············· 266	☐ **consultant** ········ 83, **89**	☐ **cordial** ················ **322**
☐ conclusive ············· 266	☐ consume ················ 50	☐ **core** ····················· **203**
☐ **concrete** ·············· **302**	☐ **consumer** ·············· **50**	☐ **corporate** ·········· 50, **66**
☐ **conference** ············· **6**	☐ consumer confidence 97	☐ **corporation** ····· **50**, 66
☐ **confess** ··············· **349**	☐ consumption ··········· 50	☐ **correspond** ·········· **160**
☐ confession ············· 349	☐ **contact** ···················· **6**	☐ correspondence ······ 160
☐ confide ··················· 97	☐ contact information ····· 6	☐ **cost** ······················ **12**
☐ confidence ·············· 97	☐ **contain** ·················· **87**	☐ costly ···················· 12
☐ **confident** ·············· **97**	☐ container ················ 87	☐ **cough** ··········· **322**, 355
☐ **confidential** ········ **279**	☐ **contemporary** ····· **234**	☐ **council** ················ **146**
☐ confidentiality ········ 279	☐ **content** ··············· **169**	☐ **coupon** ················ **83**
☐ **confirm** ················ **72**	☐ (be) content with A ·· 169	☐ **courteous** ············ **258**
☐ confirmation ············ 72	☐ contest ················· 234	☐ courtesy ··············· 258
☐ **conflict** ··············· **317**	☐ **contestant** ··········· **234**	☐ **cover** ············· **82**, 270
☐ **conform** ············· **284**	☐ continual ··············· 97	☐ cover letter ············· 82
☐ conformity ············ 284	☐ **continue** ··············· **97**	☐ cover story ············· 82
☐ confused ·············· 241	☐ continuing education ··· 97	☐ **coverage** ········ 82, **270**
☐ **confusing** ············ **241**	☐ continuity ··············· 97	☐ **coworker** ·············· **123**
☐ **congestion** ·········· **348**	☐ continuous ············· 97	☐ **crack** ···················· **319**
☐ **congratulate** ······· **119**	☐ **contract** ················ **78**	☐ **craft** ···················· **187**
☐ congratulate 〈人〉 on A	☐ contraction ············· 78	☐ craftsman ············· 187
··························· 119	☐ **contradict** ············ **348**	☐ **create** ··················· **86**
☐ congratulations ······ 119	☐ contradiction ·········· 348	☐ creation ·················· 86
☐ **connect** ·············· **112**	☐ contradictory ·········· 348	☐ creative ·················· 86
☐ connection ············ 112	☐ **contrary** ············· **290**	☐ credential ··············· 70
☐ **conscious** ············ **284**	☐ contrary to A ·········· 290	☐ **credit** ···················· **70**
☐ (be) conscious of A ·· 284	☐ **contrast** ·············· **286**	☐ **crew** ···················· **105**
☐ **consecutive** ········ **302**	☐ **contribute** ············ **72**	☐ crisis ···················· 245
☐ consecutively ········ 302	☐ contribution ············ 72	☐ **critic** ···················· **194**

- [ ] **critical** **245**
- [ ] criticism 194
- [ ] criticize 194
- [ ] **crop** **173**
- [ ] crowd 137
- [ ] **crowded** **137**
- [ ] **crucial** **269**
- [ ] **cruise** **210**
- [ ] cube 147
- [ ] **cubic** **187**
- [ ] cubicle 187
- [ ] **cuisine** **203**
- [ ] **culinary** **180**
- [ ] **culminate** **347**
- [ ] cupboard 33
- [ ] **curator** **284**
- [ ] **curb** **269**
- [ ] **currency** 30, **234**
- [ ] currency exchange rate 58, 234
- [ ] **current** 30, **234**
- [ ] currently 30
- [ ] **custom** **187**
- [ ] customary 187
- [ ] **customer** **3**
- [ ] customer 187
- [ ] customs officer 187
- [ ] cutting board 87
- [ ] **cutting-edge** **356**

D

- [ ] daily 170, 226
- [ ] **dairy** **226**
- [ ] **damage** **48**
- [ ] **deadline** **64**
- [ ] **deal** **180**
- [ ] dealer 180
- [ ] **debate** **285**
- [ ] **decade** **140**
- [ ] **decide** **63**
- [ ] deciliter 140
- [ ] decimal 140
- [ ] **decision** **63**
- [ ] **decisive** **63**
- [ ] **decline** **202**
- [ ] **decorate** **262**
- [ ] decoration 262
- [ ] **decrease** 14, **225**
- [ ] **dedicate** **203**
- [ ] dedicated 203
- [ ] (be) dedicated to A [Ving] 203
- [ ] dedication 203
- [ ] defect 212
- [ ] **defective** **212**
- [ ] defend 241
- [ ] defense 241
- [ ] **defensive** **241**
- [ ] **deficit** **319**
- [ ] **define** **347**
- [ ] definite 277, 347
- [ ] **definitely** **277**
- [ ] definition 347
- [ ] **degree** **58**
- [ ] **delay** **41**
- [ ] (be) delayed 41
- [ ] delegate 347
- [ ] **delegation** **347**
- [ ] **delight** **181**
- [ ] **delighted** **181**
- [ ] delightful 181
- [ ] **deliver** 30, **55**
- [ ] **delivery** 30, **55**
- [ ] **demand** **155**
- [ ] demand that S+ (should)原形V 155
- [ ] **demeanor** **301**
- [ ] **demolish** **225**
- [ ] **demonstrate** 80, **148**
- [ ] **demonstration** 80, **148**
- [ ] **dent** **347**
- [ ] **dental** **119**
- [ ] dental clinic 119
- [ ] dentist 119
- [ ] deny 251
- [ ] **depart** 91, **146**
- [ ] **department** **7**
- [ ] department store 7
- [ ] **departure** 91, **146**
- [ ] **depend** **160**
- [ ] depend on A 160
- [ ] dependable 160
- [ ] dependence 160
- [ ] dependent 160
- [ ] **depict** **258**
- [ ] **deposit** **163**
- [ ] **deprive** **347**
- [ ] deprive ⟨人⟩ of A 347
- [ ] depth 88
- [ ] **deputy** **319**
- [ ] **derive** **346**
- [ ] **descend** **269**
- [ ] **describe** **47**
- [ ] description 47
- [ ] **deserve** **241**
- [ ] deserve to V 241
- [ ] **design** **51**
- [ ] **designate** **324**
- [ ] **despite** **122**
- [ ] despite A 186
- [ ] **destination** **129**
- [ ] **detach** **301**
- [ ] **detail** **23**
- [ ] detailed 23
- [ ] **detain** **346**
- [ ] **detergent** **319**
- [ ] determination 105
- [ ] **determine** **105**
- [ ] (be) determined to V 105
- [ ] **develop** **25**
- [ ] developed country 25
- [ ] developing country 25
- [ ] development 25
- [ ] **device** **255**
- [ ] **devote** **269**
- [ ] (be) devoted to A 269
- [ ] **diet** **202**
- [ ] **dignity** **346**
- [ ] diligence 276
- [ ] **diligent** **276**
- [ ] diligently 276
- [ ] **dimension** **346**
- [ ] **dinosaur** **234**
- [ ] disadvantage 86
- [ ] **disappointed** **255**
- [ ] disappointing 255
- [ ] disapprove 137
- [ ] discomfort 75
- [ ] **discount** **15**
- [ ] **discourage** 78, **301**
- [ ] discourage ⟨人⟩ from Ving 78, 301
- [ ] **discreet** **354**

369

☐ discreetly ⋯⋯⋯⋯ 354	☐ durability ⋯⋯⋯⋯ 240	☐ **emphasize** ⋯⋯⋯⋯ **163**
☐ **discretion** ⋯⋯⋯⋯ **301**	☐ **durable** ⋯⋯⋯⋯ **240**	☐ employ ⋯⋯⋯⋯⋯⋯ 8
☐ discretionary ⋯⋯⋯ 301	☐ durable goods ⋯⋯⋯ 240	☐ **employee** ⋯⋯⋯⋯ **8**, 96
☐ disorder ⋯⋯⋯⋯⋯⋯ 3	☐ **duration** ⋯⋯⋯⋯ **255**	☐ employer ⋯⋯⋯⋯⋯ 8
☐ **dispatch** ⋯⋯⋯⋯ **300**	☐ **duty** ⋯⋯⋯⋯⋯⋯ **180**	☐ employment ⋯⋯⋯⋯ 8
☐ dispense with A ⋯⋯ 168	☐ duty-free ⋯⋯⋯⋯⋯ 180	☐ **empty** ⋯⋯⋯⋯⋯ **187**
☐ **display** ⋯⋯⋯⋯ **102**		☐ **enable** ⋯⋯⋯⋯⋯ **225**
☐ disposal ⋯⋯⋯⋯⋯ 236		☐ enable A to V ⋯⋯⋯ 225
☐ **dispose** ⋯⋯⋯⋯ **236**	# E	☐ **enact** ⋯⋯⋯⋯⋯ **283**
☐ **dispute** ⋯⋯⋯⋯ **268**		☐ **enclose** ⋯⋯⋯⋯ **50**
☐ **disregard** ⋯⋯⋯⋯ **343**		☐ enclosure ⋯⋯⋯⋯⋯ 50
☐ **disruption** ⋯⋯⋯⋯ **209**	☐ **eager** ⋯⋯⋯⋯⋯ **241**	☐ **encourage** ⋯⋯⋯⋯ **78**
☐ dissuade ⋯⋯⋯⋯⋯ 292	☐ (be) eager to V ⋯⋯⋯ 241	☐ encouraged ⋯⋯⋯⋯ 78
☐ **distance** ⋯⋯⋯⋯ **195**	☐ eagerly ⋯⋯⋯⋯⋯ 241	☐ encouragement ⋯⋯⋯ 78
☐ distant ⋯⋯⋯⋯⋯ 195	☐ **earn** ⋯⋯⋯⋯⋯⋯ **225**	☐ encouraging ⋯⋯⋯⋯ 78
☐ distinguish ⋯⋯⋯⋯ 255	☐ earn one's living ⋯⋯ 225	☐ endanger ⋯⋯⋯⋯⋯ 254
☐ **distinguished** ⋯⋯⋯ **255**	☐ ecological ⋯⋯⋯⋯ 268	☐ **endangered** ⋯⋯⋯ **254**
☐ **distribute** ⋯⋯⋯⋯ **62**	☐ ecologist ⋯⋯⋯⋯⋯ 268	☐ **endeavor** ⋯⋯⋯⋯ **268**
☐ distribution ⋯⋯⋯⋯ 62	☐ **ecology** ⋯⋯⋯⋯ **268**	☐ endorse ⋯⋯⋯⋯⋯ 300
☐ **district** ⋯⋯⋯⋯ **160**	☐ e-commerce ⋯⋯⋯⋯ 282	☐ **endorsement** ⋯⋯⋯ **300**
☐ disturb ⋯⋯⋯⋯⋯ 343	☐ **economic** ⋯⋯⋯⋯ **79**	☐ **engage** ⋯⋯⋯⋯⋯ **224**
☐ **disturbing** ⋯⋯⋯⋯ **343**	☐ economical ⋯⋯⋯⋯ 79	☐ (be) engaged in A ⋯ 224
☐ diverse ⋯⋯⋯⋯⋯ 185	☐ economy ⋯⋯⋯⋯⋯ 79	☐ engagement ⋯⋯⋯⋯ 224
☐ **diversify** ⋯⋯⋯⋯ **185**	☐ ecosystem ⋯⋯⋯⋯ 268	☐ **enhance** ⋯⋯⋯⋯ **149**
☐ diversity ⋯⋯⋯⋯⋯ 185	☐ edit ⋯⋯⋯⋯⋯⋯⋯ 40	☐ enlarge ⋯⋯⋯⋯⋯ 146
☐ divide ⋯⋯⋯⋯⋯⋯ 49	☐ edition ⋯⋯⋯⋯⋯⋯ 40	☐ enrich ⋯⋯⋯⋯⋯ 146
☐ **division** ⋯⋯⋯⋯ **49**	☐ **editor** ⋯⋯⋯⋯⋯ **40**	☐ **enroll** ⋯⋯⋯⋯⋯ **131**
☐ do A a favor ⋯⋯⋯ 340	☐ editorial ⋯⋯⋯⋯⋯ 40	☐ enrollment ⋯⋯⋯⋯ 131
☐ do damage to A ⋯⋯ 48	☐ educational qualification	☐ **ensure** ⋯⋯⋯⋯⋯ **146**
☐ **domestic** ⋯⋯⋯⋯ **343**	⋯⋯⋯⋯⋯⋯⋯⋯ 81	☐ **enterprise** ⋯⋯⋯⋯ **137**
☐ dominant ⋯⋯⋯⋯⋯ 325	☐ effect ⋯⋯⋯⋯⋯⋯ 180	☐ entertain ⋯⋯⋯⋯⋯ 97
☐ **dominate** ⋯⋯⋯⋯ **325**	☐ **effective** ⋯⋯⋯⋯ **180**	☐ **entertainment** ⋯⋯⋯ **97**
☐ donate ⋯⋯⋯⋯⋯ 161	☐ efficiency ⋯⋯⋯⋯⋯ 211	☐ enthusiasm ⋯⋯⋯⋯ 137
☐ **donation** ⋯⋯⋯⋯ **161**	☐ **efficient** ⋯⋯⋯⋯ **211**	☐ **enthusiastic** ⋯⋯⋯ **137**
☐ donor ⋯⋯⋯⋯⋯⋯ 161	☐ **effort** ⋯⋯⋯⋯⋯ **180**	☐ **entire** ⋯⋯⋯⋯⋯ **64**
☐ Don't mention it. ⋯⋯ 140	☐ **elect** ⋯⋯⋯⋯⋯ **209**	☐ entirely ⋯⋯⋯⋯⋯ 64
☐ double occupancy ⋯ 196	☐ elect A (as [to be]) C ⋯ 209	☐ entirety ⋯⋯⋯⋯⋯ 64
☐ **downtown** ⋯⋯⋯⋯ **118**	☐ election ⋯⋯⋯⋯⋯ 209	☐ **entitle** ⋯⋯⋯⋯⋯ **162**
☐ **draft** ⋯⋯⋯⋯⋯ **255**	☐ electric ⋯⋯⋯⋯⋯ 17	☐ (be) entitled to A ⋯⋯ 162
☐ **drain** ⋯⋯⋯⋯⋯ **343**	☐ electricity ⋯⋯⋯⋯⋯ 17	☐ entrance ⋯⋯⋯⋯⋯ 129
☐ **drastic** ⋯⋯⋯⋯⋯ **342**	☐ electronic ⋯⋯⋯⋯⋯ 17	☐ **entrepreneur** ⋯⋯⋯ **224**
☐ drastically ⋯⋯⋯⋯ 342	☐ **electronics** ⋯⋯⋯⋯ **17**	☐ **environment** ⋯⋯⋯ **133**
☐ **draw** ⋯⋯⋯⋯⋯ **133**	☐ **eligible** ⋯⋯⋯⋯ **168**	☐ environmental ⋯⋯⋯ 133
☐ drawer ⋯⋯⋯⋯⋯ 133	☐ (be) eligible for A ⋯⋯ 168	☐ environmental pollution
☐ drawing ⋯⋯⋯⋯⋯ 133	☐ **embrace** ⋯⋯⋯⋯ **342**	⋯⋯⋯⋯⋯⋯⋯⋯ 133
☐ **due** ⋯⋯⋯⋯⋯⋯ **49**	☐ **emerge** ⋯⋯⋯⋯⋯ **240**	☐ environmentalist ⋯⋯ 133
☐ due to A ⋯⋯⋯⋯⋯ 49	☐ **emergency** ⋯⋯⋯⋯ **284**	☐ equip ⋯⋯⋯⋯⋯⋯ 34
☐ **dull** ⋯⋯⋯⋯⋯⋯ **319**	☐ emerging ⋯⋯⋯⋯⋯ 240	☐ **equipment** ⋯⋯⋯⋯ **34**
☐ **duplicate** ⋯⋯⋯ 303, **306**	☐ emphasis ⋯⋯⋯⋯⋯ 163	☐ (be) equipped with A ⋯ 34

- ergonomic 300
- errand 342
- essence 165
- **essential** **165**
- **establish** **65**
- establishment 65
- **estimate** **122**
- **ethic** **318**
- ethical 318
- **evaluate** **148**
- evaluation 148
- **eventually** **283**
- **ever** **121**
- **evidence** **205**
- evident 205
- **evolution** **342**
- evolve 342
- exact 194
- **exactly** **194**
- examination 131
- **examine** **131**
- examinee 96
- **excavation** **283**
- **exceed** **123**
- excel 89
- excellence 89
- **excellent** ... **89**, 123, 205
- except 348
- **exception** **348**
- exceptional 348
- **excerpt** **179**
- excess 123
- excessive 123, 254
- **exchange** **58**
- exchange A for B 58
- **excite** **2**
- excited 2
- excitement 2
- exciting 2
- **exclaim** **341**
- exclude 5, 202
- **exclusive** **202**
- exclusively 202
- **excursion** **300**
- **excuse** **173**
- excuse A for B 173
- Excuse me. 173
- execute 42
- **executive** **42**
- **exercise** **118**
- **exert** **341**
- **exhausted** **301**
- exhausting 301
- exhaustion 301
- **exhibit** **35**
- exhibition 35
- exist 173
- existence 173
- **existing** **173**
- **exit** **129**
- **expand** **80**
- expansion 80
- **expect** **27**
- expect A to V 27
- expect to V 27
- expectation 27
- (be) expected to V 27
- **expedite** **342**
- **expel** **341**
- expenditure 27
- expenditure 192
- **expense** **27**
- expensive 27
- **experience** **67**
- experienced 67
- expert 110
- **expertise** **110**
- expiration 153
- expiration date 153
- **expire** **153**
- **explain** **118**
- explain A to ⟨人⟩ 118
- explanation 118
- exploration 122
- **explore** **122**
- **expose** **202**
- expose A to B 202
- exposure 202
- **express** **164**
- expression 164
- expressive 164
- **extend** **65**
- extension 65
- extensive 65
- extent 65
- exterior 72
- **external** **72**
- extinct 341
- **extinction** **341**
- extinguish 340
- **extinguisher** **340**
- **extra** **57**
- **extract** **299**
- extract A from B 299
- extraction 299
- extreme 220, 254
- **extremely** **220**

F

- **fabric** **121**
- **facility** **25**
- **factor** **202**
- **faculty** **240**
- **fair** **87**
- fairly 87
- **familiar** **178**
- ⟨人⟩ (be) familiar with A 178
- familiarity 178
- **fantastic** **268**
- fantasy 268
- **fare** **209**
- **fascinate** **346**
- (be) fascinated by A 346
- fascinating 346
- fatal 340
- **fate** **340**
- **favor** 314, **340**
- **favorable** **314**, 340
- favorably 314
- favorite 314, 340
- feasibility 299
- **feasible** **299**
- **feature** **78**
- feature article 78
- (be) fed up with A 318
- **fee** 18, **40**
- **feed** **318**
- **feedback** **57**
- feel free to V 12
- **figure** **113**
- figure A out 113
- **fill** **47**

371

- ☐ fill A out ··············· 47
- ☐ finance ··············· 30
- ☐ **financial** ··············· **30**
- ☐ fine ··············· 18
- ☐ **firm** ··············· **43**
- ☐ first aid ··············· 184
- ☐ First come, first served. ··············· 47
- ☐ firsthand ··············· 311
- ☐ first-rate ··············· 25
- ☐ **fix** ··············· **95**, 240
- ☐ **fixture** ··············· 95, **240**
- ☐ **flavor** ··············· **145**
- ☐ flexibility ··············· 186
- ☐ **flexible** ··············· **186**
- ☐ flexible schedule ··············· 186
- ☐ **floor** ··············· **34**
- ☐ floor plan ··············· 34
- ☐ fluctuate ··············· 318
- ☐ **fluctuation** ··············· **318**
- ☐ **focus** ··············· **74**
- ☐ focus on A ··············· 74
- ☐ **fold** ··············· **104**
- ☐ folder ··············· 104
- ☐ **follow** ··············· **2**
- ☐ following ··············· 2, 32
- ☐ (be) following by A ··············· 2
- ☐ food item ··············· 7
- ☐ footpath ··············· 237
- ☐ for full credit ··············· 70
- ☐ for instance ··············· 298
- ☐ for lack of A ··············· 168
- ☐ for the purpose of A ··············· 27
- ☐ forbid ··············· 42
- ☐ **force** ··············· **267**
- ☐ (be) forced to V ··············· 267
- ☐ **forecast** ··············· **145**
- ☐ foreign currency ··············· 234
- ☐ **forgive** ··············· **340**
- ☐ forgive A for B ··············· 340
- ☐ **form** ··············· **13**
- ☐ formal ··············· 268
- ☐ **former** ··············· **104**
- ☐ formerly ··············· 104
- ☐ forthcoming ··············· 63
- ☐ fortunate ··············· 79
- ☐ fortunately ··············· 79
- ☐ fortune ··············· 79
- ☐ **forward** ··············· **38**

- ☐ **foster** ··············· **169**
- ☐ **found** ··············· **131**, 154
- ☐ **foundation** ··············· 131, **154**
- ☐ **fragile** ··············· **339**
- ☐ **free** ··············· **12**
- ☐ free of charge ··············· 18
- ☐ **freight** ··············· **133**
- ☐ frequently ··············· 332
- ☐ friendly ··············· 170
- ☐ frigid ··············· 122
- ☐ from scratch ··············· 331
- ☐ **fuel** ··············· **172**
- ☐ **fulfill** ··············· **217**
- ☐ fulfillment ··············· 217
- ☐ **function** ··············· **112**
- ☐ functional ··············· 112
- ☐ **fund** ··············· **73**
- ☐ furnish ··············· 33
- ☐ **furnishings** ··············· **33**
- ☐ furniture ··············· 33

G

- ☐ **gain** ··············· **267**
- ☐ **garbage** ··············· **339**
- ☐ **garment** ··············· **201**
- ☐ **gather** ··············· **131**
- ☐ gathering ··············· 131
- ☐ **general** ··············· **102**
- ☐ general admission ticket ··············· 102
- ☐ general manager ··············· 102
- ☐ generalization ··············· 102
- ☐ generalize ··············· 102
- ☐ **generate** ··············· **118**
- ☐ generation ··············· 118
- ☐ generosity ··············· 179
- ☐ **generous** ··············· **179**
- ☐ get along with A ··············· 113
- ☐ get on A's nerves ··············· 263
- ☐ get ready for A ··············· 65
- ☐ gift certificate ··············· 98
- ☐ gift voucher ··············· 170
- ☐ give ⟨人⟩ a ride ··············· 121
- ☐ give one's compliment to ⟨人⟩ ··············· 110
- ☐ **given** ··············· **32**

- ☐ **glance** ··············· **339**
- ☐ go down the drain ··············· 343
- ☐ go into effect ··············· 180
- ☐ go on a diet ··············· 202
- ☐ go on an errand ··············· 342
- ☐ gracious ··············· 318
- ☐ **graciously** ··············· **318**
- ☐ **graduate** ··············· **89**
- ☐ graduate school ··············· 89
- ☐ graduation ··············· 89
- ☐ **grain** ··············· **254**
- ☐ **grant** ··············· **240**
- ☐ **grateful** ··············· **224**
- ☐ (be) grateful to ⟨人⟩ for A ··············· 224
- ☐ gratitude ··············· 224
- ☐ **guarantee** ··············· **188**
- ☐ guarantee ⟨人⟩ A ··············· 188
- ☐ **guess** ··············· **254**

H

- ☐ hand in ··············· 32
- ☐ **handle** ··············· **74**
- ☐ **hang** ··············· **168**
- ☐ hang up ··············· 168
- ☐ **harvest** ··············· **128**
- ☐ have A in common ··············· 217
- ☐ have access to A ··············· 171
- ☐ have (an) influence on A ··············· 217
- ☐ have effect on A ··············· 180
- ☐ have no trouble Ving ··············· 163
- ☐ have yet to V ··············· 79
- ☐ **headquarters** ··············· **87**
- ☐ **hereby** ··············· **267**
- ☐ **heritage** ··············· **299**
- ☐ hesitant ··············· 210
- ☐ **hesitate** ··············· **210**
- ☐ hesitation ··············· 210
- ☐ **hire** ··············· **56**
- ☐ **hold** ··············· **39**
- ☐ holdings ··············· 39
- ☐ **honor** ··············· **130**
- ☐ honorable ··············· 130
- ☐ hospitable ··············· 91
- ☐ hospital ··············· 91

- ☐ **hospitality** ········ **91**
- ☐ hospitality industry ····· 91
- ☐ host ················· 91
- ☐ **household** ········ **130**
- ☐ housekeeping ········ 130
- ☐ housewares ·········· 130
- ☐ **huge** ··············· **267**
- ☐ human resources ····· 33
- ☐ **hypothesis** ········ **339**

I

- ☐ I can handle it. ········ 74
- ☐ I suppose so. ·········· 88
- ☐ I would appreciate it if you could ~ ········ 48
- ☐ **ideal** ················ **168**
- ☐ identical ·············· 80
- ☐ **identification** ········ **80**
- ☐ identify ··············· 80
- ☐ identify A with [as] B ·· 80
- ☐ identity ··············· 80
- ☐ if necessary ·········· 112
- ☐ illegal ················ 123
- ☐ illiterate ·············· 216
- ☐ **illustrate** ············ **201**
- ☐ (be) illustrated ······· 201
- ☐ illustration ··········· 201
- ☐ imaginary ············ 194
- ☐ **imaginative** ········ **194**
- ☐ immature ············· 263
- ☐ immediate ············ 54
- ☐ immediate relevance ··· 115
- ☐ **immediately** ········ **54**
- ☐ immense ············· 302
- ☐ **immensely** ········ **302**
- ☐ **impact** ·············· **154**
- ☐ impatient ············· 71
- ☐ **imperative** ········ **341**
- ☐ **implement** ········ **242**
- ☐ implementation ······· 242
- ☐ implication ··········· 179
- ☐ **implication** ········ **303**
- ☐ **imply** ··········· **179, 303**
- ☐ impolite ·············· 221
- ☐ **impose** ············· **299**
- ☐ impose A on B ········ 299
- ☐ **impress** ············· **94**
- ☐ impression ············ 94
- ☐ impressive ············ 94
- ☐ **improve** ············· **38**
- ☐ improvement ·········· 38
- ☐ in a row ············· 155
- ☐ in a timely manner ·· 253
- ☐ in addition (to A) ····· 7
- ☐ in advance ··········· 42
- ☐ in an effort to V ····· 180
- ☐ in A's opinion ········· 90
- ☐ in brief ·············· 270
- ☐ in bulk ··············· 323
- ☐ (just) in case ~ ······ 118
- ☐ in cash ·············· 146
- ☐ in charge of A ········ 18
- ☐ in contrast to [with] A ·· 286
- ☐ in detail ·············· 23
- ☐ in favor of A ·········· 340
- ☐ in general ············ 102
- ☐ in honor of A ········· 130
- ☐ in its entirety ········· 64
- ☐ (be) in line for A ······ 13
- ☐ (be) in order ··········· 3
- ☐ in particular ·········· 95
- ☐ (be) in possession of A ················ 291
- ☐ in practice ··········· 356
- ☐ in proportion with [to] A ················ 315
- ☐ in public ············· 13
- ☐ in pursuit of A ········ 232
- ☐ in reverse ············ 212
- ☐ in search of A ········ 128
- ☐ in shape ············· 185
- ☐ **in spite of A** ········ **186**
- ☐ in stock ············· 179
- ☐ in terms of A ········· 57
- ☐ in the meantime ····· 213
- ☐ in the process of A [Ving] ················ 26
- ☐ in theory ············ 356
- ☐ inaccessible ·········· 171
- ☐ inaccurate ··········· 184
- ☐ inadequate ·········· 338
- ☐ **inadvertently** ········ **334**
- ☐ inappropriate ········ 197
- ☐ **inaugural** ·········· **266**
- ☐ **Inc.** ·················· **54**
- ☐ incapable ············ 285
- ☐ **incentive** ·········· **333**
- ☐ incidence ············ 357
- ☐ **incident** ············ **357**
- ☐ incidental ············ 357
- ☐ **inclement** ·········· **326**
- ☐ inclination ··········· 299
- ☐ **incline** ·············· **299**
- ☐ (be) inclined to V ····· 299
- ☐ **include** ················ **5**
- ☐ including ·············· 5
- ☐ inclusion ··············· 5
- ☐ inclusive ··············· 5
- ☐ **income** ············· **201**
- ☐ incomplete ············ 15
- ☐ inconvenience ········ 83
- ☐ inconvenient ·········· 83
- ☐ **incorporate** ········ **225**
- ☐ **increase** ········ **14, 225**
- ☐ increasingly ·········· 14
- ☐ incredible ············ 168
- ☐ **incur** ················ **254**
- ☐ indefinitely ··········· 277
- ☐ independence ········ 269
- ☐ **independent** ········ **269**
- ☐ (be) independent of A ················ 269
- ☐ independently ········ 269
- ☐ **indicate** ·············· **40**
- ☐ indication ············· 40
- ☐ indispensable ········ 168
- ☐ **individual** ············ **46**
- ☐ individualism ········· 46
- ☐ individuality ·········· 46
- ☐ industrial ············· 39
- ☐ industrialized ········· 39
- ☐ **industry** ············· **39**
- ☐ inevitable ············ 168
- ☐ inexpensive ··········· 27
- ☐ **infer** ················ **201**
- ☐ inferior ·············· 161
- ☐ **influence** ·········· **217**
- ☐ influential ··········· 217
- ☐ **inform** ················ **5**
- ☐ inform 〈人〉 of [about] A ··· 5
- ☐ inform 〈人〉 that ~ ······ 5
- ☐ information ············ 5
- ☐ informative ············ 5
- ☐ **infrequently** ········ **332**

☐ **ingredient** ········ **121**	☐ **intersection** ······· **283**	☐ judging from A ······ 145
☐ **initial** ········ **140**, 157	☐ interviewee ············ 96	☐ junior ····················· 95
☐ initiate ········ 140, 157	☐ **intricate** ················ **338**	☐ **jury** ······················· **282**
☐ **initiative** ·············· **157**	☐ **intriguing** ··············· **338**	☐ just in case ············ 118
☐ innovate ················ 119	☐ **introduce** ················ **33**	☐ justice ···················· 282
☐ innovation ············· 119	☐ introduction ············· 33	
☐ **innovative** ············ **119**	☐ **invaluable** ······ 106, **317**	
☐ **inquire** ···················· **62**	☐ invariably ·············· 106	**K**
☐ inquiry ···················· 62	☐ **inventory** ··············· **157**	
☐ **insert** ······················ **162**	☐ **invest** ······················ **99**	
☐ **insight** ················· **339**	☐ **investigate** ··········· **317**	☐ keep track of A ······ 157
☐ **insofar** ··················· **358**	☐ investigation ·········· 317	☐ key item ···················· 7
☐ inspect ··················· 66	☐ investment ·············· 99	☐ **keynote** ·············· **224**
☐ **inspection** ············ **66**	☐ invitation ················· 55	☐ keynote address [speech]
☐ inspector ················ 66	☐ **invite** ······················ **55**	················ 23, 224
☐ inspiration ············· 200	☐ **invoice** ··················· **78**	☐ **knit** ······················· **282**
☐ **inspire** ·················· **200**	☐ **involve** ·················· **128**	☐ knitting ·················· 282
☐ **install** ······················ **57**	☐ (be) involved in [with] A	☐ **knob** ····················· **322**
☐ installation ·············· 57	···································· 128	
☐ **instance** ················ **298**	☐ involvement ··········· 128	
☐ **instead** ··················· **55**	☐ irrelevant ··············· 115	**L**
☐ instead of A ············ 55	☐ irresistible ······ 168, 208	
☐ **instill** ····················· **317**	☐ irresponsible ············ 59	
☐ **institute** ················ **110**	☐ **isolate** ···················· **357**	☐ labor ······················ 73
☐ institution ············· 110	☐ isolation ················· 357	☐ **laboratory** ············· **73**
☐ **instruct** ···················· 24	☐ **issue** ······················ **59**	☐ laborious ················ 73
☐ **instruction** ············· **24**	☐ It is essential that S+	☐ **lack** ························ **168**
☐ instructive ·············· 24	(should)原形V ····· 165	☐ (be) lacking in A ····· 168
☐ instructor ················ 24	☐ It is imperative that S+	☐ land ······················ 115
☐ **instrument** ··········· **145**	(should)原形V ····· 341	☐ landlord ················· 228
☐ insufficient ············ 228	☐ It is likely that ~ ······· 35	☐ **landmark** ············· **115**
☐ **insurance** ············· **140**	☐ It is possible for A to V	☐ landscape ··············· 74
☐ insure ··················· 140	·································· 26	☐ **landscaping** ········· **74**
☐ **intend** ···················· **112**	☐ It turns out that ~ ····· 46	☐ **lane** ······················ **132**
☐ intense ················· 233	☐ **item** ·························· **7**	☐ **lapse** ····················· **298**
☐ **intensive** ·············· **233**	☐ itemize ······················ 7	☐ **largely** ·················· **226**
☐ intention ··············· 112	☐ **itinerary** ··············· **157**	☐ **last** ························ **111**
☐ **interact** ················ **195**		☐ **lately** ············ 122, **253**
☐ interaction ············ 195		☐ **later** ······ 122, **139**, 253
☐ interactive ············· 195	**J**	☐ **latest** ···················· **122**
☐ **interfere** ··············· **338**		☐ latter ····················· 104
☐ interference ··········· 338		☐ **launch** ··················· **66**
☐ interior ··················· 72	☐ jewel ···················· 200	☐ **laundry** ················ **153**
☐ **intermediate** ········ **338**	☐ **jewelry** ·················· **200**	☐ **lawn** ····················· **112**
☐ **intermission** ········ **298**	☐ job candidate ··········· 59	☐ **lay** ························ **298**
☐ internal ··················· 72	☐ **joint** ······················ **136**	☐ lay A off ················· 298
☐ **internship** ············ **103**	☐ joint venture ·········· 136	☐ **layoff** ···················· **298**
☐ **interrupt** ··············· **253**	☐ **judge** ···················· **145**	☐ lazy ······················· 276
☐ interruption ··········· 253	☐ judgement ············· 145	☐ **lead** ························ **58**

374

- lead to A 58
- leading 58
- **leak** **266**
- **lean** **186**
- lean over 186
- **lease** **200**
- **leave** **8**
- leave for A 8
- **lecture** **96**
- **legal** **123**
- **legend** **237**
- legendary 237
- **legislation** **266**
- **lend** 176, **253**
- lend A B 253
- **length** 88, **274**
- **let** **41**
- let A know 41
- let A V 41
- let out A 179
- liability 335
- **liable** **335**
- (be) liable for A 335
- (be) liable to V 335
- librarian 24
- **library** **24**
- lie 298
- life expectancy 27
- likelihood 35
- **likely** **35**
- **limit** **294**
- limitation 294
- limited 294
- **line** **13**
- **linger** **335**
- **literacy** **216**
- literal 216
- **literally** **216**
- literary 216
- literate 216
- literature 216
- **lively** **335**
- **load** **233**
- **loan** **200**
- **local** **15**
- local authority 267
- local government 15
- **locate** **16**, 90
- location 16
- **logistical** 266
- **logistics** **266**
- look forward to A [Ving] 38
- look out 357
- look over A 128
- lose track of A 157
- loss 57
- **lot** **62**
- **loyal** **282**
- loyalty 282
- **luggage** **102**
- **lure** **335**
- luxurious 295
- **luxury** **295**

M

- machinery 200
- **magnificent** **335**
- **maintain** **39**
- maintenance 39
- **major** **71**
- majority 71
- make an impression on A 94
- Make yourself comfortable [at home]. 75
- **malfunction** **233**
- **manage** **13**, 186
- management 13
- manager 13
- **managerial** **13**, **186**
- **mandatory** **316**
- mandatory retirement 316
- **manner** **253**
- **manual** **73**
- manual work [labor] 73
- manufacture 17
- **manufacturer** **17**
- manuscript 171
- **margin** **311**
- mark 3
- **markedly** **3**
- market 7
- **marketing** **7**
- **mass** **295**
- mass communication 295
- massive 295
- **masterpiece** **295**
- **match** **219**
- **material** **31**
- **matter** **132**
- **mature** **263**
- maturity 263
- maximum 102
- **mayor** **153**
- **meadow** **252**
- meantime 213
- **meanwhile** **213**
- **measure** **75**
- media outlet 179
- **medical** **66**, 130, 316
- medical care 66
- **medication** 66, **130**
- medicine 66
- (internal) medicine 316
- **medium** **237**
- **memo** **39**
- **memorabilia** **317**
- mentee 96
- **mention** **140**
- mention A to 〈人〉 140
- **mentor** **96**
- mentoring 96
- **merchandise** **110**
- merchant 110
- merge 89
- **merger** **89**
- **method** **74**
- microscope 107
- **microwave** **107**
- migrate 252
- **migration** **252**
- million 226
- minimal 102
- **minimum** **102**
- **minister** **252**
- ministry 252
- minor 71
- minority 71
- **miscellaneous** **185**
- **misplace** **316**
- **miss** **35**
- missing 35
- **mission** **316**

375

| missionary 316
| **mistake** **192**
| mistake A for B 192
| mistaken 192
| mistakenly 192
| mistrust 114
| **mobile** **224**
| mobile phone 224
| mobility 224
| **moderate** **254**
| moderately 254
| **modest** **295**
| modification 233
| **modify** **233**
| moist 282
| **moisture** **282**
| monthly 170
| **moreover** **229**
| **mostly** **263**
| **motivate** **194**
| motivation 194
| **mount** **294**
| mow 112
| **multiple** **194**
| multiply 194
| **municipal** **193**
| **mutual** **294**

N

| **narrow** **162**
| narrowly 162
| **nation** **46**
| national 46
| nationalism 46
| nationality 46
| natural resources 33
| natural selection 342
| **navigate** **252**
| navigation 252
| **nearly** **193**
| **necessarily** **112**
| necessary 112
| necessity 112
| **need** **12**
| need not have Ved 12
| **negotiate** **147**

| negotiation 147
| neighbor 104
| **neighborhood** **104**
| neighboring 104
| nerve 263
| **nervous** **263**
| **nevertheless** **294**
| news bulletin 210
| no later than ~ 139
| (be) no match for A .. 219
| (it is) no wonder (that) ~
.... 99
| **nominate** **107**
| nomination 107
| nominee 107
| non-profit organization ... 22
| nonverbal 326
| not ~ in the slightest ... 212
| not nearly 193
| not to mention A 140
| **notable** 54, **216**
| **note** **54**, 216
| noted 54
| notepad 54
| **notice** **33**
| noticeable 33
| **notify** **176**
| notify ⟨人⟩ of A 176
| **novice** **263**
| nuclear fuel 172
| **numerous** **157**
| nutrient 83
| **nutrition** **83**
| nutritious 83

O

| **object** **185**, 213
| object to A 185
| **objective** 185, **213**
| **obligation** **279**
| oblige 279
| (be) obliged to V 279
| observation 132
| observatory 132
| **observe** **132**
| obstruct 357

| **obstruction** **357**
| **obtain** **235**
| **obvious** **294**
| **occasion** **136**, 157
| occasional 157
| **occasionally** **157**
| occupancy 196
| **occupation** 196, **293**
| **occupy** **196**, 293
| **occur** **251**
| occur to ⟨人⟩ 251
| occurrence 251
| **odds** **293**
| of value 106
| **offer** **4**
| office supplies 27
| **officer** 56, **107**
| **official** 56, 107
| **officiate** **340**
| **omit** **334**
| on a budget 51
| on a first-come, first-
  served basis 138
| (be) on (the) alert ... 298
| on behalf of A 204
| (be) on display 102
| (be) on duty 180
| on leave 8
| (be) on loan 200
| on occasion(s) ... 136, 157
| on one's own 90
| on one's way (to A) ... 26
| on purpose 27
| on the basis of A 138
| on the contrary 290
| (be) on the line 13
| **once** **98**
| once in a while 98
| **operate** **30**
| operation 30
| **opinion** **90**
| **opportunity** **42**
| oppose 251
| (be) opposed to A ... 251
| **opposite** **251**
| opposition 251
| optimism 293
| optimist 293
| **optimistic** **293**

option	106
optional	106
order	**3**
orderly	3
organic	**172**
organization	**22**
organize	22
orientation	**196**
oriented	196
otherwise	**154**
our species	245
(be) out of order	3
out of stock	179
outdated	**251**
outfit	**334**
outgrow	**193**
outlet	**179**
outlive	193
outlook	**357**
outnumber	193
outpace	193
outright	**334**
outspeak	193
outspoken	**316**
outstanding	**132**
outstanding balance	176
outwit	193
overall	**279**
overbook	**156**
overcharge	156
overcrowded	156
overdo	156
overdue	156
overestimate	122, 156
overfish	156
overflow	156
overlook	**128**
overnight	**178**
overpopulation	156
oversleep	156
overstate	156
overuse	156
overview	**221**
overweight	156
overwhelm	250
overwhelming	**250**
overwhelmingly	250
overwork	156
owe	**293**

owing to A	**148**
own	**90**
owner	90

P

participant	38
participate	**38**
participation	38
particular	95
particularly	**95**
party	**49**
passage	**197**
passenger	**55**
passive	160
patent	**334**
path	**237**
patience	71
patient	**71**
pavement	221
pay attention to A	141
paycheck	178, **233**
payoff	233
payroll	178, **233**
pedestrian	**221**
pediatric	**316**
pediatrics	316
peel	**333**
peer	**315**
pension	**333**
pentagon	291
perform	**12**, 112
performance	12
period	**139**
periodical	139
perish	359
perishable	**359**
permanent	**107**
permission	43
permit	**43**
permit A to V	43
perpetual	107
perseverance	333
persevere	**333**
persist	**197**
persistence	197
persistent	197

personal care	130
personalized	80
personnel	**80**
perspective	**292**
persuade	**292**
persuade A to V	292
persuasion	292
persuasive	292
pertain	**279**
pessimistic	293
pharmaceutical	**64**
pharmacist	64
pharmacy	64
phase	**244**
photocopy	**172**
photon	172
photosynthesis	172
physical	121, **237**
physician	121, 237
physicist	237
physics	237
pile	**333**
pivot	279
pivotal	**279**
place an order	3
plausible	**357**
play a role in A	149
pleasant	**6**
please	6
pleased	6
pleasure	6
plenty	**193**
plumber	**156**
plumbing	156
poetry	200
policy	**106**
polish	**292**
polite	**221**
politeness	221
political	209
politician	**209**
politics	209
poll	**292**
pollutant	332
pollute	332
pollution	**332**
popular	**71**
popularity	71
portfolio	**315**

- portion ········· 130
- **positive** ········· **237**
- positively ········· 237
- **possess** ········· **291**
- possession ········· 291
- **possibility** ········· **26**
- **possible** ········· **26**
- possibly ········· 26
- post ········· 34
- **postage** ········· **34**
- postage free ········· 34
- postal ········· 34
- **postpone** ········· **139**
- **potential** ········· **97**
- **pour** ········· **208**
- **practical** ········· **16**, **252**
- **practice** ········· **16**, 252
- practitioner ········· 16
- **praise** ········· **216**
- **precede** ········· **259**
- precedent ········· 259
- preceding ········· 259
- precise ········· 262
- **precisely** ········· **262**
- precision ········· 262
- **predecessor** ········· **332**
- **predict** ········· **227**
- prediction ········· 227
- prefecture ········· 165
- **prefer** ········· **47**
- prefer A to B ········· 47
- prefer to V₁ rather than (to) V₂ ········· 47
- **preferable** ········· **47**
- preference ········· 47
- premier ········· 228
- **premise** ········· **213**
- preparation ········· 25
- **prepare** ········· **25**
- prescribe ········· 221
- **prescription** ········· **221**
- preservation ········· 99
- **preserve** ········· **99**
- **president** ········· **32**
- **press** ········· **58**
- press conference ········· 6
- press release ········· 67
- prestige ········· 251
- **prestigious** ········· **251**

- **prevail** ········· **250**
- prevalent ········· 250
- **prevent** ········· **208**, 212
- prevent A from Ving ········· 208
- prevention ········· 208
- **previous** ········· **32**
- previously ········· 32
- **primarily** ········· **228**
- primary ········· 228
- prime ········· 228
- primitive ········· 228
- **principal** ········· **291**
- principle ········· 228, 291
- **prior** ········· 123, **195**
- prior to A ········· 123, 195
- **priority** ········· 123, **195**
- **prize** ········· **104**
- probable ········· 88
- **probably** ········· **88**
- **procedure** ········· **67**
- **proceed** ········· 26, **102**, 259
- **process** ········· **26**, 102
- **produce** ········· **5**
- product ········· 5
- production ········· 5
- productive ········· 5
- productivity ········· 5
- **professor** ········· **83**
- **proficiency** ········· **262**
- proficient ········· 262
- **profile** ········· **359**
- **profit** ········· **57**
- profit margin ········· 311
- profitable ········· 57
- progressive ········· 348
- **project** ········· **6**
- **prolong** ········· **332**
- prominence ········· 232
- **prominent** ········· **232**
- promise ········· 90
- **promising** ········· **90**
- **promote** ········· 23, **104**
- (be) promoted ········· 23, 104
- **promotion** ········· 23, **104**
- **prompt** ········· **187**
- promptly ········· 187
- proof ········· 232, 343
- **proofread** ········· **232**
- **proper** ········· **189**

- properly ········· 189
- **property** ········· **115**
- property manager ········· 115
- **proportion** ········· **315**
- proposal ········· 38
- **propose** ········· **38**
- propose (to A) that S+ (should)原形V ········· 38
- proposition ········· 38
- proprietor ········· 228
- **prospect** ········· **192**
- prospective ········· 192
- prosper ········· 315
- **prosperous** ········· **315**
- **protect** ········· **73**
- protection ········· 73
- protective ········· 73
- **prototype** ········· **291**
- **prove** ········· **343**
- proven ········· 343
- **provide** ········· **4**
- provide A with B ········· 4
- provided ········· 4
- **province** ········· **165**
- provision ········· 4
- **provisional** ········· **232**
- provisionally ········· 232
- public ········· 13
- public opinion ········· 13
- public relations ········· 49
- **publication** ········· **13**, 16, 213
- **publicity** ········· 13, **213**
- **publish** ········· 13, **16**
- **punctual** ········· **309**
- punctually ········· 309
- **purchase** ········· **6**
- **purpose** ········· **27**
- purse ········· 325
- **pursue** ········· **232**
- pursuit ········· 232
- put [get/see] A in perspective ········· 292
- put on weight ········· 88

Q

- qualification ········· 81

- qualified ······ 81
- **qualify** ······ **81**
- **quality** ······ **25, 209**
- **quantity** ······ **209**
- **quarter** ······ **56**
- quarterly ······ 56
- **questionnaire** ······ **156**
- quotation ······ 208
- **quote** ······ **208**
- quoted price ······ 208

R

- **raise** ······ **67**
- **random** ······ **262**
- **range** ······ **65**
- **rank** ······ **115**
- rapid ······ 172
- **rapidly** ······ **172**
- **rapport** ······ **358**
- **rare** ······ **153**
- rarely ······ 153
- **rate** ······ **25**
- **rather** ······ **136**
- rating ······ 25
- raw material ······ 31
- **reach** ······ **75**
- reach for A ······ 75
- readily ······ 65
- **ready** ······ **65**
- ready-made ······ 65
- real estate ······ 82
- **realize** ······ **208**
- **reap** ······ **356**
- **rear** ······ **262**
- reason ······ 75
- **reasonable** ······ **75**
- **recall** ······ **250**
- **receipt** ······ **70, 147, 229**
- receive ······ 70
- **recent** ······ **31**
- recently ······ 31
- **reception** ······ **70**
- **recipient** ······ **147, 229**
- **reciprocal** ······ **262**
- reciprocate ······ 262
- recognition ······ 94
- **recognize** ······ **94**
- **recommend** ······ **31**
- recommend that S+ (should)原形V ······ 31
- recommendation ······ 31
- **recover** ······ **250**
- recovery ······ 250
- **recruit** ······ **70**
- rectangle ······ 291
- **rectangular** ······ **291**
- **reduce** ······ **74**
- (be) reduced to A ······ 74
- reduction ······ 74
- **refer** ······ **2**
- refer to A as B ······ 2
- reference ······ 2
- **reflect** ······ **261**
- reflection ······ 261
- **reform** ······ **332**
- **refrain** ······ **236**
- refresh ······ 243
- **refreshing** ······ **243**
- refreshment ······ 243
- **refrigerator** ······ **122**
- refuse ······ 51
- **regard** ······ **40**
- **regardless of A** ······ **40, 165**
- **region** ······ **86**
- regional ······ 86
- **register** ······ **17**
- registration ······ 17
- **regret** ······ **149**
- regretful ······ 149
- regrettable ······ 149
- **regulate** ······ **95**
- regulation ······ 95
- **reimburse** ······ **82**
- reimbursement ······ 82
- **reinforce** ······ **314**
- reinforcement ······ 314
- reject ······ 51
- **relate** ······ **49**
- (be) related to A ······ 49
- relation ······ 49
- relationship ······ 49
- relative ······ 155, 243, 325
- relative to A ······ 155
- **relatively** ······ **155**
- **release** ······ **67**
- release A from B ······ 67
- relevance ······ 115
- **relevant** ······ **115**
- reliable ······ 138
- reliance ······ 138
- **relief** ······ **185**
- relieve ······ 185
- **relinquish** ······ **178**
- **relocate** ······ **16, 90**
- relocation ······ 90
- **rely** ······ **138**
- rely on A for B ······ 138
- **remain** ······ **89**
- remain to be Ved ······ 89
- remainder ······ 89
- **remark** ······ **200**
- remarkable ······ 200
- **remedy** ······ **291**
- **remember** ······ **148**
- remember A to B ······ 148
- remember to V ······ 148
- remember Ving ······ 148
- remembrance ······ 148
- **remind** ······ **107**
- remind A to V ······ 107
- reminder ······ 107
- **reminiscent** ······ **359**
- **remote** ······ **315**
- remote control ······ 315
- removal ······ 98
- **remove** ······ **98**
- **renovate** ······ **66**
- renovation ······ 66
- **renowned** ······ **106**
- **rent** ······ **32**
- rental ······ 32
- **repair** ······ **24**
- **replace** ······ **46**
- replace B with A ······ 46
- replacement ······ 46
- **reply** ······ **229**
- **represent** ······ **63**
- representation ······ 63
- **representative** ······ **63**
- **reproduce** ······ **197**
- reproduction ······ 197
- reputable ······ 163
- **reputation** ······ **163**
- **require** ······ **22**

379

☐ requirement	22
☐ **reschedule**	**97**
☐ **research**	**8**
☐ reservation	14
☐ **reserve**	**14**
☐ reserved	14
☐ reside	72
☐ residence	72
☐ **resident**	**72**
☐ residential	72
☐ **resign**	**250**
☐ resign oneself to A	250
☐ resignation	250
☐ **resist**	**208**
☐ resistance	208
☐ resistant	208
☐ resolution	113
☐ **resolve**	**113**
☐ **resort**	**213**
☐ **resource**	**33**
☐ respect	145
☐ **respectable**	**145**
☐ respectful	145
☐ respective	145
☐ **respond**	**41**
☐ respondent	41
☐ response	41
☐ **responsibility**	**59**
☐ responsible	59
☐ (be) responsible for A	59
☐ **rest**	**165**
☐ rest assured that ~	181
☐ restless	165
☐ restoration	56
☐ **restore**	**56**
☐ **restrain**	**290**
☐ restrain A from Ving	290
☐ restraint	290
☐ **restrict**	**220**
☐ restriction	220
☐ restructure	144
☐ restructuring	144
☐ **result**	**31**
☐ **resume**	**71**
☐ resurface	244
☐ **retail**	**78**
☐ retailer	78
☐ **retain**	**205**

☐ retention	205
☐ **retire**	**54**
☐ retirement	54
☐ retrieval	197
☐ **retrieve**	**197**
☐ retrospect	278
☐ **retrospective**	**278**
☐ **reveal**	**290**
☐ revelation	290
☐ **revenue**	**192**
☐ reversal	212
☐ **reverse**	**212**
☐ **review**	**8**
☐ **revise**	**115**
☐ revision	115
☐ revolt	220
☐ **revolution**	**220**
☐ revolutionary	220
☐ revolve	220
☐ **reward**	**196**
☐ rewarding	196
☐ **riddle**	**314**
☐ **ride**	**121**
☐ **right**	**22**
☐ right away	22
☐ ripe	263
☐ **rise**	**72**
☐ **risk**	**220**
☐ risky	220
☐ **rob**	**314**
☐ robbery	314
☐ **role**	**149**
☐ **rotate**	**278**
☐ rotation	278
☐ **rough**	**314**
☐ roughly	314
☐ **routine**	**201**
☐ **row**	**155**
☐ royalty	149
☐ rubbish	339
☐ **rumor**	**290**
☐ run a risk	220
☐ rural	331
☐ **rustic**	**331**

S

☐ S be likely to V	35
☐ **sanction**	**331**
☐ satisfaction	55
☐ satisfactory	55
☐ **satisfy**	**55**
☐ (be) satisfied with A	55
☐ **save**	**98**
☐ **savor**	**359**
☐ savory	359
☐ **scale**	**152**
☐ **scatter**	**331**
☐ **scene**	**114**
☐ scenery	114
☐ scenic	114
☐ scheduling conflict	302
☐ scholar	171
☐ **scholarship**	**171**
☐ **scope**	**278**
☐ **score**	**131**
☐ scores of A	131
☐ **scratch**	**331**
☐ **script**	**171**
☐ scrutinize	311
☐ **scrutiny**	**311**
☐ sculptor	165
☐ **sculpture**	**165**
☐ **search**	**128**
☐ search A	128
☐ search for A	128
☐ searchable	128
☐ **season**	**205**
☐ **seasoned**	**205**
☐ **seat**	**39**
☐ **secondhand**	**311**
☐ secure	51
☐ **security**	**51**
☐ security deposit	51
☐ **seek**	**113**
☐ seek to V	113
☐ **senior**	**95**
☐ senior citizens	95
☐ **sensible**	**162**
☐ sensitive	162
☐ sensitivity	162

☐ **serious** 164	☐ skillful 300	☐ state-of-the-art 17
☐ **serve** 47	☐ **skyrocket** 330	☐ stationary 177
☐ serve as [for] A 47	☐ **slight** 212	☐ stationer 177
☐ **session** 35	☐ smooth 314	☐ **stationery** 177
☐ **settle** 278	☐ sneeze 322, 355	☐ statistical 177
☐ settle down (to ~) 278	☐ **sociable** 70	☐ **statistics** 177
☐ settlement 278	☐ social 70	☐ **status** 103
☐ settler 278	☐ society 70	☐ steadily 189
☐ **several** 14	☐ sociology 70	☐ **steady** 189
☐ **severe** 261	☐ **soil** 261	☐ **stick** 229
☐ **sewer** 311	☐ **solar** 277	☐ stick to A 229
☐ **shake** 220	☐ **sole** 330	☐ **still** 48
☐ shake hands (with A) 220	☐ solely 330	☐ **stock** 179
☐ shake one's head 220	☐ **solution** 94	☐ stockholder 179
☐ **shape** 185	☐ **solve** 94	☐ storage 3
☐ **share** 70	☐ **sort** 245	☐ **store** 3
☐ share A with B 70	☐ sort out A 245	☐ **storm** 219
☐ **shareholder** 278	☐ **source** 138	☐ stormy 219
☐ **sharp** 139	☐ **souvenir** 212	☐ **strain** 277
☐ **shelf** 138	☐ **spare** 290	☐ strained 277
☐ shelving unit 138	☐ spare no effort to V 290	☐ strategic 67
☐ **shift** 147	☐ spare time 290	☐ **strategy** 67
☐ ship 15	☐ specialist 47	☐ **strength** 244
☐ shipment 15	☐ **specialize** 47	☐ strengthen 244
☐ **shipping** 15	☐ specialized 47	☐ **stress** 164
☐ **shore** 245	☐ specialty 47	☐ **strict** 219
☐ **showcase** 192	☐ **species** 245	☐ strictly 219
☐ **shrink** 356	☐ **specific** 95	☐ strictly speaking 219
☐ side effects 180	☐ specifically 95	☐ **strive** 161
☐ **sightseeing** 189	☐ **specification** 359	☐ **structure** 144
☐ **sign** 15	☐ specify 95	☐ **struggle** 287
☐ signal 15	☐ **speculate** 287	☐ struggle for survival 342
☐ signature 15, 271	☐ speculation 287	☐ (be) [get] stuck 229
☐ significance 103	☐ spontaneous 311	☐ **stun** 310
☐ **significant** 103	☐ **spontaneously** 311	☐ stunned 310
☐ signify 103	☐ **spread** 229	☐ stunning 310
☐ **similar** 178	☐ **square** 147, 291	☐ **subject** 16
☐ (be) similar to A 178	☐ stability 236	☐ subject matter 132
☐ similarity 178	☐ **stable** 236	☐ (be) subject to A 16
☐ **sincerely** 17	☐ **stack** 177	☐ submission 32
☐ (Yours) sincerely, 17	☐ **stagnant** 330	☐ **submit** 32
☐ **sink** 277	☐ stand out 132	☐ subscribe 63
☐ **site** 23	☐ **staple** 244	☐ subscriber 63
☐ situated 245	☐ stapler 244	☐ **subscription** 63
☐ **situation** 245	☐ startle 310	☐ **subsidiary** 287
☐ **skeptical** 331	☐ startled 310	☐ subsidy 287
☐ skepticism 331	☐ **startling** 310	☐ substance 184
☐ **skill** 300	☐ state 17	☐ **substantial** 184
☐ skilled 300	☐ **statement** 17	☐ **substitute** 171

- ☐ substitute A for B ···· 171
- ☐ successor ············· 332
- ☐ **sufficient** ············ **228**
- ☐ **suggest** ················ **8**
- ☐ suggest to 〈人〉that S+ (should)原形V ········ 8
- ☐ suggestion ··············· 8
- ☐ **suit** ···················· **147**
- ☐ suitable ················· 147
- ☐ **sum** ····················· **71**
- ☐ summarize ·············· 71
- ☐ summary ················ 71
- ☐ **superb** ················ **205**
- ☐ **superior** ············· **161**
- ☐ (be) superior to A ···· 161
- ☐ superiority ············· 161
- ☐ supervise ··············· 43
- ☐ supervision ············· 43
- ☐ **supervisor** ············ **43**
- ☐ **supplement** ········ **184**
- ☐ **supply** ················· **27**
- ☐ supply A with B ········ 27
- ☐ supply and demand ··· 27
- ☐ **support** ················ **43**
- ☐ **suppose** ··············· **88**
- ☐ Suppose (that) ~ ······ 88
- ☐ (be) supposed to V ···· 88
- ☐ supposedly ············· 88
- ☐ **surface** ··············· **244**
- ☐ surgeon ················ 121
- ☐ surgery ················· 316
- ☐ surgical ················· 316
- ☐ **surpass** ·············· **277**
- ☐ **surplus** ········ 319, **330**
- ☐ surprised ················· 2
- ☐ surprising ················ 2
- ☐ **surround** ············ **140**
- ☐ surroundings ·········· 140
- ☐ **survey** ················· **12**
- ☐ survival ················· 205
- ☐ survival of the fittest ··· 342
- ☐ **survive** ··············· **205**
- ☐ **suspend** ············· **261**
- ☐ suspension ············ 261
- ☐ suspension bridge ··· 261
- ☐ swallow ················· 48
- ☐ **sweep** ················ **260**
- ☐ **symptom** ············ **327**

T

- ☐ **tact** ······················ 327
- ☐ **tactics** ················ **327**
- ☐ take A for granted ··· 240
- ☐ take a toll on A ······· 310
- ☐ take advantage of A ··· 86
- ☐ take care of A ········· 130
- ☐ take it for granted that ~ ························· 240
- ☐ take measures to [against] A ························· 75
- ☐ take notice of A ······· 33
- ☐ take responsibility for A ··························· 59
- ☐ take the place of A ···· 46
- ☐ **talent** ················· **138**
- ☐ talented ················ 138
- ☐ **tap** ····················· **244**
- ☐ **task** ···················· **263**
- ☐ **taste** ···················· **48**
- ☐ tasteful ·················· 48
- ☐ tastefully ················ 48
- ☐ tasty ······················ 48
- ☐ **tax** ····················· **161**
- ☐ tax accountant ········ 293
- ☐ **technical** ·············· 22
- ☐ technical terms ········ 22
- ☐ **technician** ············· 22
- ☐ **technique** ············· **22**
- ☐ **temperature** ········ **219**
- ☐ temporarily ············ 120
- ☐ **temporary** ···· 107, **120**
- ☐ **tenant** ················ **228**
- ☐ **tentative** ············· **212**
- ☐ **tenure** ················ **327**
- ☐ **term** ···················· **57**
- ☐ **terminal** ············· **164**
- ☐ terminate ·············· 164
- ☐ termination ··········· 164
- ☐ terms and conditions ··· 57
- ☐ **terrible** ··············· 356
- ☐ **terrific** ··············· **356**
- ☐ terrified ················ 356
- ☐ terrify ··················· 356
- ☐ terrifying ·············· 356

- ☐ terror ··················· 356
- ☐ **testify** ·········· 276, **287**
- ☐ **testimonial** ··· **276**, 287
- ☐ testimony ·············· 287
- ☐ **textile** ················ **152**
- ☐ the board of trustees ··· 114
- ☐ the civil rights movement ··························· 235
- ☐ the Civil War ·········· 235
- ☐ the cost of living ······· 18
- ☐ the Industrial Revolution ··························· 220
- ☐ the latter ··············· 122
- ☐ the mass media ··· 237, 295
- ☐ the solar system ····· 277
- ☐ the theory of evolution ··························· 342
- ☐ the tip of the iceberg ··· 152
- ☐ The trouble is that ~ ··· 163
- ☐ **theme** ················ **171**
- ☐ theoretical ············· 356
- ☐ **theory** ················ **356**
- ☐ **therefore** ············ **111**
- ☐ thorough ·············· 136
- ☐ **thoroughly** ········· **136**
- ☐ thrill ····················· 287
- ☐ **thrilled** ··········· 2, **287**
- ☐ thrilling ············ 2, 287
- ☐ **thrive** ················ **260**
- ☐ **thus** ··················· **243**
- ☐ **tight** ··················· **286**
- ☐ tighten ················· 286
- ☐ time line ················· 13
- ☐ **tip** ····················· **152**
- ☐ tired ······················ 2
- ☐ tiring ······················ 2
- ☐ to be more specific ···· 95
- ☐ to some degree ······· 58
- ☐ to some extent ········ 65
- ☐ To whom it may concern ··························· 56
- ☐ **toiletry** ·············· **327**
- ☐ **token** ················· **170**
- ☐ **toll** ···················· **310**
- ☐ **tourism** ················ **43**
- ☐ tourist ··················· 43
- ☐ **trace** ·················· **327**
- ☐ **track** ·················· **157**
- ☐ **trade** ··················· **80**

- trade surplus 330
- trademark 80
- **tradition** **120**
- traditional 120
- **trail** **136**
- transact 276
- **transaction** **276**
- **transcribe** **164**
- transcription 164
- **transfer** **111**
- **transit** **286**
- **transition** **243**
- transmission 326
- **transmit** **326**
- transport 42
- **transportation** **42**
- trash 339
- **treat** **177**
- treatment 177
- **trend** **204**
- trendy 204
- triangle 147, 291
- trillion 226
- **trouble** **163**
- troublesome 163
- truckload 233
- trust 114
- **trustee** **114**
- trustworthy 114
- **tuition** **170**
- **turmoil** **355**
- **turn** **46**
- turn A in 46
- turn A off 46
- turn A on 46
- turn into A 46
- turnout 46
- **turnover** **310**
- tutor 83
- **typical** **196**
- (be) typical of A 196

U

- **ultimate** **355**
- **unanimous** **330**
- unanimously 330
- unavailable 168
- unavoidable 99, 168
- unbearable 168
- unbelievable 168
- unconditional 355
- **unconditionally** **355**
- under consideration 105
- under the circumstances 242
- underestimate 122, 156
- **undergo** **218**
- undergraduate 89
- understate 156
- **undertake** **326**
- unemployment 8
- unfold 104
- **unfortunately** **79**
- universal 35
- **universe** **35**
- **unless** **132**
- unless notified otherwise 176
- unless otherwise specified 95, 154
- unload 233
- unprecedented 259
- **until** **50**
- up front 324
- **upcoming** **63**
- **upset** **355**
- urban 331
- **urge** **276**
- urge A to V 276
- **usage** **189**
- **utility** **163**
- utility rate 163
- utilize 163
- **utmost** **350**

V

- vacancy 144
- **vacant** **144**
- **valid** **128**
- valuable 106
- **value** **106**
- valueless 106, 317
- variation 106
- variety 41
- **various** **41**, 106
- **vary** 41, **106**
- **vehicle** **81**
- vend 144
- vending machine 144
- **vendor** **144**
- **venture** **216**
- **venue** **189**, 212
- **verbal** **326**
- verification 172
- **verify** **172**
- **versatile** **310**
- **version** **155**
- **via** **204**
- **vice** **144**
- **vicinity** **236**
- vicious 144
- virtue 144
- visible 120
- vision 120
- **visual** **120**
- **vital** **228**
- vitality 228
- vocation 293
- **volume** **176**
- voluntary 98
- **volunteer** **98**
- **vote** **196**
- **voucher** **170**

W

- **wage** **228**
- **waive** **326**
- **wallet** **325**
- **warehouse** **211**
- **warn** **276**
- warn ⟨人⟩ of [about; against] A 276
- warning 276
- warrant 188
- **warranty** **188**
- **waste** **260**
- waste A (in) Ving 260
- wasteful 260

- ☐ waterproof 232
- ☐ **way** **26**
- ☐ wedding ceremony ... 137
- ☐ weigh 88
- ☐ **weight** **88**
- ☐ **wheel** **275**
- ☐ **whereas** **243**
- ☐ **whether** **103**
- ☐ whether to V 103
- ☐ **while** **34**
- ☐ **widespread** ... 229, **275**
- ☐ width 88, 274
- ☐ **wildlife** **141**
- ☐ **willing** **221**
- ☐ willingly 221
- ☐ With best regards 40
- ☐ with the exception of A 348
- ☐ with [in] regard to A .. 40
- ☐ **withdraw** **184**
- ☐ withdrawal 184
- ☐ within A's reach 75
- ☐ **withstand** **325**
- ☐ **witness** **325**
- ☐ **wonder** **99**
- ☐ wonderful 99
- ☐ work ethic 318
- ☐ workload 233
- ☐ **workshop** **99**
- ☐ World Health Organization 22
- ☐ (be) worried about A 161
- ☐ **worry** **161**
- ☐ **worth** **188**
- ☐ (be) worth (A's) while 188
- ☐ (be) worthy of A 188
- ☐ would rather V 136

Y

- ☐ **yawn** 322, **355**
- ☐ **yet** **79**
- ☐ **yield** **286**
- ☐ yield to A 286

MEMO

システム英単語 TOEIC®テスト

著　　　者	霜　　康司
発　行　者	山﨑　良子
印刷・製本	株式会社日本制作センター
発　行　所	駿台文庫株式会社

〒101-0062　東京都千代田区神田駿河台1-7-4
　　　　　　　　　　　　　　　　　小畑ビル内
　　　　　　　TEL. 編集 03(5259)3302
　　　　　　　　　　販売 03(5259)3301
　　　　　　　　　　　　《①-400pp.》

©Yasushi SHIMO 2016
落丁・乱丁がございましたら，送料小社負担にてお取替えいたします。
ISBN978-4-7961-1119-5　　　Printed in Japan

http://www.sundaibunko.jp
携帯サイトはこちらです→
http://www.sundaibunko.jp/mobile